本书为江西省科技厅 2016 年度软科学项目（课题编号：20161BBA10036）研究成果

在不确定性中前行
——基于不确定性容忍度的研究

◎ 黄仁辉 戚珉 著

中国社会科学出版社

图书在版编目(CIP)数据

在不确定性中前行：基于不确定性容忍度的研究 / 黄仁辉，戚珉著.
—北京：中国社会科学出版社，2017.12
ISBN 978-7-5203-1725-2

Ⅰ.①在… Ⅱ.①黄…②戚… Ⅲ.①主观能动性-研究 Ⅳ.①B022.2

中国版本图书馆 CIP 数据核字(2017)第 306887 号

出 版 人	赵剑英
责任编辑	任　明
责任校对	沈丁晨
责任印制	李寡寡

出　　版	中国社会科学出版社
社　　址	北京鼓楼西大街甲 158 号
邮　　编	100720
网　　址	http://www.csspw.cn
发 行 部	010-84083685
门 市 部	010-84029450
经　　销	新华书店及其他书店
印刷装订	北京君升印刷有限公司
版　　次	2017 年 12 月第 1 版
印　　次	2017 年 12 月第 1 次印刷
开　　本	710×1000　1/16
印　　张	13.5
插　　页	2
字　　数	221 千字
定　　价	75.00 元

凡购买中国社会科学出版社图书，如有质量问题请与本社营销中心联系调换
电话：010-84083683
版权所有　侵权必究

前　言

> 教导人们在不确定情景下的生存之道，使人们不至于因犹豫不决而不知所措。
>
> ——伯特兰·罗素（1872—1970）
> 20 世纪英国著名的哲学家、数学家、逻辑学家
> 当代西方影响最大的学者，诺贝尔奖得主

经济全球化、科学技术快速发展以及所处的社会转型时期，让我们生活在一个不确定的世界之中，永远无法知道下一刻会是怎样。所谓"计划没有变化快""人算不如天算"。正如齐格蒙特·鲍曼教授所言："生活在不确定性之中已经呈现为一种生活方式，而且是唯一可行的生活方式。在当前面临的诸种事项中，有两种最为确定，其一是抚平不确定性造成的痛苦的无望，其二是有更大的不确定性隐然在前。"

学会在不确定性下前行，适应它（尽管其中有很多的权宜之计，而非总是有最佳选择），赞美它，享受它，成了每一个人要面对的现实问题。正如美国著名决策行为研究专家 Hastie 和 Dawes 在《不确定世界的理性选择——判断和决策心理学》一书中所说："没有不确定性，世界将没有希望，没有道德，没有选择自由。只有我们不知道未来会是怎样（比如我们确切的死亡时间和方式），我们才能拥有希望。只有当我们不能确切地知道选择的未来结果时，我们才有选择的自由，才会有选择的道德困境。并且，这个世界上有太多的不确定性，我们最基本的选择就是接

受不确定性这一事实,还是想方设法回避它。那些拒绝不确定性的人试图构建自己的安全世界,这些人的自然需要是减少不确定性,极端状况是他们根本不相信存在不确定性。但是,不确定性是理性世界的知识体系的基础。"四川汶川大地震后《自然》杂志也刊登社论——《为未知做好准备》,即曾呼吁"科学界要充分应对未来不确定性的挑战"。

目 录

第一篇 不确定性容忍度相关研究

第一章 不确定性容忍度的概念和测量 …………………… (3)
  一 不确定性容忍度的概念 …………………………… (3)
  二 不确定性容忍度的测量 …………………………… (5)
第二章 不确定性容忍度的神经机制 ………………………… (11)
第三章 不确定性容忍度对情绪、认知及行为的影响 ……… (15)
  一 不确定性容忍度对情绪的影响 …………………… (15)
  二 不确定性容忍度对认知的影响 …………………… (23)
  三 不确定性容忍度对行为的影响 …………………… (24)
  研究小结 ………………………………………………… (27)

第二篇 不确定性容忍度对个体行为选择的影响

  一 问题提出 …………………………………………… (31)
  二 研究目的与基本思路 ……………………………… (35)
第四章 无法忍受不确定性量表的中文修订 ………………… (37)
  一 引言 ………………………………………………… (37)
  二 研究目的 …………………………………………… (37)
  三 研究方法 …………………………………………… (38)
  四 研究结果 …………………………………………… (39)
  五 讨论 ………………………………………………… (42)
  六 结论 ………………………………………………… (43)
第五章 不确定性容忍度对风险决策偏好的影响 …………… (44)
  一 引言 ………………………………………………… (44)

二　研究目的 …………………………………………………… (46)
　　三　研究假设 …………………………………………………… (46)
　　四　研究方法 …………………………………………………… (46)
　　五　研究结果 …………………………………………………… (48)
　　六　讨论 ………………………………………………………… (50)
　　七　结论 ………………………………………………………… (53)
第六章　不确定性容忍度对模糊决策偏好的影响 ………………… (55)
　　一　引言 ………………………………………………………… (55)
　　二　研究目的 …………………………………………………… (57)
　　三　研究假设 …………………………………………………… (58)
　　四　研究方法 …………………………………………………… (58)
　　五　研究结果 …………………………………………………… (60)
　　六　讨论 ………………………………………………………… (62)
　　七　结论 ………………………………………………………… (66)
第七章　不确定性容忍度对跨期决策偏好的影响 ………………… (67)
　　一　引言 ………………………………………………………… (67)
　　二　研究目的 …………………………………………………… (70)
　　三　研究假设 …………………………………………………… (70)
　　四　研究方法 …………………………………………………… (70)
　　五　研究结果 …………………………………………………… (72)
　　六　讨论 ………………………………………………………… (74)
　　七　结论 ………………………………………………………… (78)
第八章　不确定性容忍度对延迟决策偏好的影响 ………………… (79)
　第一节　不确定性容忍度、损益概率对延迟决策偏好的影响 …… (81)
　　一　引言 ………………………………………………………… (81)
　　二　研究目的 …………………………………………………… (82)
　　三　研究假设 …………………………………………………… (82)
　　四　研究方法 …………………………………………………… (82)
　　五　研究结果 …………………………………………………… (84)
　　六　讨论 ………………………………………………………… (87)
　第二节　延迟风险下不确定性容忍度对延迟决策偏好的影响 …… (90)
　　一　引言 ………………………………………………………… (90)

二　研究目的 ………………………………………………………… (91)
　三　研究假设 ………………………………………………………… (91)
　四　研究方法 ………………………………………………………… (92)
　五　研究结果 ………………………………………………………… (93)
　六　讨论 ……………………………………………………………… (93)
　七　讨论 ……………………………………………………………… (95)
　八　结论 ……………………………………………………………… (96)

第九章　不确定性容忍度、决策者角色对医学决策的影响 ………… (98)
　一　引言 ……………………………………………………………… (98)
　二　研究目的 ………………………………………………………… (100)
　三　研究假设 ………………………………………………………… (100)
　四　研究方法 ………………………………………………………… (101)
　五　研究结果 ………………………………………………………… (102)
　六　讨论 ……………………………………………………………… (103)
　七　结论 ……………………………………………………………… (105)

第十章　不确定性容忍度对创业意向的影响 …………………………… (106)
　一　引言 ……………………………………………………………… (106)
　二　研究目的 ………………………………………………………… (108)
　三　研究假设 ………………………………………………………… (108)
　四　研究方法 ………………………………………………………… (108)
　五　研究结果 ………………………………………………………… (109)
　六　讨论 ……………………………………………………………… (110)
　七　结论 ……………………………………………………………… (112)

第十一章　不确定性容忍度对员工创新行为的影响 ………………… (113)
　一　引言 ……………………………………………………………… (113)
　二　研究目的 ………………………………………………………… (115)
　三　研究假设 ………………………………………………………… (115)
　四　研究方法 ………………………………………………………… (115)
　五　研究结果 ………………………………………………………… (116)
　六　讨论 ……………………………………………………………… (117)
　七　结论 ……………………………………………………………… (119)

第十二章　综合讨论 （120）
　　一　研究的理论意义 （120）
　　二　研究的实践意义 （124）
　　三　研究的创新之处 （126）
　　四　研究的不足和未来研究展望 （127）

第三篇　在不确定性中前行

第十三章　接纳不确定性，提升不确定性容忍度 （133）
　　第一节　接纳不确定性，活在当下 （133）
　　　　一　不确定性是世界的本质 （134）
　　　　二　不确定性的双重效应 （137）
　　　　三　拒绝不确定性的代价 （139）
　　　　四　接纳不确定性带来的负性情绪 （140）
　　第二节　提升不确定性容忍度 （142）

第十四章　合理、积极预期应对不确定性 （145）
　　第一节　结果预期：乐观 （145）
　　第二节　自我效能感 （147）
　　第三节　预期情绪 （149）

第十五章　简化不确定性、积极行动应对不确定性 （152）
　　第一节　简化不确定性 （152）
　　　　一　直觉决策 （152）
　　　　二　信任 （154）
　　第二节　积极行动应对不确定性 （158）
　　　　一　未来取向应对、可协商命运观 （158）
　　　　二　防御性悲观 （159）

参考文献 （163）
附录 （191）
　　附录一　"无法忍受不确定性量表的中文修订" （191）
　　附录二　"不确定性容忍度对风险决策偏好的影响"研究
　　　　　　材料 （192）

附录三	"不确定性容忍度对模糊决策偏好的影响"研究材料 …………………………………………………… (197)
附录四	"不确定性容忍度对跨期决策偏好的影响"研究材料 …………………………………………………… (200)
附录五	"不确定性容忍度对延迟决策偏好的影响"研究材料 …………………………………………………… (204)
附录六	"不确定性容忍度、决策者角色对医疗决策的影响"研究材料 ……………………………………………… (206)

第一篇

不确定性容忍度相关研究

Dugas、Buhr 和 Ladouceur（2004）描述了一个令人印象深刻的临床广泛性焦虑症案例。一位患者开始觉得自己很难继续维持婚姻关系，虽然没有任何明显的证据显示伴侣可能离他而去，但他宁愿选择现在就结束关系，而不是不知道何时可能会结束这段关系。该名患者甚至宣称如果可以选择的话，他宁愿知道自己可能在 55 岁时死去，也不愿只知道自己可能在 60 岁到 70 岁间死去。

不确定性是人类与外部世界关系的重要元素，正所谓"人生本无常，世事太难料"。每逢美债上限最后谈判日，在投资者眼里，如果美国参众两院投票通过议案，那会是一个重大不确定性的结束。然而，世事难料，这却是另一个更大不确定性的开始——此后，全世界陷入美国会否进入再次衰退的恐慌中。如何有效应对不确定性便成了人类必须要面临的挑战。一些早期心理学理论认为，不确定感和回避不确定状态的倾向在焦虑和心境精神病理学的形成和维持中发挥着核心作用（Hammen & Cochran, 1981；McFall & Wollersheim, 1979）。Borkovec、Robinson、Pruzinsky 和 DePree（1983）对担心（worry）的定义中就提到，当个体面对结果不确定的事件，将会先预期可能会有一个或数个不好的结果，也就是说不确定的事件将会是引发高担心者担心的重要因素，当个体面对无法预测的情景时，常会感到不舒服并试图逃避。随着认识的深入，当代理论在继续强调不确定性和精神病理关系的同时，对不确定性与个体对不确定性容忍程度的差异在精神病理中的作用进行了区分。由于在现实生活中大部分的情景是不确定或结果未知的情景，因此，并不是不确定事件本身，而是个体对不确定性事件的感知才是引发担心的因素。面对同样的不确定性，有些个体能够容忍并积极应对，适应良好；有些个体则无法忍受，常感到焦虑与压力，试图事先预防或逃避。Freeston、Rhe'aume、Letarte、Dugas 和 Ladouceur（1994）用无法忍受不确定性（intolerance of uncertainty）这一概念描述这种差异，并认为它是导致病态担心机制的重要认知因素之一。自此之后，无法忍受不确定性这一概念便引起了国外学界广泛关注，开展了大量理论和实证研究，成为临床心理学研究的热点（Birrell, Meares, Wilkinson & Freeston, 2011；Boelen, Reijntjes & Carleton, 2014；Carleton, 2012）。

第一章　不确定性容忍度的概念和测量

一　不确定性容忍度的概念

为了深入理解不确定性容忍度（tolerance of uncertainty）的概念，需要先了解另外一个概念——无法忍受不确定性。国外已有对不确定性容忍度的研究主要围绕着无法忍受不确定性而展开。因此，本章先对无法忍受不确定性的概念进行梳理。

Krohne（1989）在他的焦虑障碍模型中首次使用了无法忍受不确定性这一概念。该模型认为，无法忍受不确定性和无法忍受情绪唤醒（intolerance of emotional arousal）是焦虑障碍的两个主要因素，但两者仍有不同之处：无法忍受不确定性为焦虑障碍的认知特征，无法忍受情绪唤醒为焦虑障碍的生理特征。无法忍受不确定性水平高的个体，将倾向使用警觉策略，监控威胁信息以应对所面临的情景或事件，而这与威胁的信息较易被快速地提取有关。无法忍受情绪唤醒则是减弱威胁信息，以减少情绪对个体的影响，而这与认知回避策略有关。尽管 Krohne（1989）开启了后人研究焦虑障碍的无法忍受不确定性的先河，但他并未给予无法忍受不确定性精确的定义，其概念也仅限于理论的推论。事实上，国外对无法忍受不确定性研究的兴起还是主要自 Freeston 等（1994）用它解释担心的形成和维持机制之后。

早期对无法忍受不确定性的研究主要以两个研究团队为主。一个是以强迫认知工作组（Obsessive compulsive cognitions working group，1997），该工作组总结了与强迫症状相关的六个方面的强迫信念，其中之一就是无法忍受不确定性，并将它定义为一种信念，即"认为不确定性、新颖和变化都充满了潜在的危险，是无法忍受的"（Steketee, Frost, & Cohen, 1998）。但该研究团队对无法忍受不确定性的研究主要依附在对强迫症状相关信念的研究之中。

对无法忍受不确定性研究较多的还是加拿大肯考迪亚大学（Concordia University）的 Dugas 教授领衔的焦虑障碍实验室团队。与强迫认知工作组主要研究无法忍受不确定性在强迫症状的形成机制中的作用不同，他们对无法忍受不确定性的研究主要开始于对担心和广泛性焦虑症形成机制的研究。在他们提出的广泛性焦虑症的认知模型中，无法忍受不确定性被认为在广泛性焦虑症的形成和维持中起着核心作用，并得到了很多研究的证实。此后虽然很多学者加入无法忍受不确定性的研究中来，但对无法忍受不确定性的定义多采用他们的定义。然而，有趣的是，该研究团队本身对无法忍受不确定性的定义也一直在随着研究的深入而不断地发生变化。Freeston 等（1994）提出无法忍受不确定性概念时，将它定义为对日常生活中不确定性的认知、情绪和行为反应。从中可以看出，此时对无法忍受不确定性的定义是相对广义的概念。但在随后的研究中，也许是为了体现"无法忍受"不确定性在焦虑障碍的形成和维持中的作用，对它的定义越来越关注对不确定性的负性反应。如 Ladouceur, Gosselin 和 Dugas（2000）强调对不确定性的负性评价：不论不确定情景或事件发生概率大小以及后果如何，无法忍受不确定性的个体都倾向于进行消极评价。Dugas, Gosselin 和 Ladouceur（2001）把无法忍受不确定性看作一种过度倾向，尽管负性事件发生的可能性很小，都倾向于认为是不可接受的。Dugas, Hedayati 等（2005）把无法忍受不确定性定义为一种认知偏差，这种偏差在认知、情绪和行为水平上影响个体对不确定性情景进行感知、解释和反应。具体地表现为：认为不确定性为充满压力和令人烦恼的；不确定性是负性的、应该避免；对未来的不确定状态是不公平的。Dugas 和 Robichaud（2007）则把无法忍受不确定性定义为一种倾向性特征，这种倾向特征来自对不确定性及其含义的负性信念集。

从无法忍受不确定性定义的演变过程可以看出，就其概念本身而言，其实质反映的是个体对不确定性的容忍程度及在认知、情绪和行为水平的相应反应。所以，我们认为，无法忍受不确定性只是代表了不确定性容忍度的一个极端而已，正如无法忍受不确定性量表所测量的含义一样，量表得分越高说明被试不确定性容忍度水平越低，得分越低说明被试不确定性容忍度水平越高。其实，Freeston 等（1994）提出的无法忍受不确定性的概念就非常接近不确定性容忍度的定义，没有强调对不确定性的"无法忍受"，更多的是强调个体在应对不确定性时认知、情绪和行为反应的差异。正因为如此，考虑到语言的表述习惯，本文采用 Zvolensky，Vujanovic，Bernstein 和 Leyro（2010）使用的不确定性容忍度这一概念，用它描述个体应对不确定性情景时在认知、情绪或行为反应倾向上的个体差异。

二 不确定性容忍度的测量

如何评估个体的不确定性容忍度水平？目前对它的测量主要通过自陈量表法进行，使用的量表有无法忍受不确定性量表（Intolerance of Uncertainty Scale，IUS）、无法忍受不确定性问卷（Intolerance of Uncertainty Inventory，IUI）和强迫信念问卷-44（Obsessive Belief Questionnaire，OBQ-44）的完美主义/确定性（Perfectionism/Certainty）分量表。其中 OBQ-44 的完美主义/确定性分量表很少单独用于施测个体的不确定性容忍度水平，本文不做详细介绍。

（一）无法忍受不确定性量表（IUS）

无法忍受不确定性量表是目前使用最为广泛的测量不确定性容忍度的工具，它测量了个体的一般性不确定性容忍度水平，最初由 Freeston 等（1994）编制而成，但由于因素结构不稳定、交叉负载等原因，后来学者在原量表基础上修订成简化版无法忍受不确定性量表，Comer 等（2009）则编制了儿童版无法忍受不确定性量表。逐一介绍如下：

1. 无法忍受不确定性量表-27（IUS-27）

IUS-27 最初为法文版，为自陈量表，由 Freeston 等（1994）人首先编制而成，用以评估个体面临不确定性情景时的情绪、认知及行为反应及处于不确定性状态的含义及试图控制未来的倾向。量表由 27 个项目组成，采用 Likert 5 级别评分，从"完全符合"到"完全不符合"，得分越高表示不确定性容忍度水平越低，反之，则表示不确定性容忍度水平越高。项目有如"当我觉得事情不确定时，就无法继续进行下去""生活中模棱两可的事情让我有压力""不确定性让我感到焦虑不安或有压力"等。研究表明，量表具有较好的心理测量学指标：内部一致性信度为 0.91，间隔五星期的重测信度为 0.74；被试在 IUS-27 的得分与担心高度相关，并能够区分出高担心和低担心组人群，与焦虑和抑郁也相关显著，表明该量表具有较好的聚合效度、区分效度和效标关联效度。探索性因素分析表明IUS-27 具有五因素结构，分别是：（1）不确定性是无法接受和应该避免的信念；（2）不确定性导致压力；(3) 不确定性令人产生挫折感；(4) 处于不确定性状态反映了自己处在不好的状态；(5) 不确定性妨碍行动。

Buhr 和 Dugas（2002）以大学生为被试，对法文版 IUS-27 进行了英文版的修订，修订后的英文版 IUS-27 还保留原法文版 IUS 的 27 个项目，具有良好的内部一致性信度（$\alpha=0.94$）和重测信度（间隔五星期的重测信度 $r=0.74$）。与 Freeston 等（1994）一样，通过考查 IUS-27 得分与担心和焦虑的关系及对担心的预测力（大于对焦虑和抑郁得分的预测力），英文版 IUS-27 的效度也得到了支持。但与法文版 IUS-27 五因素结构不同，英文版 IUS-27 为四因素结构，累积方差解释量为 56.8%，分别命名为：(1) 不确定性导致无法行动；(2) 不确定性是充满压力的和令人烦恼的；(3) 无法预料的事情是负性的，应该避免；(4) 对未来的不确定状态是不公平的。此外，由于四个因素都与量表总分高相关，且因素之间也高相关，Buhr 和 Dugas（2002）建议该量表不适合按照因素结构而用作分测验单独施测。

继 Freeston 等（1994）和 Buhr 和 Dugas（2002）之后，很多其他学者对 IUS-27 在不同群体中的因素结构和信、效度进行了研究。这些研究一方面验证了 IUS-27 的信、效度，另一方面得到了与他们不同的因素结构。如 Norton（2005）在非裔美国人、高加索/白种人、西班牙/拉丁美洲和东南亚四个不同种族中均未能验证 Buhr 和 Dugas（2002）的四因素或 Freeston 等（1994）的五因素结构，相反，结果发现跨种族间有不同的因素结构，意味着该量表的因素结构不稳定，或有些因素结构因种族而异，部分意义模糊的项目在不同种族间难以被完全诠释清楚。Bredemeier 和 Berenbaum（2008）在 239 名大学生中施测 IUS-27，虽然同样得到了四因素结构，但这些因素的含义与 Buhr 和 Dugas（2002）的四因素不同，被分别命名为：(1) 对可预测性的渴望；(2) 面对不确定性有崩溃倾向；(3) 面对不确定性体验到苦恼的倾向；(4) 对不确定性的坚定信念。Sexton 和 Dugas（2009）则通过对 2451 名大学生被试和社区成年被试的探索性因素分析（n=1230）和验证性因素分析（n=1221）得到了 IUS-27 的两因素结构，且可作为分量表使用，被分别命名为：(1) 不确定性具有负性的行为和自我参照的含义；(2) 不确定性是不公平的、破坏性的。针对 IUS-27 在不同研究中得到不同因素结构，McEvoya 和 Mahoney（2011）分析认为原因在于：第一，这些研究大多使用大学生样本，而非临床样本。相比临床样本而言，大学生样本对项目的回答更具同质性。第二，这些研究中多采用数据驱动的探索性因素分析，而较少采用验证性因素分析。于是，他们使用广泛性焦虑症、社交障碍、惊恐障碍等临床样本（n =463），对测试数据使用验证性因素分析，结果支持了量表的两因素结构。这两个因素结构分别是：预期性焦虑（prospective anxiety）和抑制性焦虑（inhibitory anxiety），两个因素可作为分量表使用，但与Sexton和Dugas（2009）的两因素所包含的具体项目和因素含义并不相同。

2. 无法忍受不确定性量表-12（IUS-12）

因IUS-27因素结构的不稳定及一些项目的交叉负载和难以解释，Norton（2005）建议在不影响量表信度的前提下对IUS-27的项目进行修改或删减，以提高因素结构的可解释性。Carleton，Norton和Asmundson（2007）以大学生为样本，通过验证性因素分析及依据相关理论，将IUS-27的27个项目进一步缩减为12个，称为无法忍受不确定性量表简化版，简称IUS-12。IUS-12同样采用Likert 5级积分。验证性因素分析表明，IUS-12包含两个因子，因子间无项目重叠，分别命名为抑制性焦虑和预期性焦虑，分别代表了不确定性容忍度的焦虑和回避元素。其中抑制性焦虑因子包含5个项目，反映了面对不确定性时的回避倾向和功能失调；预期性焦虑因子包含7个项目，测量了对可预期的渴望、偏好知道未来、对未来不确定性事件的焦虑、寻求信息以增加确定性的行为。研究表明，IUS-12具有良好的内部一致性信度，量表总分内部一致性系数为0.91，两个因子的内部一致性系数均为0.85。两因子间相关为0.72，IUS-12总分与IUS-27总分呈现高相关（r = 0.96），解释了IUS-27总分的92.8%的方差。

尽管与IUS-27相比，IUS-12的项目数量缩减为12个，一些学者的研究还是支持了IUS-12用以评估个体不确定性容忍度水平的有效性。Khawaja和Yu（2010）通过对50名临床样本和56名非临床大学生样本研究表明，无论是IUS-27还是IUS-12都具有满意的心理测量学指标，实际应用中可根据研究需要任意选择一个作为不确定性容忍度的测量工具；虽然IUS-27的信度稍优，但当研究中被试需要完成多个自陈量表时，IUS-12是更为经济有效地测量不确定性容忍度的工具。Helsen，Van den Bussche，Vlaeyen和Goubert（2013）将IUS-27翻译为荷兰语并对IUS-27的二、四和五因素结构及IUS-12的单因素和二因素结构分别进行了验证性因素分析。结果表明，IUS-12 的两因素结构对数据拟合最佳，且具有良好的内部一致性系数，与 IUS-27 量表得分也高度相关。因此，作者推荐在不确定性容忍度研究中使用 IUS-12 作为评估工具。Jacoby, Fabricant, Leonard, Riemann 和 Abramowitz（2013）研究表明，IUS-12 在强迫症群体中的信度和效度也得到了验证，进一步证实了 IUS-12 的有效性。

3. 无法忍受不确定性量表-儿童版（IUSC）

研究青少年不确定性容忍度的发展过程对于理解焦虑障碍的形成和干预都有非常重要的意义，但目前有关儿童和青少年的不确定性容忍度的研究比较缺乏，部分原因就在于缺乏合适的测量工具。Freeston 等（1994）最初编制 IUS 时主要用于评估成年人的不确定性容忍度水平，因此，对儿童青少年来说，IUS-27 项目的措辞较为复杂和抽象，往往难以理解，而且测量的内容与儿童青少年的生活情景联系不紧密。为了评估儿童对不确定情景和事件在认知、情绪和行为层面上反应的差异，Comer 等（2009）参照成人版 IUS-27 编制了包括儿童报告量表和家长报告量表两个平行的分量表的儿童版无法忍受不确定性量表（IUSC）。为使量表更适合于儿童青少年，IUSC 的儿童报告量表对 IUS 的指导语进行了简化，并对部分项目的表述进行了修改，对每个项目按照赞同程度进行 5 级评定。对项目的修改主要包括三个方面：（1）减少了元认知和需要复杂理解能力的内容；（2）删除了一些比喻和复杂的语句及习惯用语，因为这些用语儿童很难从字面上理解它真正的含义；（3）减少了多音节的单词。此外，对 IUSC 儿童报告量表的项目相应修改后编制了一个平行的家长报告量表，以让家长评定儿童对不确定情景和事件的消极反应倾向，从"完全不符合"到"非常符合"进行 5 级评定。Comer 等（2009）研究表明，IUSC 具有较高的内部一致性信度和汇聚效度，能够有效区分焦虑障碍患者和正常的儿童青少年，为今后测量 7 岁至 17 岁儿童青少年不确定性容忍度提供了有效的测量工具。

（二）无法忍受不确定问卷（IUI）

尽管研究证实 IUS-27 和 IUS-12 具有良好的心理测量学指标，但还是有研究者对 IUS 提出了质疑。这些质疑主要针对它们的构念效度或因子结构的不稳定（Carleton et al., 2007；Gosselin et al., 2008）。如 IUS-27 不稳定的因子结构和项目的高交叉负载，使因子结构变得复杂和难以解释，难免让人怀疑它是否真正测量了不确定性容忍度的因子结构。IUS-12虽具备稳定的两因子结构，项目间也无较高交叉负载，但它与IUS-27一样，被认为评估的是个体对不确定性的一般性的认知、情绪和行为反应，并未评估现有文献提出的"不确定性为不可容忍的或者无法接受的倾向"，问卷的表面效度不高。考虑到这些不足，Gosselin等（2008）新编了IUI用以评估个体的不确定性容忍度水平。IUI最初也为法文版，采用Likert 5级评分，被试从"完全符合"到"完全不符合"对项目进行自我评定，得分越高表示不确定性容忍度水平越低。问卷共包含A和B部分，共45个项目。与IUS相比，IUI不仅评估了个体认为生活中的不确定性是不可接受的过度倾向，还评估了个体由于过度倾向所导致的不同的认知和行为表现。A部分由15个项目组成，测量生活中的不确定性或消极事件是不可接受的过度倾向。研究表明，A部分既可以用单因子结构表示，还可以用三因子结构表示，但三因子结构中有一个维度只有两个项目。B部分由30个项目组成，测量无法忍受不确定性的6种认知和行为表现或后果。6个因子分别命名为：（1）高估消极事件发生的概率（"当一件负性事情将要发生时，我经常会高估它发生的可能性"）；（2）回避（"我情愿回避不确定的情景"）；（3）担心（"不确定性的事情让我很担心"）；（4）寻求再保证（reassurance seeking）（"当我觉得不确定性时，我需要别人帮助我确定"）；（5）怀疑（"当情景时不确定的时候，我就经常怀疑自己"）；（6）控制（"当我不能确定将要发生什么事情时，我想要控制一切"）。研究表明，IUI的心理测量学指标良好，A和B两部分都具有较高的内部一致性信度、重测信度及良好的区分效度和聚合效度。

鉴于无法忍受不确定性问卷最初为法文版，Carleton, Gosselin和Asmundson（2010）将其进行了英文版的修订，修订后的IUI同样具有较好的信度和效度。经采用探索性因素分析和验证性因素分析对部分项目进行筛选后表明，IUI英文版中A部分为单维结构，B部分为三因子结构时数据拟合良好，但该研究并没有明确是哪三个具体的因子结构。

对比上述三种测量工具发现，IUS主要测量个体对不确定性的一般反应，包括认知、情绪和行为反应；IUI对此进行了改进，测量不确定性是不可接受的过度倾向，以及低不确定性容忍度导致的认知和行为表现或后果，但忽略了情绪表现的测量；IUSC拓展了无法忍受不确定性量表的测量人群，能够对儿童青少年对不确定性的忍受能力进行评估。而 Carleton、Collimore 和 Asmundson（2010）认为，相比较 IUS-27 和 IUI，IU-12 最适合评估个体的不确定性容忍度水平，因为它不仅心理测量学指标与 IUS-27 和 IUI 相当，最重要的是比它们更简洁。Fergus（2013）对 IUS-12、IUI 的 A 部分和强迫信念问卷-44 中的无法忍受不确定性分量表三种工具评估不确定性容忍度的有效性进行了比较。结果表明，三个量表都测量了不确定性容忍度的概念，但不同量表测量了不确定性容忍度的不同方面。比如 IUI-A 部分是三个工具中唯一评估了"不确定性是不可忍受的或无法接受的倾向"的量表，而 IUS-12 则主要评估了对不确定性的认知和情绪反应。

第二章　不确定性容忍度的神经机制

对不确定性容忍度的神经机制研究，为以不确定性容忍度为靶标的焦虑药物干预提供了依据。Herwig, Kaffenberger, Baumgartner 和 Jäncke （2007）研究表明，当感受到不确定时，人格特质与大脑激活有关，但在不确定性情景中不确定性容忍度对脑激活的调节作用却研究得较少。研究不确定性容忍度的神经机制，可为诊断和治疗与不确定性容忍度相关的心理障碍提供相应的神经生理基础（如可为焦虑障碍的抗焦虑药物提供治疗靶点，以减少焦虑障碍患者的发病率）。目前研究主要发现前额区域、前扣带皮层（ACC）以及脑岛（insula）等区域与低不确定性容忍度密切相关。

研究表明，前额叶区域的成熟变化，可能反映了应对不确定性的认知—神经机制的发展，前额回路的成熟促进了青少年期某些认知过程的发展，如决策能力。Krain 等（2006）使用功能性磁共振成像（fMRI）技术研究了 12 名健康成人和 12 名健康青少年在不确定性情景下完成决策任务"希罗"游戏（HiLo game）时神经机制的差异，并考查了不确定性容忍度在此过程中的作用。实验中向被试同时呈现一张已标示数字的卡片和一张标示"?"的卡片，要求被试猜测后者所隐藏的数字与已标示的数字的大小。在被试做出判断后给予反馈，如判断正确则获得 100 点积分，如猜测错误则扣 50 点积分。被试事先被告知两张卡片的数值范围在 1 至 9 且不相等，因此，已知（左边）卡片上的数字就决定了决策的不确定性程度。比如，当标示卡片的数字为 1（或 9）时，被试就可以判断标示"?"的卡片中的数字 100% 比 1 更大（或更小），而当标示数字为 5 时，标示"?"的卡片中数字大小的不确定性程度最大，为 50%，如图 2-1 所示。

结果表明，成年和青少年被试在完成决策任务时不确定性容忍度对 ACC 激活的影响并不相同。尽管决策时成人和青少年被试的 ACC 激活的大小均随着不确定性程度的增加而呈线性增长，但只有在青少年中不确定

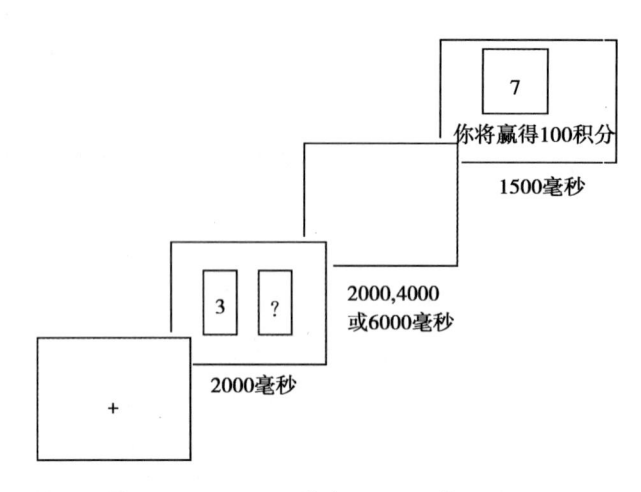

图 2-1 "HiLo"游戏（Krain 等，2006）

性容忍度水平能预测 ACC 激活的大小。这为广泛性焦虑症的发展模式提供了最初的证据，也对广泛性焦虑症的不确定性容忍度认知模型具有重要意义。因为结果表明，成人被试中之所以没有发现不确定性容忍度和 ACC 激活之间的关系，可能是因为成年人大脑发育的成熟起到了补偿机制的作用。而青少年则不一样，低不确定性容忍度的个体在面对不确定性时将会感受到更强烈的冲突，甚至更强的躯体反应，这些负性的体验进一步导致了对未来决策的担心。

Simmons, Matthews, Paulus 和 Stein（2008）使用 fMRI 技术研究了 14 名大学生被试（其中有 2 名抑郁症、1 名广泛性焦虑症、1 名广泛性焦虑症共病抑郁症）在完成一项"面孔墙"（Wall of Faces, WOFs）行为任务时不确定性容忍度与神经元回路的关系。在 WOFs 任务中，被试观看完 32 张表情图片后，要求判断生气的图片多还是高兴的图片多（情感实验），或男性的图片多或还是女性的图片多（性别实验）。实验类型分为模糊的情感、模糊的性别、不模糊的情感、不模糊的性别四种类型。实验结束后对被试施测无法忍受不确定性量表、焦虑敏感问卷及神经质量表。结果发现：（1）在情感不确定性任务中，包括后扣带（posterior cingulated）、左脑岛（left insula）、右侧颞上回（right superior temporal gyrus）和右侧壳核（right putamen）等脑区的激活与不确定性容忍度显著相关。（2）通过对被试选项感兴趣区域的影像分析（regions of interest, ROIs），可以发现脑岛的一些特定的子区域与不确定性容忍度有关。（3）没有发现与焦虑敏感问卷得分和神经质问卷得分显著相关的激活。（4）被试的行为表现与脑岛激活无关，与被试在无法忍受不确定性量表上的得分无关。由于脑岛被认为是加工个体的生理状态的区域，这些结果说明，在模糊情景下的脑岛激活与个体将不确定性加工为厌恶的程度有关；一些情绪加工过程中个体对不确定性的忍受程度与双侧脑岛加工不确定性的程度有关。同时，结果有助于解释神经质与脑岛激活的关系，因为研究表明，高神经质的个体同时表现低不确定性容忍度。

尽管 Simmons 等（2008）的研究表明不确定性容忍度低的个体在情感模糊任务中表现出更强的脑岛激活，但 Schienle、Köchel、Ebner、Reishofer 和 Schäfer（2010）等认为该研究使用的 WOFs 的行为任务与不确定性容忍度并无直接相关。因为该决策任务要求被试判断看过的图片中是生气的多还是高兴的多，给被试呈现的只是一个模糊的情景，所以，该任务中未来事件的无法预期性并未呈现。他们认为，研究情感不确定性（未来导向）的标准范式应该是向被试呈现不同的提示（线索），其中有些线索表示一种情绪结果（负性的、积极的、中性的）一定会出现，而有些线索则提示结果是无法预期的。为此，他们设计了一个实验范式，通过使用 fMRI 技术，考查了在情感不确定性任务中不确定性容忍度与脑区激活的关系。扫描时，被试观看 30 张厌恶的和 30 张感情中性的图片。厌恶的图片包括诸如交通事故、疾病等内容，而中性的图片则包括家具用品、几何图形等。图片以三种方式呈现，即确定厌恶、确定中性、不确定。当"—"标志出现 6 秒后，屏幕呈现一张厌恶的图片，当出现"o"标志后，则呈现一张中性的图片。而当"?"出现时，则中性图片和厌恶图片各有50%的概率出现。完成 FMRI 实验后，对被试对图片的情绪效价和情绪唤醒度在 9 点量表上进行评分。结果表明，对不确定性的加工与额叶后侧皮层（posterior frontomedian cortex，PFMC）、背外侧前额叶皮质（dorsolateral prefrontal cortex）、前扣带回（anterior cingulate cortex）的激活有关，在经历不确定性时不确定性容忍度及习惯性担心与杏仁核（amygdale）激活呈显著相关，不确定性容忍度与 PFMC 激活呈显著正相关。这些反应方式说明，不确定性对于低不确定性容忍度个体就意味着威胁，他们缺乏足够的认知机制以应对不确定性。

考虑到临床样本和非临床样本在不确定性容忍度水平上的差异，有研究使用临床样本考查不确定性容忍度的神经机制。Krain 等（2008）考查了焦虑青少年的不确定性容忍度水平与其神经反应之间的关系。在 FMRI 扫描情况下，16 位被诊断为患有广泛性焦虑症和（或）社交恐惧症的青少年（ANX 组）与 13 位无焦虑症状的被试（控制组）完成相同的决策任务。结果表明，与控制组相比，ANX 组前额叶和边缘系统区域并未出现过度反应。但任务完成后，ANX 组被试表现出与任务有关的更高的焦虑和更低的确定性。在两组被试中，不确定性容忍度与前额叶和边缘系统区域的活动显著负相关。根据不确定性容忍度水平的高低，进一步区分了 ANX 组中的两个亚组：低不确定性容忍度个体在任务期间前额叶和边缘系统出现激活，而高不确定性容忍度个体上述区域被抑制。该研究表明，焦虑青少年的不确定性容忍度与对不确定性的神经反应之间存在关联，不确定性容忍度研究有助于对焦虑患者神经生物学基础的理解。Nelson，Shankman 和 Proudfit（2014）对早发性重性抑郁症（early-onset MDD）、惊恐障碍、早发性抑郁共病惊恐障碍、控制组四组被试在一项不确定性奖赏预期任务中的前额脑电非对称性（Frontal EEG asymmetry）进行了记录，结果表明，相对于控制组，其他三组被试都表现出减少的前额脑电非对称性。另外，研究还表明，即使控制神经质后，不确定性容忍度在重度抑郁障碍和前额脑电不对称中也起着调节作用。

第三章 不确定性容忍度对情绪、认知及行为的影响

低不确定性容忍度个体对不确定性情景的反应很像过敏。例如，如果你对花粉过敏，当你暴露在少量的花粉中时会发生什么？显然，你会打喷嚏和咳嗽，你的眼睛会发红和流泪。当不确定性容忍度低的人暴露在一点点的不确定性中时，他们也会出现一个强烈的反应，他们会担心，并会去做所有他们能想到的一切事情来摆脱，以避免或消除不确定性。不确定性容忍度就像一个"过滤器"，通过它，个体对世界进行评估和应对（Buhr & Dugas，2002）。面对生活中的不确定性情景或事件，相对于高不确定性容忍度个体，低不确定性容忍度个体的认知、情绪及行为表现会有什么特点？

一 不确定性容忍度对情绪的影响

生活中充满着不确定性。通常情况下，个体在面对不确定性情景或事件时容易感到厌恶，想要获得确定性的结果，若无法积极应对，将产生过度担心和焦虑，甚至出现抑郁症状。但即使是同样水平的不确定性，不同个体感知到的威胁水平也不一定相同，对它们的忍受阈限也不相同，因此导致个体应对不确定性情景或事件的方式也不同。也就是说个体对不确定性的容忍程度在不确定性对个体的影响中起调节作用。有大量的研究探讨了不确定性容忍度与情绪障碍的关系，特别是与焦虑障碍的关系。这些障碍的核心特征就是试图获得确定性或者降低与不确定性结果有关的焦虑情绪。例如，广泛性焦虑症患者的担心被认为是试图控制不确定感和对未来事件的焦虑（Freeston et al.，1994）。强迫症的仪式化和强迫检查就被认为是为了降低由潜在负性结果的不确定性而导致的焦虑（Steketee et al.，1998；Tolin，Abramowitz，Brigidi，& Foa，2003）。因此，探讨不确定性容忍度在情绪障碍的形成和维持的作用就具有非常丰富的理论价值和实践

意义。比如，如果不确定性容忍度是各种情绪障碍的共同特征，那么，它将有助于解释各种情绪障碍之间的共病现象。相反，如果不确定性容忍度是某一特定（或某一亚型）的情绪障碍的特异性因素，那么，它将有助于解释一些障碍的独特临床表现，或有助于解释为什么有些易感人群易患某一障碍而不是其他障碍。

关于不确定性容忍度与担心、焦虑及抑郁情绪障碍的关系的研究，可大致分为三类：（1）不确定性容忍度与担心、广泛性焦虑症的特异性研究。此类研究主要关注不确定性容忍度在担心、广泛性焦虑症的形成和维持中的独特作用，验证不确定性容忍度与担心、广泛性焦虑症关系的特异性。（2）不确定性容忍度与担心、广泛性焦虑症之外的其他焦虑障碍和抑郁情绪的关系研究。此类研究比较分散，主要不断拓宽不确定性容忍度与情绪障碍关系的研究领域，分别研究了它与社交焦虑、强迫症、分离焦虑等其他焦虑障碍及其与抑郁的关系。（3）跨诊断研究。此类研究主要集中关注不确定性容忍度在广泛性焦虑症、强迫症和社交焦虑等多种焦虑障碍及抑郁情绪中的跨诊断价值，试图证明不确定性容忍度是各种情绪障碍的跨诊断因素。现具体回顾如下：

（一）不确定性容忍度与担心、广泛性焦虑症的特异性研究

担心是一种与不确定性和消极未来事件有关的心理现象，大部分人都有过担心体验，适度担心对个体来说可能是适应的，而过度担心则通常导致苦恼和功能不良，被认为是广泛性焦虑症的核心症状。早期研究发现，担心者总是关注于未来的不确定事件（Borkovec et al., 1983），尤其当情景为模糊、不确定时，担心者出现问题解决困难，因为他们会表现出高证据要求（Tallis & Eysenck, 1994）。Freeston 等（1994）认为低不确定性容忍度水平是形成与维持担心的重要因素。在临床现象中，广泛性焦虑症患者常抱怨："即使目前每一件事都很不错，我仍然感到担心，因为我担心事情可能将会有所变化。"此状况正说明了低不确定性容忍度的本质（Dugas, Buhr et al., 2004）。大量研究表明，不确定性容忍度在担心的形成与维持中起着关键作用（Buhr, & Dugas, 2002; Dugas et al., 2001; Dugas, Gagnon, Ladouceur, & Freeston, 1998; Dugas, Schwartz, & Francis, 2004）。Freeston 等（1994）以 216 位大学生为样本，采用问卷法探讨了不确定性容忍度是否能够预测个体的担心倾向，结果显示，即使控制焦虑及抑郁的影响，不确定性容忍度仍然能够预测个体的担心倾向。其他

研究也有类似的研究结果（Laugesen，Dugas，& Bukowski，2003；Robichaud，Dugas，& Conway，2003）。Dugas 和 Schwartz 等（2004）研究中以 240 位大学生为样本，研究显示，比起抑郁情绪，过度担心与不确定性容忍度有较高的关系，除此之外，比起功能失调性态度（dysfunctional attitudes），不确定性容忍度更能预测担心的程度。Buhr 和 Dugas（2006）研究中以 197 位大学生为样本，研究表明，比起其他与担心相关的因素（如完美主义、自我控制感），不确定性容忍度对过度担心的预测力更强，甚至在控制不确定性容忍度之后，自我控制感与担心的关系变得不显著。

然而，尽管上述研究证实了不确定性容忍度在担心的形成和维持中的作用，但主要是依据问卷法而得到的研究结论，即对被试施测无法忍受不确定性量表及其他相应量表后得出的结论。Ladouceur 等（2000）采用实验启动法操纵被试的不确定性容忍度水平并证明了不确定性容忍度在担心的形成和维持中的作用。实验中，42 名被试被随机分成两组完成一个计算机化的轮盘游戏。对不确定性容忍度的实验操纵主要是通过对两组施以不同的指导语，一组指导语旨在提高被试的不确定性容忍度水平，另一组的指导语则旨在降低不确定性容忍度的水平。研究结果发现，不确定性容忍度水平提高的被试其担心水平也增加，不确定性容忍度水平降低的被试则其担心水平也下降。这表明，被试的不确定性容忍度的改变在担心的改变之前。值得一提的是，De Bruin，Rassin 和 Muris（2006）通过实验研究进一步证实，不确定性容忍度和担心之间并不是线性关系。个体处于中等程度的不确定情景中，不确定性容忍度能有效预测担心，而当个体经历的情景不确定性太高或太低都将引发正常的、适应性的反应，在这种情况下不确定性容忍度对担心不具有预测价值。

担心是广泛性焦虑症的核心症状，因此，不确定性容忍度与广泛性焦虑症的关系也自然引起很多研究者的兴趣。Dugas 等（1998）通过对 24 名广泛性焦虑症临床个体和 20 名非临床个体研究发现，虽然不确定性容忍度、负性问题导向（negative problem orientation）、认知回避（cognitive avoidance）、对担心的信念（beliefs about worry）都能区分出广泛性焦虑症个体和非临床个体，但相比较而言，不确定性容忍度是最关键的变量。Dugas，Marchand 和 Ladouceur（2005）研究中比较了 17 位广泛性焦虑症患者（无共病其他疾病）及 28 位伴有广场恐怖的惊恐障碍（Panic Disorder with Agoraphobia，PDA）患者（无共病其他疾病），结果发现只有不确定性容忍度能说明诊断的特殊性，它与广泛性焦虑症的相关明显高于 PDA。另外有研究还发现，不确定性容忍度不仅与广泛性焦虑症的形成和维持有关，而且与该症状的严重程度有关，不确定性容忍度能够区分不同患病程度的广泛性焦虑症临床患者（Dugas, Savard, et al., 2007）。

以不确定性容忍度为目标的焦虑干预研究也表明，将治疗的重点放于改变病人的不确定性容忍度水平，可以有效降低病人的担心情况。Dugas 和 Ladouceur（2000）研究中对 4 名诊断符合广泛性焦虑症（但有些共病抑郁症或恐怖症）的成年患者进行 16 次（每周一次）的心理治疗，治疗以干预患者的不确定性容忍度水平为主。结果表明，在治疗过程及 6 个月与 12 个月的追踪显示，患者的不确定性容忍度水平明显提高，担心程度则明显降低。对不确定性容忍度与担心的时序关系进行统计分析表明，不确定性容忍度的改变发生于担心改变之前。即不确定性容忍度水平提高，担心则会减少，担心是伴随不确定性容忍度水平的提高而下降。Ladouceur, Leger, Dugas 和 Freeston（2004）研究中以 8 名 60 岁以上诊断符合广泛性焦虑症（但有些共病抑郁症或恐怖症）的老年人进行 14 次（每周一次）的认知行为治疗，治疗内容除了改善患者对担心的正向信念之外，也包括改善患者的不确定性容忍度水平及教导问题解决技巧，结果在治疗过程及 6 个月与 12 个月的追踪显示患者担心程度的频率明显降低，大多不再符合广泛性焦虑症的诊断标准，但其他心理疾病仍存。

那么，不确定性容忍度是如何导致担心、广泛性焦虑症？在现实环境中，不确定或无法预期的事件本来就会容易造成一般人焦虑感增加（Ladouceur et al., 2000），但低不确定性容忍度个体对不确定事物的忍受阈值却比一般人更低。不确定事件的结果大多不具威胁性，但不确定性容忍度的个体通常对不确定事件（大多是未发生的事件）的结果存有灾难化预期，并认为在灾难还没发生之前需要事先想办法应对或逃避，因此当面对模糊情景或事情结果不明确时容易产生强烈的压力。除此之外，不确定性容忍度低的人在面对模糊情景时，需要更多的信息以协助自己解决问题或做决定。一般人都相信担心可以事先解决问题及逃避灾难及焦虑情绪，低不确定性容忍度个体也不例外。但当遇到模糊情景时，低不确定性容忍度个体会更加强使用担心策略，且为了得到更明确的结果而让担心一直持续，久而久之便形成广泛性焦虑症。所以，当我们在探讨"为何某些人会一直持续不断担心琐事"时，个体对不确定性表现出的难以忍受是一个重要因素。Dugas 等（1998）提出了广泛性焦虑症的认知行为模型（cognitive-behavioral model of GAD）（见图 3-1）以解释广泛性焦虑症的形成和维持过程。

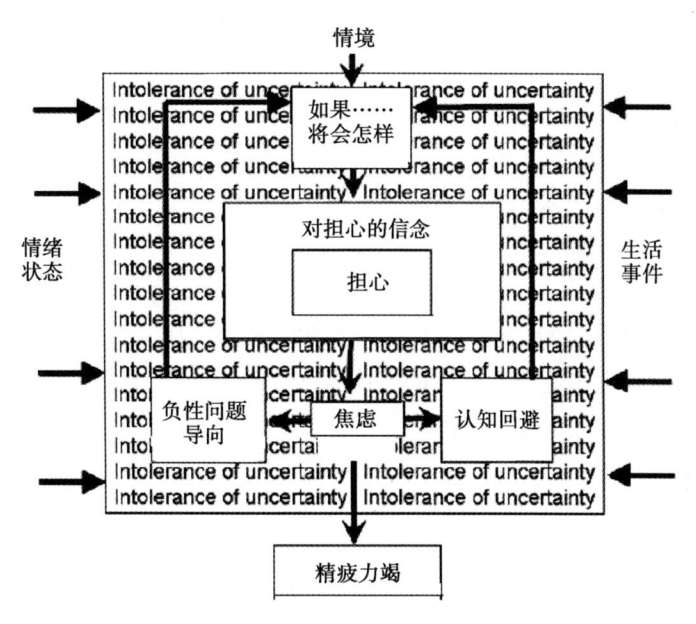

图 3-1　GAD 的认知行为模型（Dugas et al. 1998）

该模型包含了四个重要的成分，分别为不确定性容忍度、负性问题导向、认知回避、对担心的信念，其中不确定性容忍度被视为最核心的因素。Dugas 和 Buhr 等（2004）认为低不确定性容忍度可能会通过直接或间接的途径导致担心的形成与维持，并发展成病态担心。这些途径是：（1）直接导致担心：当面对不确定性时，低不确定性容忍度个体的"what if..."（如果……将会怎样）图式会自动激活，专注于潜在的负性结果，并高估事件的可能性与个人将付出的代价，将促使个体持续担心未来负性结果的发展。（2）通过对担心的信念导致担心：低不确定性容忍度可能会促进担心的积极信念，而积极信念通常将个体的知觉导向避开不确定，如此却增强了担心。这些信念有"担心有助于避免失望""担心能够防止不好的事情发生""担心有助于找到应对事情的更好方法"等。（3）通过负性问题导向导致担心：低不确定性容忍度带给个体额外的压力与偏差的问题评估，因此解决问题所需的认知与情感资源减少，使个体对自己的问题解决技巧不自信，间接增强担心感受。（4）通过认知回避导致担心：低不确定性容忍度的个体将使用担心来预期负性结果，试图减低其不确定感，担心虽让个体短暂避免了担心和焦虑情绪，但矛盾的是，这样的逃避而不去面对与处理潜在的恐惧，却维持了过度担心的循环。

（二）不确定性容忍度与其他焦虑、抑郁障碍的关系

在大量研究试图证明不确定性容忍度与担心、广泛性焦虑症的特异性关系的同时，也有不少研究对此提出了质疑，并不断出现新的研究证据。这些研究表明，不确定性容忍度不仅可以预测担心、广泛性焦虑症，还可以预测强迫症、社交焦虑、惊恐障碍等；以不确定性容忍度干预目标为主（或包括）的心理干预不仅对广泛性焦虑症患者有效，对其他焦虑障碍患者也同样有效。

Steketee 等（1998）研究表明，强迫症患者比其他焦虑障碍患者和正常控制组被试报告出更低的不确定性容忍度水平；控制心境和担心后，相比较其他变量（责任感、控制、威胁评估、对焦虑的容忍和应对方式），不确定性容忍度是唯一能够有效预测强迫症状的变量。Tolin 等（2003）对 55 名强迫症患者（43 人有强迫检查症状）和 14 名无焦虑情绪的控制组研究发现，有强迫检查症状的强迫症患者比无强迫检查症状的强迫症患者和无焦虑情绪的控制组具有更低的不确定性容忍度，重复和检查仪式都与不确定性容忍度相关。Holaway, Heimberg 和 Coles（2006）以大学生为被试研究发现，具有临床意义水平的类广泛性焦虑症和类强迫症（指通过问卷所筛选出的"广泛性焦虑症"或"强迫症"者称为类广泛性焦虑症者或类强迫症。其与临床广泛性焦虑症或强迫症的不同之处：使用学生样本，而非临床样本；使用自陈式量表作为诊断工具，筛选出符合"广泛性焦虑症"或"强迫症"的被试）大学生虽然比控制组报告出了更低的不确定性容忍度水平，但类广泛性焦虑症组和类强迫症组之间的不确定性容忍度水平并无显著差异。

Boelen 和 Reijntjes（2009）在 126 名成年被试中考查了不确定性容忍度与社交焦虑的关系。结果发现，当控制了负性评价恐惧（fear of negative evaluation）、焦虑敏感（anxiety sensitivity）、低自尊、完美主义、病理性担心和神经质等这些与社交焦虑有关的认知变量后，不确定性容忍度解释了社交焦虑症状严重性的大部分方差。研究还表明，在控制了广泛性焦虑症、强迫症、社交焦虑和抑郁的共同方差后，不确定性容忍度与广泛性焦虑症，强迫症和社交焦虑的症状都有关，而与抑郁无关。

不确定性容忍度不仅与强迫症、社交焦虑紧密相关，一些近期的研究证实了不确定性容忍度与其他焦虑障碍的关系。如 McEvoy 和 Mahoney（2011）研究发现，不确定性容忍度可预测惊恐障碍（panic disorder）和疑病症（agoraphobia）症状。Boelen，Reijntjes 和 Carleton（2014）研究表明，不确定性容忍度与成年人的分离焦虑有关。

虽然现有研究大都集中于探讨不确定性容忍度与担心和各种焦虑障碍之间的关系，一些研究还是揭示了不确定性容忍度与抑郁的关系。Norton，Sexton，Walker 和 Norton（2005）研究发现，不确定性容忍度与抑郁症状呈负相关。不确定性容忍度不仅可以预测当前的抑郁状况，而且能够预测6周后的抑郁水平（Miranda，Fontes，& Marroquín，2008）。

以不确定性容忍度为主要（或包括）干预目标的心理治疗（辅导）方案在减轻强迫症、社交焦虑和疑病症症状中的作用也得到了证实。Overton 和 Menzies（2005）对强迫症患者实施暴露和反应阻止疗法（exposure and response prevention）后发现，不确定性容忍度与强迫症症状的改善显著相关，并且不确定性容忍度的改变先于（或同时）症状的改变。Langlois 和 Ladouceur（2004）研究则表明，对疑病症患者实施包括不确定性容忍度为目标的干预措施后，被试不再符合疑病症的诊断标准。Hewitt，Egan 和 Rees（2009）采用个案实验设计（single-case design）研究了对不确定性容忍度水平进行干预后被试的焦虑症状是否发生改变。实验中的个案同时患有社会焦虑、惊恐障碍、广泛性焦虑症、重性抑郁症和心境恶劣。结果表明，心理干预后，被试的不确定性容忍度水平得到提高，社交焦虑的症状也得到了改善，虽然其他焦虑症状并未得到明显改善。

研究发现，除了不确定性容忍度，其他认知或人格变量对焦虑障碍也有预测作用。如 Tan，Moulding，Nedeljkovic 和 Kyrios（2010）以119个非临床大学生为被试，施测不确定性容忍度和元认知问卷后分析发现，不确定性容忍度和对担心的负性信念都与广泛性焦虑症症状显著相关，它们对广泛性焦虑症症状的预测力也无显著差异。

(三) 不确定性容忍度的跨诊断作用

与研究者分散研究不确定性容忍度与某一情绪障碍的关系不同，越来越多的研究开始同时探讨不确定性容忍度与多种焦虑障碍和抑郁的关系。这些研究表明，不确定性容忍度在情绪障碍的形成和维持中具有跨诊断作用，是各种焦虑障碍和抑郁的共同因素。Gentes 和 Ruscio（2011）对不确定性容忍度与广泛性焦虑症、重性抑郁障碍和强迫障碍关系的研究进行了元分析，结果表明，不确定性容忍度至少与广泛性焦虑症之间不存在狭义的特异性，甚至与焦虑症状之间也不存在狭义的特异性，不确定性容忍度与广泛性焦虑症、MDD 和强迫症之间均存在显著相关。Carleton 和 Mulvogue 等（2012）则通过对社交焦虑、惊恐障碍、广泛性焦虑症及强迫症的研究表明不确定性容忍度在情绪障碍中具有跨诊断作用。McEvoy 和 Mahoney（2012）的研究也得到了相似的结论。

需要提醒的是，虽然大量研究表明不确定性容忍度在各种焦虑障碍中具有跨诊断作用，但不能过分夸大不确定性容忍度在情绪障碍中的作用（Gentes & Ruscio，2011）。这是因为，尽管不确定性容忍度能预测焦虑障碍和抑郁的症状，但它能解释的方差变异是中等的。其次，一些其他同样对焦虑和抑郁障碍的形成和维持有重要作用的变量很少同时被考查，所以它们与不确定性容忍度的交互作用就无法探讨，这些变量包括焦虑敏感、元认知信念等。比如 Yook，Kim，Suh 和 Lee（2010）研究发现，沉思在不确定性容忍度与抑郁症状的关系中起调节作用。

综上所述，不确定性容忍度与担心、广泛性焦虑症的关系到底是特异性还是一般性？目前已有的结论仿佛是矛盾的。不过，从以下三个方面去理解现有的研究，有助于理解这些矛盾所在。

首先，考查不确定性容忍度的不同因子与情绪障碍的关系。目前已有的大量关于不确定性容忍度与情绪障碍的研究多采用 IUS-27 量表评估个体的不确定性容忍度水平，但因 IUS-27 因子结构不稳定，于是研究者一般采用 IUS-27 的总分考查不确定性容忍度与情绪障碍的关系，也就是说将不确定性容忍度视为一个单一结构。可近期的研究发现，不确定性容忍度的不同因子与不同焦虑障碍的症状有关（Carleton, Collimore et al., 2010; McEvoy & Mahoney, 2011）。McEvoy 和 Mahoney（2011）基于 IUS-12 的研究发现，预期性焦虑因子与广泛性焦虑症和强迫症症状有关，抑制性焦虑因子与社交焦虑，惊恐障碍、疑病症和抑郁有关。Carleton 和 Collimore 等（2010）也发现，抑制性焦虑而非预期性焦虑与社会焦虑有关。在近期的一项研究中，McEvoy 和 Mahoney（2012）发现，预期性焦虑部分调节神经质与广泛性焦虑症和强迫症症状之间的关系，而抑制性焦虑部分调节神经质与社交焦虑，惊恐障碍、疑病症和抑郁的关系。

其次，将不确定性容忍度区分为特质性不确定性容忍度和情景性不确定性容忍度。现存的研究大多把不确定性容忍度视为特质或跨情景性变量，即以特有的方式对不确定情景进行评估和反映的一般倾向。但事实上，特质性不确定性容忍度与特定情景关联的不确定性容忍度之间存在潜在的区别（Mahoney & McEvoy，2012）。比如，虽然都是不确定性，但对引起惊恐障碍躯体症状原因的不确定性与社交恐惧中对模糊性社会线索含义的不确定性两者之间就存在差异。Tolin 等（2003）认为，一般性的不确定感也许并不能反应焦虑病人如何感受那些致使他们痛苦的特定情景的不确定性。Carleton 和 Collimore 等（2010）也基于其研究推测，社交焦虑个体能够多大程度忍受社交情景的不确定性将会影响他们的社交焦虑水平。Mahoney 和 McEvoy（2012）进一步将不确定性容忍度区分为特质性不确定性容忍度和情景性不确定性容忍度，并在临床样本的研究中证实了情景性不确定性容忍度量表的心理学测量特性。他们还发现，相比较特质性不确定性容忍度得分，被试报告出更高的情景性不确定性容忍度得分；在预测抑郁和惊恐障碍症状时，情景性不确定性容忍度比特质性不确定性容忍度解释了更多的方差。

最后，对特异性的定义存在广义和狭义之分。Gentes 和 Ruscio（2011）指出，对不确定性容忍度与焦虑障碍到底是特异性还是一般性的不一致结论，也许将特异性区分为广义和狭义就能在两者之间找到平衡点。广义特异性关注的是相对于一般化高阶集，一个模型是否对于某个特定的障碍是特异的。比如，不确定性容忍度能否将广泛性焦虑症病人从焦虑障碍的异质性群体中区分出来。而狭义特异性是指相对于属于同一水平的高阶集，一个模型是否对于某个特定的障碍是特异。比如，不确定性容忍度能否将广泛性焦虑症病人从强迫症和重性抑郁症中区分出来。

二 不确定性容忍度对认知的影响

Buhr 和 Dugas（2002）认为，不确定性容忍度好比一个过滤器，个体通过它而对周围的世界进行感知。不确定性容忍度如何影响个体的信息加工方式，并如何导致担心水平的增加？低不确定性容忍个体是否对一些特定的信息存在注意偏向？对这些问题的回答不仅有利于增加对焦虑认知模型的了解，还有助于焦虑障碍的干预治疗。

一些实验对低不确定性容忍个体的注意偏向进行了研究。Heinecke，

Koerner，Dugas 和 Mogg（2006）采用点探测任务探讨了低不确定性容忍度个体的注意偏向。结果显示，当探测点出现在不确定性或是生理威胁词汇位置上时，低不确定性容忍度个体反应更为迅速，这说明其对威胁和不确定信息存在着注意偏向。Fergus，Bardeen 和 Wu（2013）的研究也得到了类似的结论。他们通过一项视觉搜索任务发现，不确定性容忍度与对不确定性刺激的注意警觉有关，而与对不确定性刺激的解脱困难无关，即使控制焦虑、抑郁和苦恼后，不确定性容忍度（特别是抑制性焦虑）仍然与注意警觉相关。

低不确定性容忍度个体不仅表现出对威胁和不确定性信息的注意偏向，还存在记忆偏向及对模糊情景的解释或评价偏向。Dugas 和 Hedayati 等（2005）研究中以 104 位大学生为样本，使用实验室偶发学习任务检验不确定性容忍度与不确定指示刺激回忆之间的关系。结果显示，与高不确定性容忍度的参与者相比，低不确定性容忍度的参与者不但对于不确定的字有较高的回忆率，也容易将模糊的刺激解释为威胁的信息。Koerner 和 Dugas（2008）考查了高不确定性容忍度和低不确定性容忍度个体对积极、消极和模糊三组脚本进行评价的差异。结果发现，控制了人口学变量、情绪和生理性焦虑后，不确定性容忍度对模糊脚本的担心的预测力最强，调节效应分析还发现，对模糊脚本的评估部分调节了不确定性容忍度和担心的关系。与用文字作为脚本一样，一些用图片作为刺激材料的研究也得到了相似的结论。Koerner 和 Dugas（2007）让被试对从国际情绪图片系统中选择的中性、模糊的、消极的和积极的图片进行愉悦情绪效价的评价，结果发现，低不确定性容忍个体对负性和模糊图片的效价评价明显比高不确定性容忍度个体更低，更容易评价为不愉悦（Francis，2011）。

综合这些研究可以说明，不确定性容忍度低的个体更关注情景或事件中的不确定性信息，对不确定性信息的注意、记忆和解释更加消极。

三　不确定性容忍度对行为的影响

既然不确定性容忍度低的个体对模糊情景或不确定性事件存在信息加工偏向，容易产生担心、焦虑情绪，那么，当面临不确定性情景时，低不确定性容忍度个体在行为层面上又会如何反应？研究表明，面对不确定性情景，低不确定性容忍度个体比高不确定性容忍度个体有更高的确定性需要（need of certainty），在判断和决策中需要更多的信息，表现出高证据要求。具体而言，更高的确定性需要会导致低不确定性容忍度个体在面对不确定性时表现出以下两种行为特征。

一是促使个体产生趋近行为，以达到更大程度的确定性。比如，Ladouceur，Talbot 和 Dugas（1997）研究发现，与高不确定性容忍度个体相比，低不确定性容忍度个体在中等模糊的推理任务中表现出高证据要求，做出决策前需要更多的线索，而在高度模糊或非模糊情景下并未表现出这种差异。Sternheim，Startup 和 Schmidt（2011）在一项针对进食障碍（Eating disorder，ED）患者的研究中也得到了类似的结果。研究发现，无论是神经性厌食症（Anorexia Nervosa，AN）还是暴食症（Bulimia Nervosa，BN）患者，他们在无法忍受不确定性量表上的得分都比健康人群更高；相比较神经性厌食症患者和健康人群，暴食症患者做出判断决策前需要更多的线索，对自己的决策结果感到不自信。Rosen，Knäuper 和 Sammut（2007）研究发现，当人们受到潜在的健康威胁时，低不确定性容忍度个体比高不确定性容忍度个体表现出更多的健康监测行为。这些研究结果说明，低不确定性容忍度者可能通过核查和寻求再保证行为来增加对身边可能出现的恐惧结果的确定性，但试图获得确定性可能导致更高水平的焦虑。他们可能会做的一些行为包括：（1）向别人寻求过度的安慰：当你不得不做一个决定时，可能去多次征求朋友或家人的意见。（2）写清单：作为一种消除不确定性的方法，有些人会制定长而详细的计划表，有时每天会有好几个清单。（3）复查：例如，反复打电话给爱人，"确保"他们是没事的，或重复阅读电子邮件好几次来确保他们是完美的，没有拼写错误。

二是导致个体产生回避行为，以回避不确定性或回避因不确定性而产生的担心、焦虑情绪。面临不确定性情景或事件，低不确定性容忍度个体首先会通过趋近行为以降低不确定性（如寻求更多的信息，寻求信息再保证），但有时即使趋近行为也无法降低不确定性或者说趋近行为会产生一定的代价，那么，他们只有或者宁愿选择回避那些令人烦恼的问题情景，并采用认知回避策略来避免体验到令人不安的思维或心理表象。在回避动机的驱使下，他们可能会做出以下为：（1）拒绝分配任务给他人：许多不能容忍不确定性的人不允许任何人在工作或生活中做某些事情，因为除非他们自己去做，他们不能"肯定"事情是否能被做对。（2）拖延/回避：因为不确定性会导致焦虑，有些人干脆选择拖延或逃避某些人、地方或情景。如果你不做事，那么你就不会感到不确定性。（3）分心：许多不能忍受不确定的人会让自己保持"忙碌"的一天，这样，他们没有时间去思考生活中的所有不确定性。（4）自我设限（self-handicapping）。回避行为的一种典型表现是，因为可能的危险而进行自我设限，这是一种自我保护的行为，即当自己预测到未来有可能的失败时，不去努力，而是给自己找出可能的失败理由，一旦失败了，便用理由来为自己推脱责任，认为自己只是情境中的牺牲者，而不是自己的能力问题，避免伤害到自己的自尊（Berglas，1978）。有一些自我设限行为是实际做出的，比如，在考试开始前生病，在临近运动会的排练中摔倒受伤；而另一些自我设限则是"宣称"的，比如将考试失败的原因归结为自己没有好好复习。虽然看起来是自我保护，但这实际上是一种消极的、自我挫败的行为，长期会进一步降低自我评价，不敢尝试，甚至害怕努力。

一些研究证实了低不确定性容忍度个体面对不确定性情景时的回避行为。张敏（2013）研究表明，在任务紧迫性下，个体的不确定性容忍度（包括预期性焦虑和抑制性焦虑两个因子）会对创新行为带来负面影响，不确定容忍度水平越低，焦虑情绪越明显，个体越是对创新持回避态度，执行创新行为的可能性越小。李志勇、吴明证、陶伶和何雪莲（2012）研究表明，不确定性容忍度与职业决策困难呈现显著负相关。Luhmann，Ishida 和 Hajcak（2011）实验发现，当被试要求在 50% 获得 4 美分的即时选项和 70% 获得 6 美分的延迟选项之间选择时（每个 trial 中两选项间的时间间隔在 5—20 秒变化），不确定性容忍度低者比不确定性容忍度高者更愿意选择风险更高的即时选项，哪怕即时选项的奖赏值低于延迟选项，这似乎与以往研究发现人们总是倾向回避风险相矛盾。分析其原因就在于，对于低不确定性容忍度的个体而言，虽然通过趋近行为（等待一个风险更小的 70% 获得 6 美分的延迟选项）可以降低不确定性，但这种趋近行为却需要付出一定的代价，即必须在不确定的延迟时间（每个 trial 中两选项间的时间间隔在 5—20 秒变化）和不确定的结果（获益概率为 70%）中等待，因此，他们往往不得不选择风险更高的即时选项，以回避在双重不确定性中等待的焦虑情绪。Newman 和 Llera（2011）提出的相对回避模型（contrast avoidance model）可以对低不确定性容忍度个体的这种回避行为进行解释：低不确定性容忍度的个体害怕负性体验带来的情绪状态，有时他们宁愿知道一个负性的结果也不愿意等待一个不确定的结果。Bais（2012）用实验证实了这种理论推导，他们通过爱荷华赌博（Iowa Gambling Task，IGT）任务发现，低不确定性容忍度个体比高不确定性容忍度个体在 IGT 上表现更差，他们对选择较高的即时收益相对比较敏感，而对相对更高的可变的损失不敏感。但是，高不确定性容忍度和低不确定性容忍度个体在任务的最后阶段表现没有显著差异。这意味着他们最终学会了避免损失，尽管速度更慢。

研究小结

通过以上文献综述可知，已有不确定性容忍度的研究主要围绕不确定性容忍度的测量、脑机制及其认知、情绪和行为特点进行，并在此基础上不断对已有的研究成果和研究的领域进行深化、拓展。

通过对已有研究结果的总结可以梳理出它们之间的内在逻辑关系：低不确定性容忍度的个体在信息加工过程中存在注意、记忆及解释偏向，对不确定性情景或事件存在灾难化的预期，易高估负性事件发生的概率和结果的严重性，对自己的问题解决技巧及有效处理威胁情景的能力不自信，因此，当面对不确定性情景或事件时即使威胁不会立即出现，也会激活"what if…?"的图式。为了试图处理这些问题，低不确定性容忍度的个体便会利用担心策略以帮助控制和减轻不确定性水平，但这样只能导致焦虑水平的短期下降，并因此强化了以担心作为应对策略的使用。为了避免担心、焦虑的情绪，在面对问题时，他们往往需要更多的决策信息或时间，表现出趋近行为；或者甚至于宁愿知道一个负性的结果，也不愿意在不确定的状态中等待，表现出回避不确定性的行为。而低不确定性容忍度个体所表现出的这一切认知、情绪和行为特点都具有其特定的神经基础。

虽然不确定性容忍度的研究取得了非常丰富的成果，但是未来还有很多问题需要进一步探究。比如，在行为决策领域，低不确定性容忍度个体表现出的行为特征和神经机制如何；目前已有研究多关注低不确定性容忍度的影响后果，而对不确定性容忍度的产生和发展的心理机制方面研究非常少。Zlomke 和 Young（2009）在一项回溯性研究中发现，不确定性容忍度在知觉到的焦虑型教养方式与担心、焦虑情绪的关系中起中介作用。

第二篇

不确定性容忍度对个体行为选择的影响

一 问题提出

生活充满了不确定性，人们常常需要在各种不确定性情景中做出决策。从风险决策中概率分布的已知到模糊决策中概率分布的未知，再到跨期决策中因时间延迟而导致的结果潜在风险，无一不充满了不确定性。对于这种不确定性，我们通常用概率来表示，代表我们判断某件事情将要发生的可能性。然而，心理学研究发现，与数学家理解的一种正式的、真实的、精确的概率不同，人们形成的主观概率往往和数学上的概率并不总是保持一致。事实上，由于各种原因（比如人格特质、情绪）的影响，人们可能高估概率也可能低估概率，并因此而影响个体（或群体）的决策。因此，作为反映个体对不确定性的认知、情绪和行为反应倾向差异的不确定性容忍度，理论上应该会影响人们的判断和决策。

但通过文献综述可知，尽管以往对于不确定性容忍度的研究取得了一定的成果，但还存在以下不足或需要改进的地方。

（一）已有的不确定性容忍度研究成果主要来自国外，国内目前还缺乏，近几年才有少量研究开始关注，处于起步阶段

随着中国的改革逐渐进入深水区，经济转型升级步伐的加快，国际经济环境的总体不稳定，人们在享受眼花缭乱的科技进步与社会发展的同时，不确定性的特征也日益突出，如何有效应对不确定性便成了国人需要面临的问题。不确定性可以是机遇，也可以是威胁。中国传统文化中包含许多辩证性的思维方式，如"塞翁失马，焉知非福""车到山前必有路""祸兮福之所倚，福兮祸之所伏"等辩证思想是否有助于中国人应对不确定性，相较西方人群表现出不同的心理和行为方式？因此，有必要在国内开展不确定性容忍度的研究。

（二）不确定性容忍度对个体行为的影响研究需要加强

回顾不确定性容忍度的相关研究可知，已有研究主要集中在无法忍受不确定性量表因子结构的验证，不确定性容忍度的神经机制、信息加工特点及其在情绪障碍中的跨诊断作用，而不确定性容忍度对行为的影响研究相对缺乏（Luhmann et al., 2011）。在日常生活中，决策贯穿了生活的方方面面，人们面临着大大小小的决策。大多行为都是决策的结果，决策结果又影响着人们的生活质量，如何理性地进行决策便成了决策研究者关注的目标。因此，探讨不确定性容忍度对个体决策行为的影响将有助于解

释、预测个体在不同决策情景下的决策行为，并采取更有针对性的措施影响个体的决策，进而为提高决策质量提供理论依据。

（三）决策的个体差异研究中，缺乏从对不确定性的忍受程度的差异视角考查不同个体的决策行为

已有的决策的个体差异研究中人格变量主要包括高阶人格变量（如大五人格、MBTI）和低阶人格变量（自尊、冲动性、风险态度、感觉寻求、乐观—悲观等）。在肯定这些研究取得一定成果的同时，我们认为，从影响决策因素的变量选择角度看，这些变量与不确定性之间的联系不是很紧密。决策情景的一大特征是不确定性，但以往研究多关注不确定性本身（用概率进行表征）对决策的影响，忽略人们对不确定性的忍受程度的差异在不确定性影响决策的过程中所起的调节作用。这种调节作用对高不确定性容忍度的人而言可能表现为缓冲不确定性对决策的影响，而对低不确定性容忍度的人而言，可能就表现为加剧不确定性对决策的影响。因此，从不确定性容忍度的视角研究决策的个体差异将会有丰富的理论和实践价值。

以往研究中，认为风险态度和模糊容忍度这两个人格变量与决策情景的不确定性存在紧密关联，但仔细分析这两个变量，还是存在一些需要改进或者可以改进的地方。第一，风险态度。当风险态度被当作人格变量时，它实质上反映的是个体的偏好风险水平（prefered level of risk），此时无论个体表现出冒险还是保守的决策偏好，被试对实际风险有较客观的评价，只是因为其偏好风险水平高则冒险，偏好风险水平低而保守。可实际上人们之所以冒险，还有另外一个原因就是：由于对风险大小的知觉低于实际风险水平，或者说对风险不敏感（感受阈限高）而引起的无意识冒险，这种人的可接受风险水平（acceptable level of risk）也比较高。相类似，如果对风险大小的知觉高于实际风险水平，或者说对风险敏感（感受阈限低）而引起的保守，这种人的可接受风险水平也比较低（何贵兵，1996）。因此，研究与风险感知有关的人格变量对风险偏好的影响也就显得非常重要。根据文献综述可知，低不确定性容忍度个体存在信息加工偏向，对不确定性的感受阈值低，容易高估风险的发生概率，对不确定性信息存在威胁化解释倾向。所以我们认为，不确定性容忍度适合评估个体因风险感知的差异而导致的对决策偏好的影响。第二，模糊容忍度。已有模糊容忍度对决策的影响研究主要集中在其对模糊决策偏好的影响。可我们

认为，用模糊容忍度评估个体对模糊决策中模糊的忍受程度的适合性值得商榷。原因在于，模糊决策研究中的模糊情景往往是概率分布和概率结果的不确定性，而非模糊容忍度所指的是个体在新颖的、复杂的或冲突的模糊情景中的反应（Mclain，1993）。事实上，Freeston等（1994）曾指出，Furnham（1994）对四个常用模糊容忍度量表进行因素分析后得到的五个高阶因子中只有一个因子与不确定性容忍度的含义是一致的，模糊容忍度的概念比不确定性容忍度的概念更为宽泛。而IUS测量了与不确定性有关的消极信念和感知到的后果，如不确定性使人无计可施，是充满压力的、令人苦恼的，应该回避等（Buhr & Dugas，2002）。鉴于此，笔者尝试采用不确定性容忍度评估个体对模糊的忍受程度并探讨它对模糊决策偏好的影响，以进一步澄清个体对模糊的忍受程度对模糊决策偏好的影响。

（四）从与不确定性联系紧密的人格变量角度进一步探讨风险决策与跨期决策的相似性和联系

近年来，风险决策与跨期决策是否具有相似的心理加工过程受到决策研究者的关注（陈海贤，2011；Holt, Green, & Myerson, 2003；Myerson, Green, Hanson, Holt, & Estle, 2003）。研究者认为，如果跨期选择和风险选择具有潜在的统一的心理加工过程，那么影响一种选择的变量对另一种选择也应该有相似的影响。研究者选择了识解水平、金钱数量及通胀预期等变量进行了研究。其中人格方面，Ostaszewski（1996，1997）利用艾森克人格问卷分别考查了内—外向、冲动性和感觉寻求这些人格特质对时间折扣和概率折扣的影响。结果表明，外向组和高冲动组的时间折扣要大于内向组和低冲动组，但高、低感觉寻求组在时间折扣上没有显著差异。和时间折扣相反，内—外向组和高、低冲动组在概率折扣上并没有显著差异，但低感觉寻求组的概率折扣要大于高感觉寻求组。研究结果未能支持时间折扣和概率折扣具有相同加工机制的假设。事实上，在考查风险决策和跨期决策之间是否具有相似的心理加工过程时，研究变量的选取十分重要，正如陈海贤（2011）指出，以往考查风险决策和跨期决策的相似性与联系的研究"未能在分析决策选择过程基础上选择合适的影响变量"。他们通过选择心理距离和识解水平加工这一共同变量证实了风险决策和跨期决策包含相同或相似的心理加工过程。因此，我们认为，从人格变量考查风险决策和跨期决策之间是否具有相似的心理加工过程时，选择与它们共同的情景特征——不确定性紧密相关的人格特质进行考查或许会是一条新的途径。比如，王萌（2010）通过选择风险偏好这一人格变量证实了风险决策和跨期决策的相似性。

（五）考查同一人格变量对风险决策、模糊决策、跨期决策、延迟决策、医疗决策和创业决策的影响，提高研究的外部效度

从文献综述可知，已有人格变量对决策的影响研究多考查某一人格变量对单一决策类型的影响，比如考查自尊对模糊决策，风险态度对风险决策等。只有少量研究在同一个研究中考查了某一人格变量对两种决策类型的影响。如 Borghans, Golsteyn, Heckman 和 Meijers（2009）研究了大五人格与风险决策及模糊决策的关系；Bayard 等（2011）使用 UPPS 冲动行为量表考查冲动性对风险决策和模糊决策的影响等。但未见同一研究中考查某一人格变量对风险决策、模糊决策、跨期决策、延迟决策、医疗决策和创业决策的影响研究，这就使得人格变量对决策影响研究的结论推广受到限制。现实生活中，人们往往不只在一种决策情景中做决策，风险决策、模糊决策、跨期决策和延迟决策随时都会是人们要面临的决策，并由此组成丰富多彩的生活。因此，只研究人格变量对单一决策类型（或少量两种决策类型）的影响，就会使研究的外部效度受到限制。

需要指出的是，虽然有少许人格变量（比如冲动性）被考查了其在风险决策、跨期决策、模糊决策中的影响作用，但这些研究是分散的、独立的，不同研究中对人格变量的测量往往使用了不同的量表或操作定义，导致各个研究结论之间存在分歧。比如，跨期决策中对冲动性的测量多使用时间折扣范式，风险决策领域则往往使用自陈量表测量被试的冲动性。而使用量表测量的研究中，有些研究使用 UPPS 冲动行为量表，另外一些研究则使用 Barratt 冲动性量表，而两种量表编制的理论依据并不相同。

风险决策、模糊决策、跨期决策、延迟决策、医疗决策和创业决策都有一个共同的情景特征——不确定性，而不确定性容忍度是指个体对不确定性的反应倾向性的差异，这就为我们研究不确定性容忍度对各种决策类型下的决策偏好的影响提供了理论依据。

（六）探讨人格变量对决策的影响应加强人格变量与任务特征的交互作用研究

不少研究者已经提出，决策加工中存在复杂的人—情境间的联系，认为"个体的数据……说明个体水平的决策行为可受人格和情境变量的共同影响。这种影响因素的组合会在个体水平上变化，由人格特点和心理决

策倾向性变量的强度所决定"(Soane & Chmiel, 2005)。某些情景允许表达个性,而某些情景则会驱使个体的行为呈现出一致性。因此,本篇在探讨不确定性容忍度对决策偏好的影响时,还结合任务特征以考查不确定性容忍度对决策偏好的影响是否受它们的调节。具体来说,这些任务特征主要涉及风险概率水平、损益情景、选择描述框架、延迟风险、延迟时间及金钱数量等。

二 研究目的与基本思路

(一) 研究目的

基于不确定性容忍度的相关研究存在的局限性和需要解决的问题,本篇拟从人格角度出发,考查不确定性容忍度水平不同的个体在各种决策类型下决策偏好的差异。

具体来说,整个研究拟探讨以下问题:

第一,对国外普遍采用的无法忍受不确定性量表在中国大学生中的适用性进行研究。对无法忍受不确定性量表中文修订版的因素结构和信度、效度进行分析和检验,为在国内开展不确定性容忍度的研究提供有效的研究工具。

第二,分别探讨不确定性容忍度对风险决策、模糊决策、跨期决策、延迟决策、医疗决策和创业决策中决策偏好的影响,为解释和预测不确定性容忍度水平不同的个体的决策行为提供理论依据。

第三,通过对不确定性容忍度对风险偏好和时间折扣的影响结果的分析,探讨风险决策和跨期决策是否存在相似的心理加工过程。

第四,通过对不确定性容忍度对各种决策类型下决策偏好的影响结果的分析,探讨风险决策、模糊决策、跨期决策、延迟决策、医疗决策和创业决策的决策偏好是否存在共同的人格影响因素。

(二) 研究基本思路

研究一:无法忍受不确定性量表的修订,为后续研究提供评估个体不确定性容忍度水平的工具。

研究二,研究不确定性容忍度对风险偏好的影响:利用修订后的无法忍受不确定性量表(IUS)筛查出高、低不确定性容忍度的两个极端被试群体,考查这两个极端群体在不同损益背景、不同选项描述框架下和不同损益概率水平下的金钱投资决策中的风险偏好的差异。

研究三，研究不确定性容忍度对模糊决策偏好的影响：利用研究二筛查出的高、低不确定性容忍度的两个极端被试群体，考查这两个极端群体在不同损益概率和损益情景下 Ellsberg 选瓶任务中的模糊决策偏好的差异。

研究四，研究不确定性容忍度对跨期决策偏好的影响：利用修订后 IUS 筛查出高、低不确定性容忍度的两个极端被试群体，考查这两个极端群体在不同延迟奖赏值和跨期日期的跨期选择中时间折扣的差异。

研究五，研究不确定性容忍度对延迟决策偏好的影响，分两个实验完成。实验 1 利用修订后 IUS 筛查出高、低不确定性容忍度的两个极端被试群体，考查这两个极端群体在高、中等概率水平下延迟选择行为是否存在显著差异。实验 2 在实验 1 的基础上引入延迟风险条件，考查两个极端群体在有延迟风险条件下延迟选择行为是否存在显著差异。

研究六，研究不确定性容忍度对医疗决策偏好的影响：考查高、低不确定性容忍度的两个极端被试群体在不同决策者角色下（为自我决策和为他人决策）决策偏好的差异。

研究七，研究不确定性容忍度对创业意向的影响：考查高、低不确定性容忍度的两个极端被试群体创业意向是否存在差异及性别变量在这一影响过程中的调节作用。

总之，本篇通过七个研究系统探讨不确定性容忍度对各种决策类型下决策偏好的影响。

第四章　无法忍受不确定性量表的中文修订

一　引言

Freeston 等（1994）提出不确定性容忍度概念以解释担心、焦虑的形成和维持后，立即引起了国外学界的广泛关注，围绕着不确定性容忍度的测量、神经机制及其情绪、认知和行为特点开展了大量理论和实证研究。研究者编制了多种测量工具对个体的不确定性容忍度水平进行评估，如无法忍受不确定性量表（IUS）、无法忍受不确定性问卷（IUI）和强迫信念问卷-44（OBQ-44）的无法忍受不确定性分量表等。在这些量表中，以 Freeston（1994）最初编制的法文版无法忍受不确定性量表最具影响力。也正因为如此，量表陆续被加拿大、英国、美国和荷兰等国学者所修订，成为评估成人尤其是大学生的不确定性容忍度的重要工具。在这些版本中，Buhr 和 Dugas（2002）修订后的英文版无法忍受不确定性量表最具影响力，量表在国外多个文化背景下被反复验证，具有较好的信度和效度，得到了广泛的应用。然而，不同研究者得到的该量表因子结构和保留的项目还存在一定差异。另外，中国传统文化中包含许多辩证性的思维方式，如"塞翁失马，焉知非福""祸兮福之所倚，福兮祸之所伏"等辩证思想是否有助于中国人应对不确定性，相较西方人群表现出不同的心理和行为方式？因此，在中国文化背景下对该量表进行修订就显得十分必要。

二　研究目的

对无法忍受不确定性量表进行中文修订并检验其信度和效度，为研究不确定性容忍度提供有效的测量工具。

三 研究方法

（一）被试

采用方便取样法以班级为单位整群抽样，获得两个样本。被试为755名大学生，通过如下标准筛选问卷：（1）删除超过2题没有选答的问卷；（2）删除某个选项出现频次过多而且过于集中（如全部选1或3或5的问卷），造成失真的问卷；（3）删除在类似项目的回答中有明显冲突的问卷。最后得到有效问卷710份，有效回收率为94%。其中男生326人，女生384人。样本被随机分为大致相等的两部分，一部分用作项目筛选和探索性因素分析（n=368），另一部分用作验证性因素分析（n=342）。被试中抽取60名大学生间隔四周重测，发放问卷60份，有效问卷60份，其中男生27人，女生33人。所有被试获赠一份小礼品。采用集体施测方式，由研究者本人施测，当场回收问卷。

（二）研究材料

1. 无法忍受不确定性量表（IUS）英文版

该量表由27个项目组成，采用Likert 5级别评分，1=完全不符合，2=不符合，3=不确定，4=符合，5=完全符合，得分越高表示不确定性容忍度水平越低。项目有如"当我觉得事情不确定时，就无法继续进行下去""生活中模棱两可的事情让我有压力""不确定性让我感到焦虑不安或有压力"等。心理测量学指标检验支持了该量表的有效性。量表具有较高的内部一致性信度（$\alpha=0.91$）和重测信度（间隔五周的重测信度为0.74）。此外，无法忍受不确定性量表得分与担心高度相关，并能够区分出高担心和低担心组人群，与焦虑和抑郁也显著相关，表明该量表具有较好的聚合效度、区分效度和效标关联效度。探索性因素分析表明无法忍受不确定性量表具有四因子结构，分别是：（1）不确定性导致无法行动；（2）不确定性是充满压力的和令人烦恼的；（3）无法预料的事情是负性的，应该避免；（4）对未来的不确定是不公平的。

（三）研究程序

改编量表通常包括系统地翻译项目，项目统计学和信度的检验，以及在目标人群中进行标准化等。因此本研究修订IUS中文版的步骤如下：对量表的项目进行翻译和回译；项目分析；评估信度和效度。

1. 量表的翻译与回译

首先，由研究者本人和 2 名人格心理学研究生各自翻译一份初稿，将三份初稿进行对照，对有分歧的地方进行讨论和修改。在三份初稿的基础上整合出一个没有异议的版本，以便最好地体现原项目的本意，同时兼顾汉语的文化表达习惯和可读性。其次，请具有较强英语知识背景的人格心理学博士研究生进行问卷回译，与英文原版对照，对译文个别词语和表达方式重新进行调整。再次，请 10 名来自不同专业的大学生（男生 5 名，女生 5 名）实际填写问卷，由本人进行访谈，了解他们对项目的理解是否会出现歧义。最后，请人格心理学专家对照中英文再做进一步的分析，针对不适合中国文化背景的项目进行讨论和分析，形成用于项目分析和探索性因素分析的初测版本。

2. 预备测试

对样本一（n = 368）进行预测，通过探索性因素分析，确定问卷的正式项目及因子结构。

3. 正式测试

利用样本二（n = 342）进行正式测试，对数据做验证性因素分析，并对 60 名大学生间隔 4 周后重测，以获得重测信度。

（四）数据处理

采用 SPSS19.0 和 LISREL8.80 对数据进行统计分析。主要的统计分析包括：项目的区分度分析、探索性因素分析、验证性因素分析和信度、效度分析等。

四　研究结果

（一）区分度检验

区分度检验是评价项目质量、筛选项目的重要指标与依据。项目的区分度越高，说明问卷的质量越好。华盛顿大学教育评估办公室提供了判断某个项目区分度优劣的标准：0.31—1.00 为区分度较好，0.10—0.30 为区分度一般，负数到 0.09 为区分度较差。

研究一中项目的区分度检验方法有两种：(1) 计算每个项目与量表总分的相关性，删除 Pearson 相关系数小于 0.3 的项目。本量表第 10 个项目和第 21 个项目题总相关低于 0.3，其他所有 25 个项目题总相关均大于 0.3 且达到显著性水平（见表 4-1）。(2) 将被试按所得量表总分高低排序，得分最高的 27% 个体组组成高分组，得分最低的 27% 个体组成低分组，以独立样本 t 检验比较各项目高分组与低分组的得分，删除两组得分差异无统计学意义的项目。结果表明，本量表所有项目的两组得分差异均达到了 0.01 的显著水平。

表 4-1　无法忍受不确定性量表各项目与总分相关分析（n=368）

题项	r	题项	r	题项	r
1	0.433**	10	0.268**	19	0.535**
2	0.502**	11	0.502**	20	0.405**
3	0.575**	12	0.565**	21	0.221**
4	0.327**	13	0.557**	22	0.611**
5	0.457**	14	0.577**	23	0.457**
6	0.657**	15	0.541**	24	0.538**
7	0.676**	16	0.537**	25	0.529**
8	0.582**	17	0.647**	26	0.542**
9	0.622**	18	0.361**	27	0.585**

注：** 在 0.01 水平（双侧）上显著相关，下同。

（二）探索性因素分析

为了检验数据是否适合做因素分析，首先对调查所获得的数据进行取样适当性检验。KMO 值的取值在 0 和 1 之间，KMO 值越接近 1，表示数据越适合作因子分析，KMO 越小，表明数据越不适合做因子分析。Kaiser 给出了一个 KMO 的度量标准：0.9 以上非常适合；0.8 适合；0.7 一般；0.6 不太适合；0.5 以下不适合。样本一数据的取样适当性 KMO 值为 0.906，Bartlett 球度检验卡方值为 2691.39，df = 300，p <0.001，说明各项目之间有共享因子的可能，进行因素分析是恰当的。

因第 10 题和第 21 题的题总相关低于 0.3，将其删除后对剩余 25 个项目进行探索性因素分析，使用主成分、斜交旋转法抽取因子。因素分析以特征值大于 1 为因子抽取的基本原则，辅之以总解释率和陡阶检验来确定因子数目。采用如下标准挑选项目：（1）删除在各个因子上负荷低于 0.4 的项目。（2）删除在多个因子上有较高负荷，并且负荷值比较接近的项目。（3）如果某一维度的项目少于 3 个项目，则将此项目删除。（4）一些项目与该维度其他项目仅仅具有统计学上的聚合性，在内容上不能归为一类或很难解释。经过几次探索，最终获得 3 个显著的因子，总共能够解释 58.2%的变异。3 个因子结构清晰，各项目均在相应因子上具有较大载荷，处于 0.472—0.815。各项目的因子载荷见表 4-2。因此，我们将无法忍受不确定性量表中文修订版归纳为 3 个因子，分别命名为：因子 1：不确定性妨碍行动和具有负性自我参照。它反映了不确定性会导致个体功能性失调和产生负性的自我概念。因子 2：回避不确定性。它反映了个体面对不确定性时试图回避的倾向。因子 3：不确定性令人感到压力和焦虑。它反映了不确定性导致个体感到压力并产生担心、焦虑情绪。

表 4-2　　　　　　　　　IUS 中文修订版各项目因子负荷

项目	因子 1	因子 2	因子 3
15	0.788		
14	0.733		
22	0.660		
13	0.619		
25		0.751	
26		0.739	
27		0.728	
5			0.815
8			0.702
7			0.650
6			0.472

注：因子 1：不确定性妨碍行动和具有负性自我参照；因子 2：回避不确定性；因子 3：不确定性令人感到压力和焦虑。

（三）信度分析

量表的信度采用内部一致性信度和重测信度，具体值见表 4-3。其中重测信度为 60 名大学生间隔 4 周后进行重测。结果表明中文版的 IUS 具有良好的内部一致性和跨时间的稳定性。

表 4-3　　　　无法忍受不确定性量表各个因子及总分的信度指标

	总量表	因子 1	因子 2	因子 3
内部一致性信度	0.820	0.733	0.784	0.725
重测信度	0.780	0.752	0.716	0.734

注：因子 1：不确定性妨碍行动和具有负性自我参照；因子 2：回避不确定性；因子 3：不确定性令人感到压力和焦虑。

(四) 效度分析

1. 构想效度

对各个因子进行相关分析，结果见表4-4。

表4-4　　　　　　IUS中文版各因子及量表总分相关

项目	因子1	因子2	因子3	量表总分
因子1	1			
因子2	0.451**	1		
因子3	0.536**	0.501**	1	
量表总分	0.813**	0.767**	0.860**	1**

注：3个因子得分中等相关，各个因子间的相关系数为0.451—0.536，这提示了这些因子评估的是相对独立的评价维度。

2. 结构效度

采用极大似然估计法，使用样本二的数据对含11个项目的IUS中文修订版进行验证性因素分析，最后模型拟合指标为 $\chi^2 = 67.15$，$df = 41$，$NFI = 0.96$，$NNFI = 0.98$，$CFI = 0.98$，$RMSEA = 0.043$，这表明IUS中文修订版具有较好的结构效度。

五　讨论

研究一基于大学生样本，对无法忍受不确定性量表中文修订版的项目区分度、内部一致性信度、重测信度、构想效度和结构效度进行了检验，结果表明各项指标均符合心理测量学的要求，该量表能够有效测量中国成人的不确定性容忍度水平。

修订后的无法忍受不确定性量表为三因子结构。因子1为"不确定性妨碍行动和具有负性自我参照"，它反映了不确定性会导致个体功能性失调和产生负性的自我概念。如"当我处在不确定状态时意味着我不优秀""当我感到不确定时，我的能力就无法正常发挥"的项目。因子2为"回避不确定性"。它反映了个体面对不确定性时试图回避的倾向。如"我必须摆脱不确定的状态"的项目。因子3为"不确定性令人感到压力和焦虑"，它反映了不确定性导致个体感到压力并产生担心、焦虑情绪。如"不确定性让我感到焦虑不安或有压力""无法预料的事会让我心烦意乱"等。结合不确定性容忍度的定义，我们认为，无法忍受不确定性量表中文修订版反映了不确定性容忍度的实质内涵，可以作为研究不确定性容忍度的一个有效工具。

虽然与原量表 27 个项目相比，修订后的中文版无法忍受不确定性量表只保留 11 个项目，但一些研究还是在一定程度上支持了我们的研究结论。由文献综述可知，IUS-27 因项目重复负荷、一些项目的因子归属难以解释及因子结构不稳定等而遭受批评。Norton（2005）建议，适当地修改或删减项目以提高因子结构的可解释性。Carleton 等（2007）以 IUS-27 为蓝本将其简化为含 12 个项目的简化版 IUS（称为 IUS-12），量表包含预期性焦虑和抑制性焦虑两个因子，并被证实具有良好的心理测量学指标。Khawaja 和 Yu（2010）研究进一步表明 IUS-12 在临床和非临床样本中均具有良好的心理测量学指标，研究者可根据需要选择 IUS-12 或 IUS-27。Jacoby 等（2013）在强迫症群体中的研究也表明 IUS-12 具有良好的信度和效度，且两因素结构也得到了验证，进一步证实了 IUS-12 的有效性。

国内也有其他研究对无法忍受不确定性英文版量表进行了修订，然而不同的研究者得到的因子结构却并不相同。这一方面可能反映了该量表因子结构的不稳定，另一方面导致结果存在显著差异的原因之一可能在于，不同研究者对项目的删除标准不同。如戴必兵等（2013）研究采用的项目删除标准为：（1）删除因子载荷小于 0.30 的项目；（2）删除共同性小于 0.20 的项目；（3）每删除一个项目都再进行一次因素分析。他们的研究结果支持了两因子结构，被分别命名为"消极信念和情绪"和"消极行为和自我参照"，修订后的量表含有 21 个项目。而我们的研究对项目的删除标准为：（1）删除在各个因子上负荷低于 0.4 的项目；（2）删除在多个因子上有较高负荷，并且负荷值比较接近的项目；（3）如果某一维度的项目少于 3 个项目，则将此项目删除；（4）一些项目与该维度其他项目仅仅具有统计学上的聚合性，在内容上不能归为一类或很难解释。而李志勇等（2012）的研究未有详细的项目删除标准报告。

六　结论

无法忍受不确定性量表中文修订版心理测量学指标良好，可用于评估中国文化背景下成年人的不确定性容忍度水平，可作为研究不确定性容忍度的一个有效工具。

第五章　不确定性容忍度对风险决策偏好的影响

一　引言

随着我国改革开放的深入进行，风险情景越来越真实地出现在人们的面前，风险决策也就成了人们日常生活的重要组成部分。风险情景的独特性在于其不确定性，对个体而言意味着"收益"与"损失"并存，因而导致个体趋近与回避并存的心理特征。那么，什么情景下个体会趋近，什么情景下个体又会回避？决策情景可视为机会或威胁（Ghosh & Ray, 1997）。冒险或保守在很大程度上可能会取决于个体对此情景的机会—威胁的认知。在风险决策中，决策者若将决策问题解释为机会，就倾向于冒险；若将其解释为威胁，就倾向于保守（张文慧、王晓田，2008）。而个体的认知受到两方面因素的影响，一是个体内在因素，比如人格因素等；二是情景因素，比如风险情景本身的特点。

那么，不确定性容忍度会影响个体对决策情景的机会—威胁认知并由此而影响个体的决策偏好吗？由文献综述可知，不确定性容忍度作为较为稳定的个性特征之一，对个体的认知、情绪及行为方式都有重要的影响。如 Dugas, Hedayati 等人（2005）的实验显示，与高不确定性容忍度个体相比，低不确定性容忍度个体对于"不确定性的字（词）"有更高的回忆率，易将"模糊的刺激"解释为威胁的信息。面对不确定性时，低不确定性容忍度个体往往会高估负性结果发生的概率（Bredemeier & Berenbaum, 2008），容易感到焦虑与压力，试图实现预防或回避。而焦虑情绪使决策者表现出更强的风险回避，目前这已成为理论界的共识（古若雷、罗跃嘉，2008）。因此推测，既然低不确定性容忍度个体倾向于对不确定性情景做消极、威胁化的解释，易产生担心、焦虑情绪，那么其决策偏好也会受此影响而不同于高不确定性容忍度个体。具体而言，为了降低不确定性以避免威胁及担心、焦虑情绪，低不确定性容忍度个体往往倾向于风险回避；而高不确定性容忍度个体则对立刻消除自己所面临不确定状态的偏好较低，倾向于风险寻求。但 Luhmann 等（2011）通过实验发现，当要求被试在50%获得4美分的即时选项和70%获得6美分的延迟选项之间选择时（每个 trial 中两选项间的时间间隔在5—20秒变化），不确定性容忍度低者却比不确定性容忍度高者更倾向于选择风险更高的即时选项，哪怕即时选项的奖赏值低于延迟选项。仔细分析可知，Luhmann 等（2011）探讨的是不确定性容忍度对不同时点的风险条件下跨期选择的影响，与同一时点的风险选择相比，它不仅具有损益概率的不确定性，还具有时间的不确定性。他们的结论也就自然不能简单推广到同一时点的风险选择。因此，本章探讨不确定性容忍度对同一时点的风险选择的影响。

情景特征和个性特征是影响个体在风险情景中风险倾向的两类重要变量（谢晓非、王晓田，2004）。不确定性容忍度对风险偏好的影响是否受情景特征的调节？在风险决策领域，选项描述框架是影响风险偏好的重要情景变量。自 Kahneman 和 Tversky（1984）采用"亚洲疾病"问题研究决策时发现人们会受备择方案描述方式的影响，表现出积极描述下倾向于风险回避，消极描述下倾向于风险寻求后，有关框架效应的研究不断深入。研究发现，框架效应出现与否与个体差异变量有关（于会会、徐富明、黄宝珍、文桂婵、王岚，2012）。有些个体表现出积极框架下避险，消极框架下冒险；有些个体在两种框架下的风险偏好却并无显著差异。那么，不确定性容忍度对风险偏好的作用是否受框架效应的影响？目前无实证研究直接探讨，一些相关研究却可以提供理论支持。Berenbaum, Bredemeier 和 Thompson（2008）研究发现，被试在不确定性容忍度量表上的总分及部分因子分与认知闭合需要量表部分因子分之间显著相关。刘雪峰等（2007）研究表明，认知闭合需要对决策偏好的影响受框架效应的调节。

损益背景和损益概率也是风险决策过程中两个重要的情景变量，它们是否与不确定性容忍度产生交互作用影响风险偏好？目前缺乏实证对此展开探讨，但 Ladouceur 等（1997）研究发现，与高不确定性容忍度个体相比，低不确定性容忍度个体在中等模糊的推理任务中表现出高证据要求，在做出决策前需要更多的线索，而在高度模糊或非模糊决策任务中并未表现出这种差异。他们据此认为，中等模糊情景适合区分出不确定性容忍度水平不同的个体。由此我们猜测，在中等概率水平上，不确定性容忍度高者与不确定性容忍度低者风险偏好存在显著差异；在高、低两种极端概率上并无此差异，因为此时会加重客观概率的作用，减弱不确定性容忍度的作用。以往关于人格变量对风险决策的影响研究较少同时在获益和损失背景下进行（段婧等，2012；Luhmann et al.，2011）。但谢晓非和王晓田（2004）研究表明，在损失和获益两个情景下，被试的机会——威胁认知有着显著的差异。Lauriola 和 Levin（2001）研究也发现，神经质维度得分高的被试在获益背景下较少采取风险行为，在损失背景下却相反，较多采取风险行为。这说明在损失和获益背景下人格变量风险偏好的影响可能呈现不同的特点。

二 研究目的

从个体差异的角度结合决策者人格变量和情景特征，运用情景实验法探讨不同任务情景下不确定性容忍度对风险偏好的影响。

三 研究假设

基于前人研究，我们预期，不确定性容忍度对风险偏好产生影响且影响受到损益背景、选项描述框架及损益概率的调节。具体来说，在损失背景下，高不确定性容忍度个体比低不确定性容忍度个体决策时更为冒险，获益背景下无此效应；在积极框架下，高不确定性容忍度个体比低不确定性容忍度个体决策时更为冒险，消极框架下无此效应；在中等概率上，高不确定性容忍度个体比低不确定性容忍度个体决策时更为冒险，在高、低概率水平上无此效应。

四 研究方法

（一）被试

对660名大学生施测无法忍受不确定性量表，剔除无效问卷31份后，根据27%高、低得分分组原则确定不确定性容忍度高的组176人，不确定性容忍度低的组175人，t检验显示两组差异显著（$t(349) = -44.55$，$p<0.001$）。最终351名被试参加实验，男生133人，女生218人。

（二）实验设计

采用2（不确定性容忍度：高/低）×2（损益背景：损失/获益）×2（选项描述框架：积极/消极）×3（损益概率：高（90/10）/中（50/

50）/低（10/90））混合实验设计，其中损益概率为被试内变量，其他变量均为被试间变量，因变量为被试对该决策事件的风险选择分数。

（三）研究材料

1. 无法忍受不确定性量表中文修订版

采用修订后的无法忍受不确定性量表，量表采用 Likert 5 级计分，分值越大表明不确定性容忍度越低。

2. 风险决策材料

段婧等（2012）调查发现，经营小店是与大学生生活实际相关联的四大决策事件之一，故本研究以此为背景设计决策材料，期望用这种更接近现实的问题以提高研究的生态效度。

获益背景：假设你在我校大学生创业孵化中心内经营一小店，去年因市场利好，经营最好的时候一年给你带来了总额最高时达 5000 元的盈利。可受多种因素影响，市场近期内出现了下滑。损失背景：假设你在我校大学生创业孵化中心内经营一小店，去年因市场低迷，经营最不好的时候一年曾经亏损总额最高时达 5000 元。受多种因素影响，市场近期内正在反弹好转。按照损益背景和选项描述框架两个变量形成"获益背景—积极""获益背景—消极""损失背景—积极"和"损失背景—消极"四种版本的问卷。四种版本均包含高、中、低三种概率水平的确定选项和风险选项。

（四）研究程序

施测过程主试全部由研究者本人担任，利用课堂教学时间进行调查，施测过程以班级为单位，答题完毕后当场回收。实验结束后，每个参与者都能得到精美礼品一份，并向被试简要说明实验目的。这样做的目的是提高被试的认真态度和数据的准确性。为避免时间压力对被试决策的影响，不限制被试作答时间，整个过程大概需要 15 分钟。

研究分两步完成。第一步，研究者在课堂上要求参与者阅读指导语后完成无法忍受不确定性量表的测试，并要求参与者在问卷中填写自己的学号，以便能联系到被试进入到第二步。第二步，第一步测试完成后，研究者对被试在无法忍受不确定性量表上的得分进行数据分析，根据 27% 高、低得分分组原则确定不确定性容忍度高的组 176 人，不确定性容忍度低的组 175 人。间隔两星期后在筛选后的高、低不确定性容忍度被试中发放风险决策材料（每个被试随机做四套材料中的一种）。其中：问卷一 97 份，问卷二 87 份，问卷三 83 份，问卷四 84 份。风险决策材料平衡了高、中、低三种概率的呈现顺序。

（五）数据处理

所有数据全部由研究者本人录入，采用 SPSS19.0 软件进行数据处理与分析，采用重复测量方差分析。

五 研究结果

表 5-1 列出了高、低不确定性容忍度被试在各种条件下的风险倾向得分情况。有研究发现，性别对风险偏好存在影响，男性比女性常常更冒险（Lauriola & Levin, 2001）。为了避免由性别差异带来的混淆，以风险选择分数为因变量，不确定性容忍度、损益背景、选项描述框架和损益概率为自变量，性别（男 = 1，女 = 0）为协变量进行四因素重复测量方差分析。

结果显示，不确定性容忍度的主效应显著（$F(1, 341) = 3.93$，$p < 0.05$，$\eta^2 = 0.011$），不确定性容忍度高的组（$M = 3.96$）比不确定性容忍度低的组（$M = 3.76$）更偏向于冒险；损益背景的主效应显著（$F(1, 341) = 38.43$，$p < 0.001$，$\eta^2 = 0.101$），被试在损失背景下（$M = 4.16$）比在获益背景下（$M = 3.55$）更偏向于冒险；选项描述框架的主效应显著（$F(1, 341) = 1.70$，$p < 0.01$，$\eta^2 = 0.03$），被试在消极框架下（$M = 4.02$）比积极框架下（$M = 3.7$）更偏向于冒险；损益概率主效应不显著（$F(2, 340) = 1.53$，$p > 0.05$）。

表 5-1　高、低不确定性容忍度被试在各种条件下的风险倾向得分情况（M±SD）

损益背景	损益概率	选项描述框架	不确定性容忍度 高	不确定性容忍度 低
获益	高	积极	3.41 (±1.64)	2.85 (±1.68)
		消极	3.26 (±1.48)	4.09 (±1.44)
	中	积极	3.54 (±1.23)	3.48 (±1.08)
		消极	3.37 (±1.26)	3.92 (±1.25)
	低	积极	4.06 (±1.27)	3.85 (±1.39)
		消极	3.48 (±1.61)	3.21 (±1.33)

续表

损益背景	损益概率	选项描述框架	不确定性容忍度 高	不确定性容忍度 低
损失	高	积极	3.71（±2.24）	3.09（±1.92）
		消极	4.60（±1.77）	4.21（±1.66）
	中	积极	4.42（±1.34）	3.73（±1.34）
		消极	4.63（±0.94）	4.42（±0.96）
	低	积极	4.26（±1.32）	3.87（±1.24）
		消极	4.65（±0.96）	4.30（±1.02）

交互作用分析表明，不确定性容忍度与损益背景交互作用显著（$F(1, 341) = 6.11$，$p<0.05$，$\eta^2 = 0.018$）；不确定性容忍度与选项描述框架交互作用显著（$F(1, 341) = 4.97$，$p<0.05$，$\eta^2 = 0.014$）；选项描述框架与损益背景交互作用显著（$F(1, 341) = 8.93$，$p<0.01$，$\eta^2 = 0.026$）；选项描述框架与损益概率交互作用显著（$F(2, 340) = 6.6$，$p<0.01$，$\eta^2 = 0.037$）；其他的各级交互作用均不显著（$p>0.1$）。

本章研究重点在于不确定性容忍度对风险偏好的影响，故只对不确定性容忍度与损益背景、不确定性容忍度与选项描述框架的交互作用进行简单效应分析。不确定性容忍度与损益背景交互作用简单效应分析表明，在损失背景下，高不确定性容忍度个体（$M=4.39$）比低不确定性容忍度个体（$M=3.94$）更偏向于冒险（$F(1, 348) = 7.57$，$p<0.01$，$\eta^2 = 0.021$），而在获益背景下，高不确定性容忍度个体（$M=3.53$）与低不确定性容忍度个体（$M=3.57$）的风险偏好无显著差异（$F(1, 348) = 0.06$，$p>0.1$）（见图5-1）。

不确定性容忍度与选项描述框架交互作用简单效应分析表明，在积极框架下，高不确定性容忍度个体（$M=3.90$）比低不确定性容忍度个体（$M=3.49$）更偏向于冒险（$F(1, 348) = 7.63$，$p<0.01$，$\eta^2 = 0.021$），而在消极框架下，高不确定性容忍度个体（$M=4.01$）和低不确定性容忍度个体（$M=4.03$）的风险偏好无显著差异（$F(1, 348) = 0.14$，$p>0.1$）（见图5-2）。

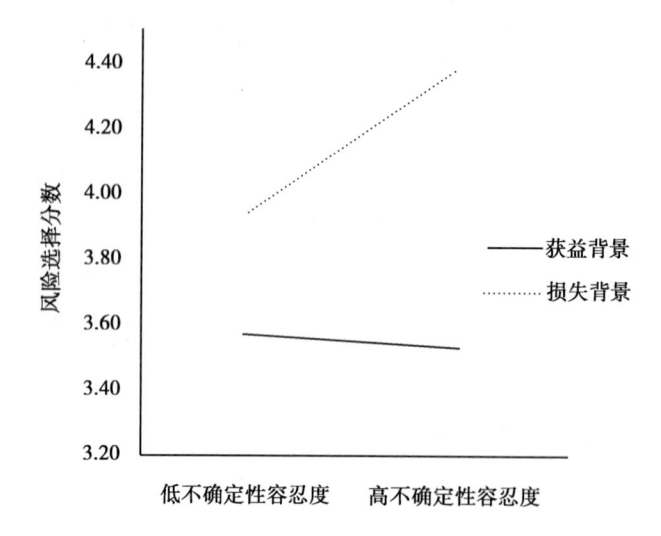

图 5-1 不确定性容忍度与损益背景交互作用

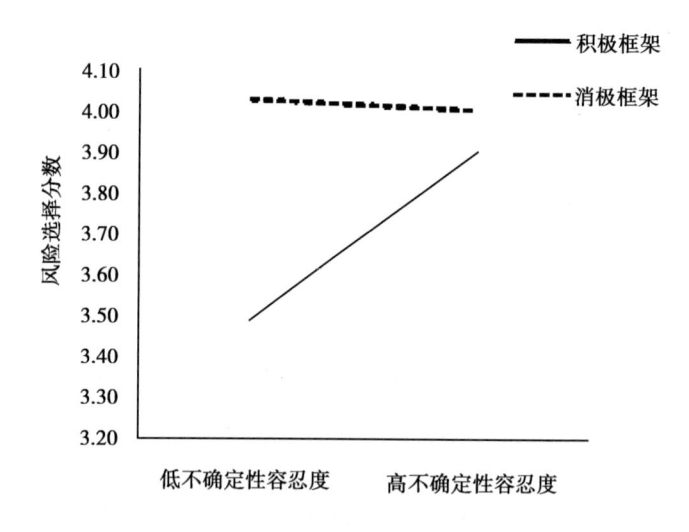

图 5-2 不确定性容忍度与选项描述框架交互作用

六 讨论

(一) 不确定性容忍度的主效应及其与损益背景的交互作用

本章考查了不确定性容忍度对同一时点风险决策偏好的影响,不仅丰富了决策的个体差异研究,而且增强了对不确定性容忍度的行为反应特征的了解。研究发现，不确定性容忍度对风险偏好具有主效应，相比较低不确定性容忍度个体，高不确定性容忍度个体更偏好于冒险，与研究假设一致。一些其他研究在一定程度上支持了本研究结论。李志勇等（2012）研究发现，自尊与不确定性容忍度呈正相关，高自尊者表现出不确定性容忍度高的水平。而段婧等（2012）发现高自尊者比低自尊者更冒险。当然，这是否表明不确定性容忍度可能在自尊对风险偏好的影响中起着中介或调节作用，有待后续研究证实。

不确定性容忍度与损益背景的交互作用分析显示，在损失背景下高不确定性容忍度个体比低不确定性容忍度个体更偏好于冒险，在获益背景下两者风险偏好并无显著差异。这说明不确定性容忍度对风险偏好的影响受损益背景的调节，证实了研究假设。分析其原因，可能是在获益背景下，被试如果选择确定选项，就可以肯定赚钱（只是赚多赚少的问题），而如果选择风险选项，在有机会全赚的同时，也存在一分不赚的威胁。正所谓"百鸟在林，不如一鸟在手"，所以，高、低不确定性容忍度的个体选择均更为保守。而在损失背景下，被试如果选择确定选项，就肯定亏钱（只是亏多亏少的问题），而如果选择风险选项，在全亏的威胁同时，也同样存在不亏的机会。人们普遍具有"损失厌恶"的心理（Tversky & Kahneman，1992）。所以，高、低不确定性容忍度的个体在损失背景下均选择冒险。但即使如此，高不确定性容忍度个体还是比低不确定性容忍度个体更冒险。这是因为，低不确定性容忍度个体对不确定事件的忍受阈值比一般人低，易把不确定性信息解释为具有威胁性，感到压力和焦虑。即使不确定性事件发生的概率很小，他们也会认为它是负性、易发生的，是不可以接受的，应该事先预防或逃避（Buhr & Dugas，2002；Ladouceur et al.，2000）。而高不确定性容忍度个体则不同，他们对立刻消除自己所面临不确定状态的偏好较低。因此，在损失背景下，一方面低不确定性容忍度个体与高不确定性容忍度个体一样，为了避免损失都倾向于冒险；但另一方面又会为了避免不确定性带来的威胁和焦虑，即使冒险，与高不确定性容忍度个体相比，他们还是显得相对谨慎、保守。

（二）不确定性容忍度与选项描述框架的交互作用

研究还发现，在积极框架下，高不确定性容忍度个体比低不确定性容忍度个体更偏向于冒险，而在消极框架下并无此效应。这表明不确定性容忍度对风险偏好的影响受选项描述框架的调节，验证了研究假设。何以如此？McElroy 和 Seta（2003）认为，当个体采用启发式系统加工信息时，更容易引起框架效应，而采用分析式系统加工信息时框架效应减弱。De-Dreu, Koole 和 Oldersma（1999）研究发现，认知闭合较高的个体更倾向于采用启发式推理，以简化的方式处理信息。刘雪峰等（2007）认为低认知闭合的个体对模糊性的容忍程度较高，具有更强烈的动机进一步收集相关信息或对信息进行更深入的分析和思考。Berenbaum 等（2008）研究表明，不确定性容忍度与认知闭合需要相关显著。由此我们推测，低不确定性容忍度个体在决策时更倾向于采用启发式系统加工信息，高不确定性容忍度个体则更倾向于采用分析式系统。本研究中积极框架是指对"金额"做"得"的表征，但此时"得"是依据参照点将结果编码后的相对"得钱"，实际上可能还存在损失。因此，即使在"得"框架下，高不确定性容忍度个体由于采用了分析式系统加工备择选项，需经过分析、计算、权衡之后才做出决策。于是，他们就容易突破"得"钱框架的界定，并不因"得"而表现出风险回避倾向。另外，Ghosh 和 Ray（1997）研究发现模糊容忍度高的个体比模糊容忍度低的个体在决策时表现出更高的决策信心（Decision-making confidence）。因此，在决策信心的作用下，高不确定性容忍度个体易对风险选项产生机会认知，于是他们不仅不回避风险，反而敢于冒险。同样在"得"框架下，不确定性容忍度低者则由于采用启发式系统加工备择选项，"懒"得去分析、计算、权衡，直接凭直觉就作出了选择。于是，他们就容易受"得"框架诱导，表现出风险回避倾向。不仅如此，由于他们还易对风险选项产生威胁认知，也就难免选择回避风险了。那么，在"失"的消极框架下为何高不确定性容忍度个体与低不确定性容忍度个体的风险偏好无显著差异？这可能是因为此时的"失"是依据参照点将结果编码后的相对"失钱"，实际上可能还存在获益。因此，高不确定性容忍度个体在分析式系统加工作用下，容易突破"失"框架的界定，并不会为避免"失"钱一味冒险，而是相对谨慎。低不确定性容忍度个体在启发式系统加工作用下，容易受"失"框架诱导，一方面为避免"失"钱而冒险，另一方面会为了避免不确定性带来的威胁和焦虑，即使冒险，也相对谨慎。

值得一提的是，从另一个方向对不确定性容忍度与选项描述框架交互作用的简单效应检验发现：低不确定性容忍度个体在消极框架下比积极框架下更偏向于冒险，而高不确定性容忍度个体并无此效应。也就是说，低不确定性容忍度个体表现出框架效应，高不确定性容忍度个体不受此效应的影响，这进一步丰富了框架效应的个体差异研究。

(三) 不确定性容忍度对风险偏好的影响不受损益概率的调节

本研究假设在中等概率上，高不确定性容忍度个体比低不确定性容忍度个体决策时更为冒险，在高、低概率上无此效应。研究结果表明，不确定性容忍度与损益概率交互作用并不显著，不确定性容忍度对风险偏好的影响不受损益概率的调节，与研究假设不符。Ladouceur 等（2000）认为，对于低不确定性容忍度个体而言，无论不确定情景或事件发生概率大小以及后果如何，都倾向于进行消极评价。Buhr 和 Dugas（2002）也认为，尽管消极事件发生的可能性很小，低不确定性容忍度个体都倾向于认为是不可接受的，应该事先预防或逃避。由此不难理解，在高、中、低三种概率上高不确定性容忍度个体都比低不确定性容忍度个体更冒险。但是，本研究虽然在一定程度上支持了他们的理论观点，在将来的研究中仍需扩大样本范围、拓展决策领域（如生命问题）等做进一步验证。

总之，本章证实了不确定性容忍度对个体风险偏好的影响。研究结论有助于解释或预测不同不确定性容忍度个体在不同任务情景中决策时的行为特点，为采取更有针对性的措施影响个体的决策进而提高决策质量提供了理论依据。但国内关于不确定性容忍度的研究才刚刚起步，未来还有很多问题值得进一步探讨。例如，目前关于风险偏好的研究所采用的材料大都是"亚洲疾病"问题或"投资"问题，局限于生命安全、资本安全等领域，如果采用道德风险或心理安全问题探讨不确定性容忍度对决策偏好的影响，结果会怎样？另外，本章主要从行为层面探讨了不确定性容忍度对风险偏好的影响，未来研究还需深入探讨其影响的心理机制和神经机制。例如，框架可以是被动接受的，也可以是主动加工的，不同不确定性容忍度个体的风险偏好差异是否由他们形成的自我框架差异所致？又如，不同不确定性容忍度的被试在进行风险决策时其脑电波、激活的相关脑区有没有显著差异？这些问题都需要进一步澄清。

七　结论

不确定性容忍度对风险偏好产生影响，且这种影响会受到损益背景、选项描述框架的调节。不确定性容忍度与损益背景交互作用显著：在损失背景下，不确定性容忍度高的被试比不确定性容忍度低的被试更为冒险，在获益背景下无此效应。不确定性容忍度与选项描述框架交互作用显著：在积极框架下，不确定性容忍度高的被试比不确定性容忍度低的被试更为冒险，在消极框架下无此效应。研究还表明，低不确定性容忍度个体受框架效应的影响，高不确定性容忍度个体不受此效应的影响。

第六章 不确定性容忍度对模糊决策偏好的影响

一 引言

第五章证实了不确定性容忍度对风险决策情景中决策偏好的影响。然而现实生活中人们有时无法事先对事件结果的概率分布进行准确评估。例如,决策是否购买某个新上市股票时,常无法确定成功概率的高低;企业投资研发新产品时,也无法事先确定成功的机会有多少。Knight(1921)将这种情景下的决策称为模糊决策,以区别于事件结果概率分布已知的风险决策(如投掷硬币)。人们在模糊情景中如何决策?Ellsberg(1961)通过"双色(三色)问题"发现,与模糊选项相比,人们常常更偏好风险选项,表现出模糊规避(ambiguity aversion)。如在"双色问题"中,A罐有红球和黑球各50个(风险选项),B罐有红球和黑球共100个,但两者构成比例未知(模糊选项)。实验要求被试先选定拟摸出球的颜色,然后再选择在A罐还是B罐摸出相应颜色的球。如果摸出的球与事先选定的球颜色一致,则获得奖励;若不一致则没有任何奖励。结果显示,虽然风险选项与模糊选项的期望值大小相同,但大多数被试偏好从A罐中摸球,对于球的颜色偏好并无显著差异。

自Ellsberg(1961)的研究发表以后,学者们通过增加或修改研究参数的方式对模糊规避现象进行了大量实验研究(Liu,2011)。整体而言,模糊规避现象得到了众多研究的证实(Camerer & Weber,1992;Abdellaoui,Baillon,Placido,& Wakker,2011;Rubaltelli,Rumiati,& Slovic,2010)。但也有研究发现,人们并不总是模糊规避,在一些情景下也会模糊寻求,表现出情景依赖性(史滋福,2009;张凤华,2010)。例如,相对于单一决策,在重复决策时模糊规避的效果会下降(Liu & Colman,2009);相对于竞争情景,在合作情景中,被试的模糊规避程度会减弱

（khberger & Perner，2003）。当对自己在特定领域的知识有信心时，被试会表现出模糊寻求（Klein，Cerully，& Monin，2010）。研究还表明，模糊规避具有个体差异性，不同个体的模糊规避程度并不相同。这些个体差异因素主要有调节定向（Liu，2011）、自尊（张凤华，2010）、乐观水平（Pulford，2009）、负向评价恐惧（Trautmann，et al.，2008）等。例如，Pulford（2009）研究表明，模糊规避与个体的乐观水平有关，乐观水平高的个体比乐观水平低的个体表现出更低程度的模糊规避；Pontikes（2012）研究显示，模糊情景对于独立风险投资者具有吸引力，而机构投资者则更偏好于选择主流基金项目等风险情景。这些个体差异研究有助于进一步检验和深化模糊规避原有的理论解释和提出新的理论解释。

模糊情景的特征在于其概率分布和概率结果的不确定性，因此，研究与这一特征紧密相关的人格特质对模糊决策偏好的影响具有丰富的理论意义和实践意义。理论上而言，个体对模糊的忍受程度会对决策偏好产生影响。如 Einhorn 和 Hogarth（1985）认为，当决策者面临模糊情景时，会有一个临时的概率评估，然后基于对所有可能的概率分布的心理模拟，进行上下调整，其中调整的方向与个体对待模糊的态度有关。回顾以往研究，研究者一般将模糊容忍度这一人格变量作为反映个体对模糊的忍受程度并考查其对模糊情景中决策偏好的影响（Ghosh & Ray，1997；Lauriola et al.，2007）。Ghosh 和 Ray（1997）及 Lauriola 等（2007）研究表明，与高模糊容忍度个体相比，低模糊容忍度个体模糊规避程度更高。可仔细分析发现，Ghosh 和 Ray（1997）研究中模糊容忍度实际上测量的是个体在新颖的、复杂的或冲突的模糊情景中的反应（Mclain，1993）。而模糊决策研究中的模糊情景往往是指结果的概率分布、结果的大小或结果发生的时间不确定的情景，Ghosh 和 Ray（1997）研究中所测量的模糊容忍度或许并不能准确评估个体对模糊决策情景中模糊的忍受程度。Lauriola 等（2007）所使用的量表虽然在原有基础上增加了个体对"不确定性"情景反应的测量，但作者在分析数据时使用的是包括其他三个情景分值计算在内的总分，这样就可能混淆"不确定性"维度对模糊决策偏好的影响。因此，本章尝试采用不确定性容忍度这一人格特质评估个体对模糊决策研究中模糊的忍受程度，考查它对模糊决策中决策偏好的影响。

研究发现，不确定性或无法预期的事件本来就会容易造成一般人焦虑感增加，但低不确定性容忍度个体不仅对不确定性的感觉阈限比一般人低

(Ladouceur et al., 1997), 而且忍受阈限也比一般人低 (Ladouceur et al., 2000), 对于"不确定性的字（词）"有更高的回忆率, 对模糊信息解释更具威胁性 (Dugas, Hedayati et al., 2005), 即使不确定性事件发生的概率很小, 他们也会高估负性结果发生的概率及后果 (Bredemeier & Berenbaum, 2008), 并不断在心中对未知事物做沙盘推演。如万一不好的事情发生了, 我该怎么办? 因此, 当面对不确定性时, 与高不确定性容忍度个体相比, 低不确定性容忍度个体更无法忍受, 易产生担心、焦虑情绪 (Dugas, Marchand et al., 2005; McEvoy & Mahoney, 2012), 倾向于认为它是不可以接受的, 应该事先预防或逃避 (Buhr & Dugas, 2002), 解决问题时也易表现出较低的问题解决自信和控制感 (Dugas, Freeston, & Ladouceur, 1997)。那么, 与高不确定性容忍度个体相比, 低不确定性容忍度个体在模糊决策中的决策偏好有无显著差异? 这是本章要探讨的问题之一。

损益概率是影响个体模糊决策偏好的重要情景因素 (张军伟等, 2010; Camerer & Weber, 1992)。那么, 不确定性容忍度对模糊决策偏好的影响是否受它的调节? 目前缺乏实证研究对此展开探讨。但 Ladouceur 等 (1997) 研究发现, 与高不确定性容忍度个体相比, 低不确定性容忍度个体在中等模糊的推理任务中表现出高证据要求, 做出决策前需要更多的线索, 而在高度模糊或非模糊情景下并未表现出这种差异。他们据此认为, 中等模糊程度的情景适合区分出不确定性容忍度水平不同的个体。另外, 模糊决策涉及收益和损失两类情景。Cohen, Jaffray 和 Said (1987) 研究表明, 获益情景下被试的模糊规避行为并不能预测损失情景下的模糊规避行为, 两者并不存在相关性。来自神经经济学的研究也表明, 损失和收益的内在加工机制存在明显的差异 (Gehring & Willoughby, 2002)。Bier 和 Connell (1994) 研究就发现, 在获益框架下, 高乐观水平和中等乐观水平的被试比低乐观水平的被试更倾向于模糊寻求, 而在损失框架下并无此差异。因此, 很有必要分别在收益和损失两种不同情景下来研究不确定性容忍度对模糊决策偏好的影响。综合以上分析, 探讨不确定性容忍度在损失和获益两种情景下不同概率上的模糊决策偏好便成了本章要探讨的问题之二。

二　研究目的

从个体差异的角度结合决策者人格变量和模糊决策任务特征, 运用情景实验法探讨不同任务情景下不确定性容忍度对模糊决策偏好的影响,为提高决策质量提供理论依据的同时进一步丰富不确定性容忍度的研究。

三 研究假设

基于上述研究,我们提出以下预期:

(一)在模糊决策情景中,面对概率分布未知的模糊选项和概率分布已知的风险选项,由于低不确定性容忍度个体比高不确定性容忍度个体更倾向于高估负性结果发生的概率,感到困扰且无法忍受,试图事先预防和逃避,所以他们有更强烈的动机选择不确定性程度更低的风险选项,表现出更高程度的模糊规避。

(二)在不同概率水平上不确定性容忍度对模糊决策偏好的影响存在显著差异。在中概率水平上,不确定性容忍度低者比不确定性容忍度高者更偏向于模糊规避;在高、低两种极端概率上并无此差异。

(三)在获益情景下,不确定性容忍度低的被试比不确定性容忍度高的被试更倾向于模糊规避,而在损失情景下并无此差异。

四 研究方法

(一)被试

对660名大学生施测无法忍受不确定性量表,剔除无效问卷31份后,根据27%高、低得分分组原则确定不确定性容忍度高的组176人,不确定性容忍度低的组175人,t检验显示两组差异显著($t(349) = -44.55$, $p<0.001$)。最终351名被试参加实验,男生133人,女生218人。

(二)实验设计

采用2(不确定性容忍度:高/低)×2(损益结果:获益/损失)×3(损益概率:高(90/10)/中(50/50)/低(10/90))的混合实验设计,其中不确定性容忍度、损益结果是被试间因素,损益概率是被试内因素。因变量为被试对风险方案和模糊方案的选择人数。

(三)研究材料

1. 无法忍受不确定性量表中文修订版

采用修订后的无法忍受不确定性量表,量表采用Likert 5级计分,分值越大表明不确定性容忍度越低。

2. 模糊决策材料

在实验中，为了控制概率间隔对模糊决策偏好的影响，模糊选项的概率间隔设计为 0.2，概率中值与风险选项的概率值相等。此外，为了防止"敌意偏差效果"（bias against the person）——被试会怀疑主试为了自身的利益而不愿让被试摸中想要的球，故意操控红色与黑色球的比例（如此一来，红球与黑球的比例并非随机），所以被试偏好风险性选项（Liu, 2011），参照 Liu (2011) 的做法，强调 B 罐中红球和黑球的比例由电脑随机控制。以风险选项的概率为 50% 为例，模糊决策材料为：

获益情景：桌子上放有罐子 A 和罐子 B，均装有球 100 个。其中 A 罐中有 50 个红球和 50 个黑球，B 罐中有 40—60 个红球和相应的 60—40 个黑球（红球与黑球的构成比例由电脑随机控制）。如果给你一次在罐子中摸球的机会，摸到红球奖励 100 元，摸到黑球什么也得不到，请问你选择在哪个罐子中摸球？

损失情景：桌子上放有罐子 A 和罐子 B，均装有球 100 个。其中 A 罐中有 50 个红球和 50 个黑球，B 罐中有 40—60 个红球和相应的 60—40 个黑球（红球与黑球的构成比例由电脑随机控制）。假设你在某商场购买了 300 元的商品，恰逢商场为庆祝开业 3 周年开展活动，购物满 300 元赠送 100 元购物券。但能不能得到 100 元购物券是由你在罐子 A 和罐子 B 中摸球决定的。如果给你一次在罐子中摸球的机会，摸到红球你得不到 100 元购物券，请问你选择在哪个罐子里摸球？

（四）研究程序

施测过程主试全部由研究者本人担任，利用课堂教学时间进行调查，施测过程以班级为单位，答题完毕后当场回收。实验结束后，每个参与者都能得到精美礼品一份，并向被试简要说明实验目的。这样做的目的是提高被试的认真态度和数据的准确性。为避免时间压力对被试决策的影响，不限制被试作答时间，整个过程大概需要 15 分钟。

研究分两步完成。第一步，研究者在课堂上要求参与者阅读指导语后完成无法忍受不确定性量表的测试，并要求参与者在问卷中填写自己的学号，以便能联系到被试进入到第二步。第二步，第一步测试完成后，研究者对被试在无法忍受不确定性量表上的得分进行数据分析，根据 27% 高、低得分分组原则确定不确定性容忍度高的组 176 人，不确定性容忍度低的组 175 人。间隔两个星期后在筛选后的高、低不确定性容忍度被试中发放模糊决策材料（每个被试随机做二套材料中的一种）。其中：问卷一（获益情景）179 份，问卷二（损失情景）172 份。模糊决策材料平衡了高、中、低三种概率的呈现顺序。

（五）数据处理

全部数据由研究者本人输入，采用 SPSS19.0 统计分析软件进行数据分析处理，主要采用广义估计方程和卡方检验方法。

五 研究结果

为了检验不确定性容忍度、概率以及不确定性容忍度与概率交互作用对模糊决策偏好的影响，分别在获益情景和损失情景下运用 SPSS19.0 对数据进行了广义估计方程（generalized estimating equation，GEE）分析（结果见表 6-1）。GEE 是 Liang 和 Zeger（1986）在广义线性模型的基础上建立的一种拟似然估计方法，可以对符合正态分布、泊松分布、二项分布等多种分布的应变量拟合相应的统计模型，在考虑因变量相关问题的同时得到稳健的参数估计。作为一种分析具有组内相关（重复测量）定性资料的方法，近些年在决策领域日益得到运用（Lauriola et al., 2007; Ravaja, Somervuori, & Salminen, 2013）。

由表 6-1 可知，在获益情景下，不确定性容忍度的主效应边缘显著，概率大小的主效应显著，不确定性容忍度与概率大小的交互作用显著。在损失情景下，不确定性容忍度的主效应不显著，概率大小的主效应显著，不确定性容忍度与概率大小的交互作用显著。本研究重点在于探讨不确定性容忍度对模糊决策偏好的影响，故忽略概率的主效应分析，只对不确定性容忍度与概率大小的交互作用进一步分析，即分别在获益和损失情景下，高、中、低三种概率水平上对不确定性容忍度高的被试和不确定性容忍度低的被试选择风险选项和模糊选项的人数进行卡方检验（见表 6-2 和表 6-3）。

表 6-1　　　　　广义估计方程模型中自变量效应的检验

损益结果	变异来源	Type Ⅲ		
		$waldx^2$	df	p
	不确定性容忍度	2.96	1	0.085
获益情景	概率水平	18.88	2	0.000
	不确定性容忍度×概率水平	6.09	2	0.048

续表

损益结果	变异来源	Type Ⅲ		
		$waldx^2$	df	p
损失情景	不确定性容忍度	0.59	1	0.443
	概率水平	26.45	2	0.000
	不确定性容忍度×概率水平	11.38	2	0.003

表 6-2　获益情景下高、低不确定性容忍度被试选择风险选项和模糊选项的人数及差异

	高概率		中概率		低概率	
	风险选项	模糊选项	风险选项	模糊选项	风险选项	模糊选项
低容忍度组	60	30	52	38	47	43
百分比	66.7	33.3	57.8	42.2	52.2	47.8
高容忍度组	66	23	68	21	68	21
百分比	68	21	76.4	23.6	46.1	53.9
χ^2	1.20（$\varphi=0.082$）		7.03**（$\varphi=0.198$）		0.68（$\varphi=0.062$）	

注：表中** $p<0.01$。

表 6-3　损失情景下高、低不确定性容忍度被试选择风险选项和模糊选项的人数及差异

	高概率		中概率		低概率	
	风险选项	模糊选项	风险选项	模糊选项	风险选项	模糊选项
低容忍度组	32	53	33	52	52	33
百分比	37.6	62.4	38.8	61.2	61.2	38.8
高容忍度组	25	62	52	35	53	34
百分比	28.7	71.3	59.8	40.2	60.9	39.1
χ^2	1.54（$\varphi=0.095$）		7.55**（$\varphi=0.209$）		0.001（$\varphi=0.003$）	

注：表中** $p<0.01$。

结果显示，在高概率获益情景下，不确定性容忍度低的被试与不确定性容忍度高的被试对模糊选项的选择无显著差异（$\chi^2=1.20$，$p>0.05$，$\varphi=0.082$），均倾向于模糊规避（$\chi^2_{低}=10$，$p<0.01$，$\chi^2_{高}=20.78$，$p<0.001$）。在中概率获益情景下，不确定性容忍度低的被试比不确定性容忍度高的被试表现出更低程度的模糊规避（$\chi^2=7.03$，$p<0.01$，$\varphi=$

0.198)，其中前者倾向于模糊中立（$X^2_{低}=2.18$，$p>0.05$），后者倾向于模糊规避（$X^2_{高}=24.82$，$p<0.001$）。在低概率获益情景下，不确定性容忍度低的被试与不确定性容忍度高的被试对模糊选项的选择无显著差异（$X^2=0.68$，$p>0.05$，$\varphi=0.062$），均倾向于模糊中立（$X^2_{低}=0.18$，$p>0.05$，$X^2_{高}=0.55$，$p>0.05$）。

在高概率损失情景下，不确定性容忍度低的被试与不确定性容忍度高的被试对模糊选项的选择无显著差异（$X^2=1.54$，$p>0.05$，$\varphi=0.095$），均倾向于模糊寻求（$X^2_{低}=5.19$，$p<0.05$，$X^2_{高}=15.74$，$p<0.001$）。在中概率损失情景下，不确定性容忍度低的被试比不确定性容忍度高的被试更偏好模糊寻求（$X^2=7.55$，$p<0.01$，$\varphi=0.209$），其中前者倾向于模糊寻求（$X^2_{低}=4.25$，$p<0.05$），后者倾向于模糊中立（$X^2_{高}=3.32$，$p>0.05$）。在低概率损失情景下，不确定性容忍度低的被试与不确定性容忍度高的被试对模糊选项的选择无显著差异（$X^2=0.001$，$p>0.05$，$\varphi=0.003$），均倾向于模糊规避（$X^2_{低}=4.25$，$p<0.05$，$X^2_{高}=4.15$，$p<0.05$）。

六 讨论

（一）不确定性容忍度对模糊决策偏好的影响

本研究证实了不确定性容忍度对模糊决策偏好的影响，不仅丰富了模糊决策偏好的个体差异研究，而且增强了对不确定性容忍度的认知、行为反应特征的了解。根据引言综述，我们推测，在中概率（50%）获益情景下，低不确定性容忍度个体比高不确定性容忍度个体表现出更高程度的模糊规避。但本研究结果显示，在中概率（50%）水平上，无论是获益情景还是损失情景，与高不确定性容忍度个体相比，低不确定性容忍度个体均更偏好于模糊寻求，与研究假设并不一致。但一些相关研究在一定程度上支持了本研究结论。李志勇等（2012）研究发现，自尊与不确定性容忍度呈正相关，低自尊者表现出不确定性容忍度低的。而张凤华（2010）发现高自尊被试更容易模糊规避，低、中自尊被试更容易模糊寻求。当然，这是否表明不确定性容忍度可能在自尊对模糊决策偏好的影响中起着中介或调节作用，有待后续研究证实。

研究表明，面对不确定性，不确定性容忍度低的既可能促使个体选择事先预防或逃避（Buhr & Dugas，2002），也可能促使个体通过趋近行为达到更大程度的确定性（Rosen et al.，2007；Ladouceur et al.，1997）。

如 Rosen 等（2007）研究发现，当人们受到潜在的健康威胁时，低不确定性容忍度个体比高不确定性容忍度个体表现出更多的健康监测行为（health monitoring）。相对于风险选项，模糊选项具有成功概率不确定的特性，拥有更多的"可能"的优点和缺点（Liu，2011）。例如，当风险选项的概率为50%，模糊选项的概率区间为40%—60%时，模糊选项就有比风险选项高10%的成功机会，同时也有高10%的失败机会。因此，如果个体看重模糊选项的优点，他就会偏好模糊寻求。反之，则偏好模糊规避。那么，个体什么情况下会看重模糊选项的优点（缺点）？研究表明，个体会根据自己的需要来调整自己的决策策略（史滋福，2009），如果风险选项的取胜概率比较小，人们似乎情愿选择模糊的选项，即当自己所偏好的不能满足自己的需要时，情愿选择自己所不偏好的。如前所述，面对不确定性时，低不确定性容忍度个体往往会高估负性结果发生的概率（Bredemeier & Berenbaum，2008），所以，当他们对概率为50%的风险选项进行评估时，会认为其获益结果的主观概率低于50%（或损失结果的主观概率高于50%）。为了增加获益的机会（或降低损失的机会），他们就会更看重模糊选项的优点，对它产生趋近行为。相信如果选模糊选项，就可能拥有更多成功的机会（获益情景）或更多避免失败的机会（损失情景）。而高不确定性容忍度个体有充分的问题解决自信和控制感，能准确评估风险选项风险的大小，所以，他们会更关注模糊选项的缺点，选择事先预防或逃避。认为如果选模糊选项，可能反而导致拥有更少的成功机会（获益情景）或更多的失败机会（损失情景）。因此，与高不确定性容忍度个体相比，低不确定性容忍度个体更偏好模糊寻求。

理论上而言，个体对待模糊的态度与模糊决策偏好有关（Einhorn & Hogarth，1985）。以往研究用模糊容忍度评估个体对模糊的忍受程度并探讨它对模糊决策偏好的影响。但仔细分析这些研究中对模糊容忍度的测量后，我们认为，用模糊容忍度评估个体对模糊的忍受程度的适合性值得商榷，因为模糊决策研究中的模糊情景往往是概率分布和概率结果的不确定性，而非模糊容忍度所指的个体在新颖的、复杂的或冲突的模糊情景中的反应（Mclain，1993）。事实上，Freeston 等（1994）曾指出，Furnham（1994）对四个常用模糊容忍度量表进行因素分析后得到的五个高阶因素中只有一个因素与不确定性容忍度的含义是一致的，模糊容忍度的概念比不确定性容忍度的概念更为宽泛。无法忍受不确定性量表测量了与不确定性有关的消极信念和感知到的后果,如不确定性使人无计可施,是充满压力的、令人苦恼的,应该回避等(Buhr & Dugas, 2002)。鉴于此,本章尝试采用不确定性容忍度评估个体对模糊的忍受程度并探讨它对模糊决策偏好的影响,结果发现,低不确定性容忍度个体比高不确定性容忍度个体更偏好模糊寻求。而以往研究发现,低模糊容忍度个体比高模糊容忍度个体更偏好模糊规避。因此,我们认为,用不确定性容忍度评估个体对模糊决策中模糊的忍受程度有利于澄清个体的模糊忍受程度对模糊决策偏好的影响,但将来研究仍需扩大样本范围、采用不同研究范式等进一步验证。

(二) 不确定性容忍度与概率水平的交互作用

不确定性容忍度与概率水平交互作用分析表明,在高、低概率水平上高不确定性容忍度个体和低不确定性容忍度个体的模糊规避程度差异并不显著,验证了研究假设。这可能是因为在高、低极端概率下,加重了客观概率对模糊规避的作用,减弱了不确定性容忍度的作用。而在中等概率(50%)时,结果的不确定性程度最高,所以此时不确定性容忍度对个体模糊规避的影响权重就会增加,作用才得以体现。一些其他研究也得到了与本研究类似的研究结果。De Bruin,Rassin 和 Muris(2006)的研究发现,不确定性容忍度和担心之间并不是线性关系。不确定性容忍度在中等程度的不确定情景中能有效预测担心,而当个体经历的情景不确定性太高或太低都将引发正常的、适应性的反应,在这种情况下不确定性容忍度对担心不具有预测价值。如引言所述,Ladouceur 等(1997)研究发现,与高不确定性容忍度个体相比,低不确定性容忍度个体在中等模糊的推理任务中表现出高证据要求,做出决策前需要更多的线索,而在高度模糊或非模糊情景下并未表现出这种差异。他们据此认为,中等模糊程度的情景适合区分出不确定性容忍度水平不同的个体。这也或许是许多研究人格变量对模糊决策偏好的影响选择中等概率的原因(张凤华,2010;Liu, 2011;Pulford, 2009;Trautmann et al. , 2007)。

(三) 不确定性容忍度水平对个体的模糊决策偏好的影响受损益情景的影响

我们预期,在获益情景下,不确定性容忍度低的与不确定性容忍度高的被试对模糊选项的选择存在显著差异,而在损失情景下无显著差异,但本研究未能验证此假设。考虑到本研究中损益情景是作为被试间因素,未来研究可以将其作为被试内因素进一步展开验证。另外,Bier

和 Connell（1994）研究发现，在获益框架下，高、中乐观水平和低乐观水平的被试对模糊选项的选择存在显著差异，而在损失框架下无显著差异。这也提醒我们，下一步研究可以考查在不同信息框架下高、低不确定性容忍度个体的模糊规避是否存在显著差异。尽管未能验证原假设，研究结果还是表明，不确定性容忍度水平对个体的模糊选择结果的影响受损益情景的影响。低不确定性容忍度个体在获益情景下的模糊态度不同于损失情景下，高不确定性容忍度个体也是如此。具体来说，高概率水平下，高不确定性容忍度个体和低不确定性容忍度个体都由获益情景下的模糊规避转变为损失情景下的模糊寻求；低概率水平下，高不确定性容忍度个体和低不确定性容忍度个体都由获益情景下的模糊中立转变为损失情景下的模糊规避。而中概率水平下情况则不一样，低不确定性容忍度个体由获益情景下的模糊中立转变为损失情景下的模糊寻求，高不确定性容忍度个体由获益情景下的模糊规避转变为损失情景下的模糊中立。这提醒我们，以往关于人格变量对模糊决策偏好的影响研究多集中在单一概率水平或单一损益情景，而不同概率水平、不同损益情景下人格特征对模糊决策偏好的影响并不相同，这对于深入理解模糊规避的机制及其实践应用都有重要意义。

　　本章表明，无论是损失还是获益情景，不确定性容忍度低的被试比不确定性容忍度高的被试更偏好模糊寻求。但这一结论是在模糊选项和风险选项同时呈现的决策情景下获得，要求被试在风险选项和模糊选项之间选择一个相对自己能接受的选项。也就是说要求被试对模糊事件和风险事件同时评价，是同时评价范式，对于这种评价模式，实际上是相当于给被试提供的了一个参考点。Fox 和 Tversky（1995）使用了同时评价和单独评价范式来研究模糊规避，研究发现，在同时评价时，被试倾向于模糊规避，而在单独评价时，模糊规避会消失。Chow 和 Sarin（2002）的研究也得到了类似的结论。因此，未来可以尝试研究单独评价模糊事件时，不确定性容忍度高的被试和不确定性容忍度低的被试的模糊决策偏好是否存在显著差异？另外，本章主要考查了在 Ellsberg 选瓶任务中不确定性容忍度对模糊决策偏好的影响，未来研究可以扩大研究的范围，考查真实生活环境中不确定性容忍度对决策偏好的影响。比如，考查在保险领域内不确定性容忍度对顾客购买决策行为的影响。

七　结论

获益情景下，高概率时不确定性容忍度低的与高不确定性容忍度个体对模糊选项的选择无显著差异，均倾向于模糊规避；中概率时不确定性容忍度低的比高不确定性容忍度个体表现出更低程度的模糊规避，前者倾向于模糊中立，后者倾向于模糊规避；低概率时两者对模糊选项的选择无显著差异，均倾向于模糊中立。损失情景下，高概率时不确定性容忍度低的与高不确定性容忍度个体对模糊选项的选择无显著差异，均倾向于模糊寻求；中概率时不确定性容忍度低的比高不确定性容忍度个体更偏好模糊寻求，前者倾向于模糊寻求，后者倾向于模糊中立；低概率时两者对模糊选项的选择无显著差异，均倾向于模糊规避。

这表明，不确定性容忍度对模糊决策偏好产生影响且受到损益概率和损益结果的调节。结果还表明，用不确定性容忍度评估个体对模糊决策中模糊的忍受程度有利于澄清个体的模糊忍受程度对模糊决策偏好的影响。

第七章 不确定性容忍度对跨期决策偏好的影响

一 引言

第五章和第六章的研究结果初步证明了不确定性容忍度对同一时间点的风险决策偏好和模糊决策偏好的影响，但在现实生活中，下至个体的日常生活和经济行为，上到组织乃至国家公共政策制定，人类做出的绝大多数决策都具有时间性，需要在短期和长期的利益之间做出权衡。跨期选择就是指人们对发生在不同时间点的成本和收益进行权衡，进而做出各种判断和选择（孙彦，2011；Frederick et al., 2002）。比如，是大学毕业后找工作还是读研究生继续深造，是参加同学聚会还是为一个重要的考试认真复习。如何在短期和长期的利益之间做出权衡便成了理解人们的饮食、运动、学习和投资等行为的一个关键因素。正如亚当·斯密（Adam Smith）首先指出的，它不仅影响一个人的健康、财富与幸福，也关系到国家的经济繁荣（梁竹苑、刘欢，2011）。跨期选择研究领域的一个重大发现就是，与当前或近期的损益相比，人们总是倾向于赋予将来的损益更小的权重，这一现象叫作延迟折扣或时间折扣。为了衡量不同个体延迟折扣的程度大小，研究者采用了延迟折扣率（discounting rate）的概念。延迟折扣率越大，表示随着时间的延长延时奖赏的主观价值折扣得越快。研究表明，无论是动物还是人类，无论是小孩还是成人，延迟折扣现象普遍存在（Kim, Hwang & Lee, 2008）。临床研究发现，吸烟、吸毒、酗酒、病理性赌博等成瘾人群的延迟折扣率显著高于正常人群（Bickel & Marsch, 2001）。高折扣率将会导致个体倾向于选择消费，而减低储蓄率。于是，了解人们如何在当前和未来的奖赏和成本之间进行选择便成了心理学和经济学、神经科学等领域内研究者的一项重要任务。

关于跨期决策的影响因素方面，研究者从决策选项属性、决策情景等方面展开了探讨（Frederick et al., 2002）。可跨期决策的过程不仅受决策选项各种属性、情景因素等影响，也可能存在个体差异，但目前国内外对跨期选择的个体差异进行的实证研究尚少（梁竹苑、刘欢，2011）。其中在个体差异的人格方面，研究主要关注了诸如内—外向、冲动性等人格特质对延迟折扣率的影响。如 Ostaszewski 和 Green（1995）指出，跨期选择中个体间延迟折扣率和自我控制的差异也许与特定的人格特质有关，并在后续研究中系统考查了冲动性、感觉寻求、内—外向等与延迟折扣率的关系。Hirsh, Morisano 和 Peterson（2008）则通过实验发现内—外向人格和认知变量对延迟折扣率的影响产生交互作用，只有在低水平认知能力上外向才能预测高折扣率。与风险决策不同，跨期选择中延迟选项的主观值是决策者对延迟时间和金钱数量的权衡和整合的结果。因此，有研究关注了与时间相关紧密的人格特质对跨期选择的影响。如果个体主观感知的延迟时间越长，则收益的成本和风险越高，延迟兑现的奖赏主观价值降低，进而导致更倾向于选择即时兑现的较小奖赏。Kim 和 Zauberman（2009a）在一个延迟折扣研究中同时测量了被试的特质冲动性和预期时间估计能力，结果发现，时间延迟折扣与预期时间估计能力相关，与特质冲动性并不相关。索涛（2012）研究发现，无论跨期选择任务难易，低洞察力者进行跨期选择时选择即时奖赏的概率都比高洞察力者明显高，也就是说，与低洞察力者相比，高洞察力者对未来具有较强的预期能力，更能着眼于未来更大的利益，表现出更理性的行为倾向。这些研究证实了与时间紧密相关的人格特质对跨期选择的影响。那么，作为与不确定性密切相关的不确定性容忍度，会对跨期决策偏好产生影响吗？

跨期选择研究中一个基本的假设是：小而即时（或者小而近时）的损益和大而延时的损益一定会兑现（Frederick et al., 2002），其中前者被试选择后即刻兑现，后者到了延迟时间点确定兑现，人们只需要在延迟的时间长短和损益的大小之间进行权衡便可做出决策。但被试或真实生活中人们真的会接受这个假设吗？即时结果或许是一定的（决策者可以看到、触摸到或体验到），但未来却有很多不确定性因素。人类进化史表明，未来的损益是充满不确定性的（Fehr, 2002），经济危机、通货膨胀、自然灾害和身体健康等都可能导致远期结果并未能如期兑现。因此，跨期选择中权衡后的价值不仅与时间偏好有关，还与个体对延迟相关的风险的知觉有关（Frederick et al., 2002）。真实跨期决策中对未来结果的折扣常常是延迟折扣和不确定性折扣的结合（陈海贤，2011）。何嘉梅、黄希庭、尹可丽和罗扬眉（2010）在一项延迟折扣研究中对被试选择原因的分析表明：21人次（65.63%）表示在未来不同时期对奖金的需求和影响奖金按期获得的风险影响了他们的选择，40.63%人次关注各种影响奖金按期获得的风险（金融危机、货币贬值、意外去世）的估计。因此，跨期决策和风险决策具有的相似性或许是因为共同含有的风险（Green & Myerson，1996），决策者可能会因对不确定性感到厌恶而采取相应的决策行为以避免不愉快的情绪（Luhmann，Chun，Yi，Lee，& Wang，2008），如选择即时选项。也就是说，延迟被赋予了不确定性才使得延迟可以影响我们的决策，跨期决策中被试选择近期结果很可能是源于对不确定性状态的回避（Keren & Roelofsma，1995）。

延迟奖赏值和跨期日期是影响个体跨期选择的两个重要变量，它们是否与不确定性容忍度产生交互作用影响跨期选择？目前缺乏实证对此展开探讨。但以往的跨期选择大多认为，被试的选择是备选项特点和被试人格特质共同作用的结果（陈海贤，2011）。如王有智和罗静（2009）研究发现，延迟奖赏值为100元、跨期日期为90天时，BIS-11问卷测得的注意力冲动性因子与时间折扣率显著相关，其他实验条件下冲动性及其子因素与时间折扣率的相关均不显著。索涛等（2014）研究显示，任务越难，时间低估者越会对当前选择和延迟选项进行反复权衡，选择比较慎重；而时间高估者的跨期选择速度则不受任务难度的影响。Ostaszewski（1996）研究发现，在延迟奖赏为100美元时外向者和内向者的时间折扣率差异不显著，而在1000美元时外向者的时间折扣率显著高于内向者。因此，本研究引入延迟奖赏值和跨期日期两个变量，探讨不确定性容忍度对时间折扣的影响是否受它们的调节。参照前人研究，本研究延迟奖赏值考查200元和1000元两个水平。因为Sun和Li（2010）研究中延迟奖赏值设为200元和10000元两个水平；Green和Myerson（2004）研究表明，被试的时间折扣程度从200美元到10000美元逐渐下降，但10000美元后下降的程度不明显。而王小运（2009）研究表明，大学生对延迟奖赏值的敏感点是1000元。另外，何嘉梅等（2010）研究发现，时间折扣率具有分段性，被试的时间折扣从现在到未来50年之间有3个时段变化：从现在到未来2周内，从未来2周起直到未来10年，从未来10年起直到未来50年。因此，参照其他研究（陈海贤，2011；Mitchell & Wilson，2010；

Patak & Reynolds, 2007), 结合本研究跨期选择材料的实验情景, 跨期日期就只考查前两个时间段, 具体设定为 14 天和 180 天。

二 研究目的

从个体差异的角度结合决策者人格变量和跨期决策任务特征, 运用情景实验法探讨不同任务特征下不确定性容忍度对跨期选择的影响, 为提高人们跨期选择的决策质量提供理论依据, 并进一步丰富不确定性容忍度的理论研究。

三 研究假设

基于本篇研究二、研究三和前人研究, 有理由推测, 高、低不确定性容忍度个体对不确定性有着不同的认知、情绪及行为反应, 所以他们在跨期选择中的决策偏好存在差异。具体地说, 面对延迟选项所隐含的风险, 与高不确定性容忍度个体相比, 低不确定性容忍度个体更没有耐心等待一个延迟的结果, 他们有更强烈的动机选择即时选项以回避延迟结果的不确定性, 表现出更高的延迟折扣率; 不确定性容忍度对跨期决策的影响还受延迟时间和金钱数量的调节。依据不确定性容忍度及跨期选择相关研究, 我们预期, 跨期日期为 180 天时低不确定性容忍度个体时间折扣率显著大于高不确定性容忍度个体, 在 14 天时无此效应; 200 元时低不确定性容忍度个体时间折扣率显著高于高不确定性容忍度个体, 而在 1000 元时无此效应。

四 研究方法

(一) 被试

对 520 名大学生施测无法忍受不确定性量表, 剔除无效问卷 46 份后, 根据 27% 高、低得分分组原则确定不确定性容忍度高的组 129 人, 不确定性容忍度低的组 127 人, t 检验显示两组差异显著 ($t(254) = -41.13$, $p<0.001$)。最终 256 名被试的数据参与数据分析, 男生 115 人, 女生 141 人。

(二) 实验设计

采用 2 (不确定性容忍度: 高/低) ×2 (跨期日期: 今天-14 天/今天-180 天) ×2 (延迟奖赏值: 200 元/1000 元) 混合实验设计, 其中延迟奖赏值为被试内变量，其他变量为被试间变量，因变量为被试的贴现因子（discount factor）。

（三）研究材料

1. 无法忍受不确定性量表中文修订版

采用研究一修订后的无法忍受不确定性量表，量表采用 Likert 5 级计分，分值越大表明不确定性容忍度越低。

2. 跨期选择材料

跨期选择任务通过选择滴定程序（the choice titration procedure），采用纸笔测量方法完成（Bartels & Rips，2010；Sun & Li，2010）。以当前选项为递减顺序，跨期日期 180 天，延迟奖赏值 200 元为例：跨期选择任务包含了 19 个当前选项和 180 天后延迟选项的选择题。180 天后延迟选项的金额固定在 200 元，当前选项的金额从 190 元以 10 元的幅度递减至 10 元。具体任务情景如下："假设您在某大型商厦为庆祝开业 10 周年开展的促销抽奖活动中幸运地中奖了，奖品是他们提供的购物券。但商场给出了 A、B 两种领奖方式供你选择，具体情况如下所示，请你选择一个您喜欢的领奖方式（A 或 B）。友情提示：第 1 个至第 19 个选项都需选择。"

1. A 当场领 190 元的购物券　　　B 180 天后领 200 元的购物券
2. A 当场领 180 元的购物券　　　B 180 天后领 200 元的购物券
……
19. A 当场领 10 元的购物券　　　B 180 天后领 200 元的购物券

以被试首次选 B 时 A 选项的金额与上一题 A 选项金额的平均数作为"180 天后的 200 元"的主观值。比如，假设被试从第 2 题开始选择 B 选项，那么"180 天后的 200 元"的主观值就为第 2 题当前选项的金额（180 元）和第 1 题当前选项的金额（190 元）的平均数，即 185 元。如果被试在所有的选择中都选择 A 选项，那么主观值为 5 元，如果被试在所有的选择中都选择 B 选项，那么主观值为 195 元。

当跨期日期 180 天，延迟奖赏值 1000 元时，180 天后延迟选项的金额固定在 1000 元，当前选项的金额则从 950 元以 50 元的幅度递减至 50 元。同理，以被试首次选 B 时 A 选项的金额与上一题 A 选项金额的平均数作为"180 天后的 1000 元"的主观值。如果被试在所有的选择中都选择 A 选项，那么主观值为 25 元。如果被试在所有的选择中都选择 B 选项，那么，主观值为 975 元。

为了防止当前选项滴定的顺序（增加或递减）对结果的影响，实验进行了顺序平衡。

(四) 研究程序

施测过程主试全部由研究者本人担任，利用课堂教学时间进行调查，施测过程以班级为单位，答题完毕后当场回收。实验结束后，每个参与者都能得到精美礼品一份，并向被试简要说明实验目的。这样做的目的是提高被试的认真态度和数据的准确性。为避免时间压力对被试决策的影响，不限制被试作答时间，整个过程大概需要 15 分钟。

实验采用纸笔测验的形式进行。将指导语、跨期选择材料和无法忍受不确定性量表装订成小册子分发给被试。被试阅读指导语和填写个人基本信息后阅读跨期选择材料并做出决策选择，最后完成无法忍受不确定性量表的测试。同时对跨期选择材料的顺序进行了平衡：有一半小册子被试先完成延迟金额为 200 元的跨期选择任务，再完成金额为 1000 元的跨期选择任务，另一半被试按照相反顺序完成跨期选择任务。

(五) 数据处理

所有数据全部由研究者本人录入，采用 SPSS19.0 软件进行数据处理与分析，统计方法主要采用重复测量方差分析。

五 研究结果

被试作答时符合逻辑的模式是，当 A 选项（即时奖赏）金额足够大时，被试先选择 A 选项，当 A 选项金额减少到一定程度时，被试开始选择 B 选项（延迟奖赏），直至第 19 题。被试如果从第一题开始一直选 A（或 B）选项也属有效数据。

依据选择滴定程序获得被试在某一任务特征下的主观值后，依据下面公式计算出被试的贴现因子（discount factor, δ）（Bartels & Rips, 2010; Sun & Li, 2010）。

$$\delta = \left[\frac{主观值}{延迟奖赏值} \right]^{\frac{1}{t_2 - t_1}}$$

其中 t_1 为即时奖赏的时间点，t_2 为延迟奖赏的时间点，本研究中时间以天为单位,所以 δ 为日贴现因子。需要说明的是,δ 与折扣程度成负相关,δ 越大,折扣程度越小,而时间折扣率(discount rate)与折扣程度成正相关(Sun & Li, 2010)。

表 7-1 列出了高、低不确定性容忍度被试在不同跨期日期和延迟奖赏值下的平均贴现因子值。何嘉梅等(2010)研究表明,时间折扣具有分段性,因此,先以跨期日期、延迟奖赏值为自变量,贴现因子为因变量进行方差分析,以验证她们的结论并为后续统计分析提供依据。结果显示,跨期日期主效应显著($F(1, 254) = 128.66$,$p < 0.001$,$\eta^2 = 0.336$),被试在 14 天($M = 0.9777$)时比 180 天($M = 0.9971$)的贴现因子更小,说明跨期时间越短,延迟奖赏的时间折扣率越大。既然被试在 14 天和 180 天时贴现因子存在显著差异,为了清楚地分析不确定性容忍度对跨期选择的影响,接下来分别在两种跨期日期下以不确定性容忍度、延迟奖赏值为自变量,贴现因子为因变量进行重复测量方差分析。

表 7-1　　　　高、低不确定性容忍度被试在不同跨期日期和
延迟奖赏值下的贴现因子（M±SD）

	14 天		180 天	
	200 元	1000 元	200 元	1000 元
高容忍度组	0.9737（±0.0191）	0.983（±0.0160）	0.9971（±0.0017）	0.9979（±0.0015）
低容忍度组	0.9715（±0.0343）	0.981（±0.0197）	0.9959（±0.0037）	0.9976（±0.0028）

结果显示,在 180 天时,不确定性容忍度主效应边缘显著($F(1, 140) = 3.64$,$p = 0.059$,$\eta^2 = 0.025$);延迟奖赏值主效应显著($F(1, 140) = 30.51$,$p < 0.001$,$\eta^2 = 0.179$),被试在延迟奖赏为 1000 元($M = 0.9977$)时比 200 元($M = 0.9964$)的贴现因子更大,说明延迟奖赏值越大,折扣率越小;不确定性容忍度与延迟奖赏值交互作用显著($F(1, 140) = 4.16$,$p < 0.05$,$\eta^2 = 0.029$),简单效应检验表明,在 200 元时高不确定性容忍度个体($M = 0.9970$)比低不确定性容忍度个体($M = 0.9958$)的贴现因子更大($F(1, 140) = 5.78$,$p < 0.05$,$\eta^2 = 0.040$),折扣率更小,而在 1000 元时高不确定性容忍度个体($M = 0.9978$)与低不确定性容忍度个体($M = 0.9976$)的贴现因子无显著差异($F(1, 140) = 0.48$,$p > 0.05$)(见图 7-1)。

在14天时，不确定性容忍度主效应不显著（$F(1, 112) = 0.27$，$p>0.05$），延迟奖赏值主效应显著（$F(1, 112) = 22.98$，$p<0.001$，$\eta^2 = 0.170$），被试在延迟奖赏为1000元（$M=0.9827$）时比200元（$M=0.9726$）的贴现因子更大，说明延迟奖赏值越大，折扣率越小；不确定性容忍度与延迟奖赏值交互作用不显著（$F(1, 112) = 0.02$，$p>0.05$）。

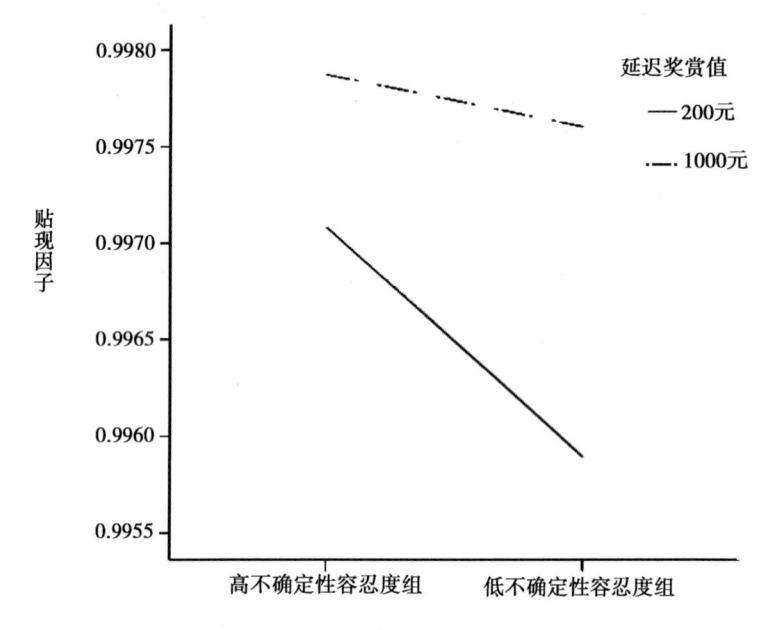

图7-1　跨期日期为180天时不确定性容忍度与延迟奖赏值交互作用

六　讨论

（一）不确定性容忍度对跨期选择的作用

本研究结果显示，在跨期时间为180天，延迟奖赏为200元时低不确定性容忍度个体比高不确定性容忍度个体的贴现因子更小，即对延迟奖赏的折扣率更大，而在1000元时两者的贴现因子无显著差异；在跨期时间为14天，无论200元还是1000元，高、低不确定性容忍度个体的贴现因子都无显著差异。这表明，不确定性容忍度对跨期选择存在影响，且受到跨期日期和延迟奖赏值的调节，在一定程度上验证了原假设。一些相关研究有助于理解本研究的结论。Boelen和Reijntjes（2009）研究发现，当控制了一些与社交焦虑有关的认知变量后，不确定性容忍度解释了社交焦虑症状严重性的大部分方差，而 Rounds，Beck 和 Grant（2007）研究表明，社交焦虑个体的延迟折扣率显著高于对照组。Luhmann 等（2011）通过实验发现，当被试要求在 50% 获得 4 美分的即时选项和 70% 获得 6 美分的延迟选项之间选择时（每个 trial 中两选项间的时间间隔在 5—20 秒变化），不确定性容忍度低者比不确定性容忍度高者更愿意选择风险更高的即时选项，哪怕即时选项的奖赏值低于延迟选项。本研究还显示，在跨期时间为 180 天时不确定性容忍度的主效应边缘显著，因此，将来研究需扩大样本容量以进一步验证不确定性容忍度对跨期选择的影响。

为何当跨期时间为 180 天、延迟奖赏值为 200 元时，低不确定性容忍度个体对延迟奖赏的折扣率大于高不确定性容忍度个体？如引言所述，人类进化史表明，未来的损益是充满不确定性的（Fehr，2002），从某种意义上说，延迟被赋予了不确定性才使得延迟可以影响我们的决策（Keren & Roelofsma，1995；Luhmann，et al.，2008），真实跨期决策中对未来结果的折扣常常是时间折扣和不确定性折扣的结合（陈海贤，2011）。而研究表明，低不确定性容忍度个体对不确定性存在威胁化解释倾向（Dugas, Hedayati et al.，2005），易高估负性事件发生的概率和结果（Bredemeier & Berenbaum，2008），当无法通过趋近行为降低不确定性时，往往倾向于选择回避。因此，当低不确定性容忍度个体在小而即时和大而延迟的奖赏之间做选择时，他们就更易受延迟时间导致的结果不确定性的影响，倾向于选择小而即时的奖赏以避免等待一个不确定的延迟奖赏及因此产生的担心、焦虑情绪。而高不确定性容忍度个体则不同，他们对立刻消除自己所面临不确定状态的偏好较低，因此，他们就相对能较少受延迟结果不确定性的影响，而依据时间和金钱数量的权衡之后做出选择。

那么，为何跨期时间同样为 180 天，延迟奖赏为 1000 元时高、低不确定性容忍度个体的贴现因子却并无显著差异？这或许是因为对于大学生群体而言，1000 元不是一笔小数目，当在时间、金钱和风险三者之间权衡时，高、低不确定性容忍度个体都难免会被金钱驱动而情愿忍受 180 天的等待。从延迟奖赏值对贴现因子的方差解释量（$\eta^2_{180天} = 0.179$；$\eta^2_{14天} = 0.170$）就更有助于理解人们此时的选择行为。这也说明，人格与情景在影响人们决策的过程中是此消彼长的关系：当情景起主导作用时，人格的作用就会被削弱；当情景的作用减低时，人格的作用就会被显现。

这种关系同样体现在跨期时间为 14 天的情景。当跨期时间为 14 天时，高、低不确定性容忍度个体在延迟奖赏为 200 元及 1000 元时贴现因子均无显著差异。何以如此？时间认知分段综合模型（黄希庭、李伯约、张志杰，2003）认为个体对时间的认知取决于多种因素，主要有时间的长短、间隔、顺序、刺激出现的时点以及个体的认知因素和人格特征等。何嘉梅等（2010）研究结果表明，被试的时间折扣从现在到未来 50 年之间有三个时段变化：从现在到未来 2 周内，从未来 2 周起直到未来 10 年，从未来 10 年起直到未来 50 年。其中从现在到未来 2 周内是离现在最近的时段，这是被试认为自己最能把握的时段，离现在越近被试认为生活发生重大变化的可能性最低，最有可能按照预定的计划行事。至此我们便可以理解为何在跨期时间为 14 天时高、低不确定性容忍度个体的贴现因子不存在显著差异了。当跨期时间为 14 天时，无论是高、低不确定性容忍度个体都认为"生活发生重大变化的可能性最低，最有可能按照预定的计划行事"，也就是说，在 14 天的跨期时间内，个体的跨期选择行为主要受决策情景而非人格特质的影响。而当跨期时间为 180 天时，延迟时间所隐含的风险足够以影响个体的决策，此时人格特质的作用也就得到显现：低不确定性容忍度个体往往难以或者不愿为 200 元而忍受 180 天的长期等待。

（二）跨期日期、延迟奖赏值的主效应

本研究表明，被试在奖赏值为 1000 元时贴现因子大于奖赏值为 200 元时，这说明，奖赏值金额越大，贴现因子越大，延迟奖赏的折扣率越小，这与一些研究结果一致（Sun & Li, 2010; Green, Myerson, & Ostaszewski, 1999），证实了跨期选择中的数量效应（magnitude effect）。本研究还表明，跨期日期主效应显著，被试在 180 天时比 14 天时贴现因子更大，说明跨期日期越长，延迟奖赏的折扣率越小，这与一些研究结论一致（王鹏、刘永芳，2009; Bartels & Rips, 2010），验证了跨期选择的时间距离效应。

（三）研究意义和进一步研究的方向

如前言所述，尽管已有研究证实了延迟结果的不确定性对跨期选择倾向的影响，但少有研究探讨个体对不确定性忍受程度的差异在这一影响中的作用。本文尝试用不确定性容忍度评估个体对不确定性忍受程度的差异并探讨它对跨期选择的影响。结果显示，在跨期时间为 180 天，延迟奖赏为 200 元时低不确定性容忍度个体比高不确定性容忍度个体的贴现因子更小，即对延迟奖赏的折扣程度更大。这个结果从人格差异的角度表明，在跨期选择中人们选择近期结果很可能是源于对延迟结果不确定性的回避。另外，在已有的不确定性容忍度研究文献中，与研究不确定性容忍度对个体认知、情绪的影响相比，研究其对个体行为的影响却相对较少（Luhmann, et. al., 2011）。因此，通过考查不确定性容忍度对跨期选择的影响，这一结果也丰富了不确定性容忍度对个体行为影响的研究。

总之，本章从不确定性容忍度角度初步探讨了跨期选择权衡中个体的主观体验对价值加工的影响作用，这为随后的跨期决策研究提供了新的思路和途径，具有非常重要的理论价值和实践意义。结果有助于解释或预测不同不确定性容忍度个体在不同任务情境中跨期选择的决策行为，为采取更有针对性的措施影响个体的决策进而提高决策质量提供了理论依据。另外大量临床研究发现，吸烟、吸毒、酗酒、病理性赌博等成瘾的延迟折扣率显著高于正常人（Bickel & Marsch, 2001），通过团体心理辅导或个体心理咨询的方式提高他们的不确定性容忍度也许是认知行为干预的一个新途径。当前社会，信用卡、提前消费已经成为年轻人的一种主要的消费方式，大学生群体作为其中的主要群体，分析他们在延迟折扣任务中的人格特质影响因素，这也为经济学领域研究提前消费的这一群体提供了心理学依据。

未来研究还有很多问题值得深入探讨。首先，近来行为决策研究中采用了质讯技术这一颇为流行的方法来探察决策过程（Weber et al., 2007），未来研究可以尝试用这一方法探索不确定性容忍度影响跨期选择的心理机制。已有研究表明，时间感知能力、未来预期这些与时间联系紧密的变量对跨期选择存在影响，那么，高、低不确定性容忍度个体的延迟折扣率差异是否是因为他们的时间感知的差异导致？其次，本研究采用了选择滴定程序这一较常见的纸笔测量方法获得被试的贴现因子，可近些年出现了一些较为严密的测量延迟折扣的方法，如智能迭代法（孙彦，2011）。未来研究可以采用实验室实验和问卷测量同时进行的方法测量延迟折扣率，通过这样的设计，使实验室实验和问卷测量两部分结果可以互相验证，使获得的结果更加可信。最后，本研究只考查了14天和180天两种跨期情景，在更长的跨期时间中，高、低不确定性容忍度个体的时间折扣又是否存在差异？这些问题需要进一步研究。

七 结论

跨期日期为 180 天时，不确定性容忍度主效应边缘显著，不确定性容忍度与延迟奖赏值交互作用显著：在 200 元时低容忍度个体对延迟奖赏的折扣率大于高容忍度个体，在 1000 元时无此效应；跨期日期为 14 天时，不确定性容忍度的主效应及其与延迟奖赏值交互作用均不显著。这表明，不确定性容忍度对跨期选择存在影响但这种影响受到跨期日期、延迟奖赏值的调节。研究还表明，跨期日期越长，奖赏值越大，延迟奖赏的折扣率越小。

第八章　不确定性容忍度对延迟
　　　　决策偏好的影响

综合第五章、第六章和第七章结论可知，与高不确定性容忍度个体相比，低不确定性容忍度个体面对不确定性时，易高估负性结果的发生概率，有更强烈的动机追求确定性，并体现于决策偏好。然而，前三个研究有一个共同点，那就是被试必须在可选项中做出选择（决策研究者常称之为强迫选择）。可现实生活中有些情景人们还可以在应该做出选择的时候却决定不做选择，包括推迟选择（如选择延迟选项）或拒绝在可选项中选择一个选项，这就是延迟选择（choice deferral）（Anderson，2003）。与传统的决策研究关注人们如何（how）做出一个决策不同，延迟选择研究关注人们何时（when）做出决策，近年来日益兴起（李晓明，谢佳，2012；Chen, Ma, & Pethtel, 2011；Gunasti & Ross, 2009；Kim, Novemsky, & Dhar, 2013）。

研究者感兴趣的是，人们为什么会延迟选择？已有研究主要从情绪因素和认知因素两个方面展开探讨。情绪因素主要包括与决策任务有关的情绪（预支情绪和预期情绪）和与决策任务无关的偶然情绪。如 Cooke, Meyvis 和 Schwartz（2001）研究发现，当购买后的价格比购买时的价格低时，个体会体验到更强烈的后悔情绪，所以当被试知道会得到选择后的信息反馈时，为了避免更强的后比较后悔情绪，个体会更偏好于延迟选择。李晓明和谢佳（2012）探讨了偶然情绪对延迟选择的影响及影响机制，结果发现，当备择选项中不存在一个优势选项时，个体在积极情绪下比在消极情绪下更偏好于延迟选择，而个体对决策信息的加工深度在偶然情绪对延迟选择的影响中起中介作用。认知因素包括决策策略（Dhar，1997）、决策时间（Dhar & Nowlis，1999）、决策流畅性（Novemsky, Dhar, Schwarz, & Simonson, 2007）、解释水平（Kim, Khan, & Dhar, 2007）、推理（Gunasti & Ross, 2009）及选项特征等。Dhar（1997）通过可选项独特和共有特性的效价操纵了冲突的类型，结果表明，相比双趋冲突，在双避和趋避冲突条件下，有更多的被试延迟选择。Kim，Khan 和 Dhar（2007）等发现解释水平不仅影响决策困难评价还影响延迟选择的程度。Gunasti 和 Ross（2009）研究发现，不管是消费者自发对缺失选项的进行信息推理，还是被明示或暗示对缺失选项进行信息推理，推理后消费者的购买行为都会提高。近期，也有研究探讨了群体和年龄对延迟选择的影响。Chen，Ma 和 Pethtel（2011）通过一项汽车购买决策任务发现，老年人比青壮年更加趋向于选择延迟决策。老年人不管是否存在情绪性权衡困难，都趋向于延迟选择，而青壮年则在高情绪权衡困难时比低权衡困难时更偏好延迟选择。

事实上，人类的决策行为是一种复杂的、高级的心理过程，它除了受到认知和情绪因素的影响外，还会受到个体自身人格因素的影响及它们之间交互作用的影响。已有的研究主要关注了调节定向（王怀勇，2013；王怀勇，刘永芳，2013）、犹豫不决（Ferrari & Dovidio，2001；Patalano & Wengrovitz，2007）、认知闭合需要（刘雪峰等，2007）等人格变量对延迟选择的影响。如 Ferrari 和 Dovidio（2001）研究发现，犹豫不决者比果断者决策时需要更多的信息，并报告低自信和高焦虑，更倾向于回避决策。刘雪峰等（2007）研究发现，高认知闭合的被试在积极框架下偏向于立刻做出决定，而在消极框架下会转而偏向于暂缓做出决定；低认知闭合的被试则在积极和消极框架下均偏向于暂缓做出决定。这些延迟选择的个体差异研究有助于了解延迟选择的产生机制。而研究表明，不确定性容忍度与犹豫不决及认知闭合需要均相关。如 Rassin 和 Muris（2005b）研究发现，不确定性容忍度与犹豫不决显著负相关，并认为低不确定性容忍度个体和犹豫不决个体都表现出谨慎的决策风格。Berenbaum 等（2008）研究发现，不确定性容忍度量表上的总分及部分因子分与认知闭合需要量表部分因子分之间显著相关。因此，在以往研究的基础上，本章探讨不确定性容忍度对延迟选择的影响。

那么，不确定性容忍度对延迟选择会产生影响吗？生活中人们延迟选择的情景主要有以下几种：有时是因为决策的条件（时机）还未成熟，事实上人们心中"早有所向"，只是等待一个合适的时机而已；有时是因为决策的信息缺乏，需要获取足够的决策信息后再做决定；有时是因为信息虽已足够，但在已有的选项中难以确定自己的偏好，正所谓

"左右为难",此时只好延迟选择以"伺机定夺";有时是因为虽然偏好已定,但若决策将会引发负性情绪,此时往往通过延迟选择以实现降低负性情绪的目的。而已有研究表明,低不确定性容忍度个体在做出决策前需要更多的信息,表现出高证据要求(Ladouceur et al., 1997; Rosen et al., 2007),有更强烈的动机回避因不确定性而产生的担心、焦虑情绪(Dugas et al., 2001; Dugas, Marchand et al., 2005)。因此,从理论上而言,不确定性容忍度应该会对延迟选择产生影响。具体来说,当决策信息缺乏时,低不确定性容忍度个体就会因高证据要求而偏好于延迟选择;当偏好不确定或决策情景会引发负性情绪时,低不确定性容忍度个体就会有更强烈的动机通过延迟选择以回避负性情绪,至少是短暂地回避了令人烦恼的决策问题。事实上,Freeston 等(1994)曾经理论推测,面对生活中的不确定性,低不确定性容忍度个体易感到压力和担心,并因此导致情绪紊乱、问题解决技能受损和延迟决策。可截至目前,鲜有实证研究探讨不确定性容忍度对延迟决策偏好的影响。因此,本章从决策中个体差异的角度,运用情景实验法探讨不确定性容忍度对延迟决策偏好的影响。具体地说,综合以上分析,本章从决策中个体差异的角度,通过两个实验探讨不确定性容忍度对延迟选择的影响。实验 1 探讨在不同损益概率水平上不确定性容忍度对延迟选择的影响,实验 2 在实验 1 基础上,引入延迟风险情景,进一步探讨不确定性容忍度对延迟选择的影响。

第一节 不确定性容忍度、损益概率对延迟决策偏好的影响

一 引言

假设你去商场购买手机,营业员向你推荐了两款手机。A 款:价位中等,配置高,杂牌;B 款:价位高,配置中等,品牌。此时,你可以选择购买 A 或 B,也可选择暂不购买,继续看看有无更合适的手机。本章把 A 或 B 选项称为可选项,而暂不购买称为延迟选项;如你选择了 A 或 B 选项,表示选择决策,如选择暂不购买,表示延迟选择。

分析以往延迟选择研究可以发现,大部分研究中可选项都是确定性选

项，不伴随风险。如李晓明和谢佳（2012）研究中的选项任务就是要求被试在具有不同属性的课程（或酒店）中选择决策还是延迟选择。王怀勇（2013）研究的决策任务之一也是要求被试在租金和交通时间不同组合的房子中选择决策还是延迟选择。可事实上生活中很多决策情景中的可选项是充满风险的，需要在一定风险的情景下选择决策还是延迟决策，特别是经济决策。如选择投资基金还是投资房产，还是暂不购买。决策者并不只是在赚多赚少的基金或房产，或是延迟决策之间选择，事实上无论购买基金或是房产都充满了风险，不只是赚多赚少，还有可能亏。因此，考查可选项伴随风险情景下人们的延迟选择行为就具有丰富的现实意义。以往虽有少量研究中的可选项为风险选项，但研究者往往只是考查因风险水平差异而导致的选项间的相对吸引力对延迟决策的影响，而未能把风险水平本身看着一个影响变量而考查它对延迟选择的影响或考虑它与人格变量的交互作用对延迟决策的影响。如 Dhar（1997）研究中提供的两个可选项分别为：A 选项，65%的概率赚 1500 元，35%的概率不赚钱；B 选项，30%的概率赚 3500 元，70%的概率不赚钱。因此，在实验 1 中，我们设计了一个可选项为风险选项的决策情景，考查在此种情景下不确定性容忍度及概率水平对延迟选择的影响。

二　研究目的

为提高研究的生态效度，实验 1 设置了一项贴近生活实际的决策任务，考查不同概率水平下不确定性容忍度对延迟选择的影响。

三　研究假设

决策者的不确定性容忍度影响其延迟决策偏好，并与概率水平产生交互作用。具体地说，在高概率水平上，高、低不确定性容忍度被试延迟选择偏好无显著差异，都偏好选择决策；在中等概率时低不确定性容忍度被试比高不确定性容忍度被试更偏好延迟选择。

四　研究方法

（一）被试

对 450 名大学生施测无法忍受不确定性量表，剔除无效问卷 21 份后，根据 27%高、低得分分组原则确定高不确定性容忍度组 119 人，低不确定容性忍度组 111 人，t 检验显示两组差异显著（t（228）= -37.38, $p<0.001$）。最终 230 名被试的数据参与数据分析，男生 105 人，女生 125 人。

（二）实验设计

采用 2（不确定性容忍度：高/低）×2（概率水平：高/中）被试间实验设计。因变量为被试对延迟选项的选择情况。

（三）研究材料

1. 无法忍受不确定性量表中文修订版

采用研究一修订后的无法忍受不确定性量表，量表采用 Likert 5 级计分，分值越大表明不确定性容忍度越低。

2. 延迟选择材料

近些年随着国内电子商务的发展，越来越多的大学生热衷于网上购物，并有不少同学在淘宝、天猫、拍拍等网站开设自己的店铺，实现创业梦想。其中网店代理成为受大学生欢迎的一种销售模式。因此，本章的实验 1 以此为背景设计决策材料，期望用这种接近现实的问题提高研究的生态效度。

决策情景除提供两个可选项外（如，A：代理销售 a 类商品，85%的概率一年赚 4000 元，15%的概率赚 0 元；B：代理销售 b 类商品，75%的概率一年赚 4500 元，25%的概率赚 0 元），还提供一个延迟选项（C：再看看，暂不从它们之中做出选择，继续寻找其他代理商品），被试阅读决策材料后若从 A 或 B 选项中选择其一，即代表选择决策，若选择 C 选项，即代表延迟选择。本实验总共设计了高概率水平和中概率水平两个情景的决策任务。为了控制 A 和 B 选项的相对吸引力对被试选择行为的影响，它们的期望值大体相当。具体地说，中等概率水平下的决策任务为：

A. 代理销售 a 类商品，55%的概率一年赚 4000 元，45%的概率赚 0 元。

B. 代理销售 b 类商品，45%的概率一年赚 5000 元，55%的概率赚 0 元。

C. 再看看，暂不从它们之中做出选择，继续寻找其他代理商品。

高概率水平下的决策任务为：

A. 代理销售 a 类商品，85%的概率一年赚 4000 元，15%的概率赚 0 元。

B. 代理销售 b 类商品，75%的概率一年赚 4500 元，25%的概率赚 0 元。

C. 再看看，暂不从它们之中做出选择，继续寻找其他代理商品。

（四）研究程序

施测过程主试全部由研究者本人担任，利用课堂教学时间进行调查，施测过程以班级为单位，答题完毕后当场回收。实验结束后，每个参与者都能得到精美礼品一份，并向被试简要说明实验目的。这样做的目的是提高被试的认真态度和数据的准确性。为避免时间压力对被试决策的影响，不限制被试作答时间，整个过程大概需要 10 分钟。

实验采用纸笔测验的形式进行。将指导语、延迟决策材料和无法忍受不确定性量表装订成小册子分发给被试。被试阅读指导语和填写个人基本信息后阅读延迟决策材料并做出选择，最后完成无法忍受不确定性量表的测试。

（五）数据处理

所有数据全部由研究者本人录入，采用 SPSS19.0 软件进行数据处理与分析，采用二分类 logisitic 回归和卡方检验方法。

五 研究结果

表 8-1 列出了高、低不确定性容忍度被试在不同概率水平下选择延迟决策和选择决策的人数。为了检验不确定性容忍度、概率水平以及不确定性容忍度与概率水平交互作用对延迟决策的影响，我们对数据进行 2（不确定性容忍度：高÷低）×2（概率水平：高÷中）的二分类 logisitic 回归分析，其中因变量为个体的延迟选择情况，当个体选择延迟决策时，其选择结果被编码为 0，当个体选择决策时，其选择结果被编码为 1。结果见表 8-2。

表 8-1　　高、低不确定性容忍度被试在高、中等概率时
延迟决策和选择决策人数

	高概率		中概率	
	选择决策	延迟决策	选择决策	延迟决策
低容忍度组	44	11	29	27
高容忍度组	45	16	42	16

表 8-2　不确定性容忍度、概率水平及交互作用对延迟
选择影响的 Logistic 回归分析

协变量	B	S.E	Wals	df	Sig	Exp（B）
不确定性容忍度	-0.352	0.445	0.625	1	0.429	0.703
概率水平	-1.315	0.430	9.337	1	0.002	0.269
不确定性容忍度×概率水	1.246	0.597	4.358	1	0.037	3.476

由表 8-2 可知，概率水平的主效应显著（$p<0.05$），被试高概率水平下比中等概率水平下更倾向于选择决策；不确定性容忍度的主效应不显著（$p>0.05$），概率水平和不确定性容忍度的交互作用显著（$p<0.05$）。回归模型的总预测正确率为 69.6%，确定性系数为 Nagelkerke $R^2 = 0.069$。

为了对不确定性容忍度与概率水平的交互作用进行检验，首先，在高概率水平下对高不确定性容忍度被试选择延迟决策和选择决策的人数、低不确定性容忍度被试选择延迟决策和选择决策的人数及高不确定性容忍度被试和低不确定性容忍度被试选择延迟选项的人数进行卡方检验，结果如下（见图 8-1）：低不确定性容忍度被试在高概率水平情景下选择延迟决策的人数比例是 20%（$\chi^2_{低} = 19.8$，$p<0.001$），被试倾向于选择决策。高不确定性容忍度被试在高概率水平情景下选择延迟决策的人数比例是 26.2%（$\chi^2_{高} = 13.78$，$p<0.001$），被试倾向于选择决策。对高不确定性容忍度被试和低不确定性容忍度被试选择延迟决策的人数进行卡方检验，结果为 $\chi^2 = 0.628$，$p>0.05$，$\varphi = 0.074$。这说明，高、低不确定性容忍度被试的延迟决策偏好在高概率水平下不存在显著差异，均偏好选择决策。

接着，在中等概率水平下对高不确定性容忍度被试选择延迟决策和选择决策的人数、低不确定性容忍度被试选择延迟决策和选择决策的人数及高不确定性容忍度被试和低不确定性容忍度被试选择延迟选项的人数进行卡方检验，结果如下（见图 8-2）：低不确定性容忍度被试在中等概率水平情景下选择延迟决策的人数比例是 48.2%（$\chi^2_{低} = 0.071$，$p>0.05$），被试表现出延迟中立。高不确定性容忍度被试在中等概率水平情景下选择延迟决策的人数比例是 27.6%（$\chi^2_{高} = 11.65$，$p<0.001$），被试倾向于选择决策。对高不确定性容忍度被试和低不确定性容忍度被试选择延迟决策的人

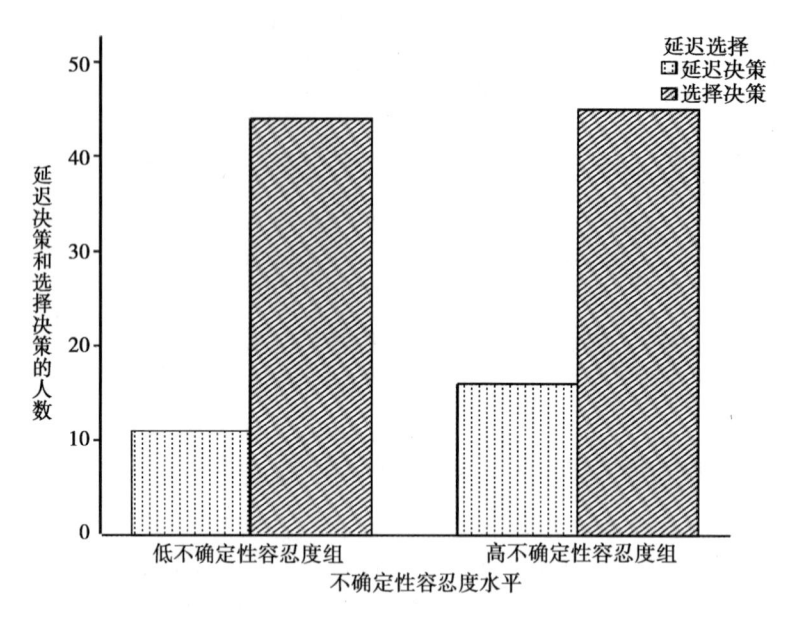

图 8-1 高概率水平下高、低不确定性容忍度被试的决策偏好

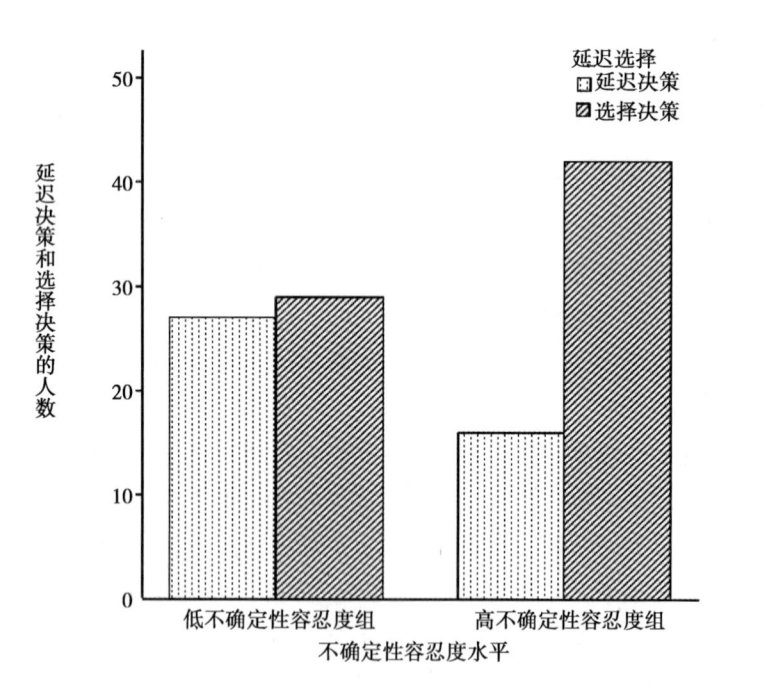

图 8-2 中等概率水平下高、低不确定性容忍度被试的决策偏好

数进行卡方检验，结果为 $X^2 = 5.16$，$p<0.05$，$\varphi=0.213$。这表明，高不确定性容忍度被试和低不确定性容忍度被试的延迟决策偏好存在显著性差异：与高不确定性容忍度被试相比，低不确定性容忍度被试更偏好于延迟决策。

六　讨论

综合表8-1、表8-2、图8-1和图8-2可知，不确定性容忍度与概率水平以交互作用的方式影响个体的延迟决策偏好。具体地说，在中等概率水平下，高不确定性容忍度被试偏好于选择决策，而与之相比，低不确定性容忍度被试更偏好于延迟决策；而在高概率水平下，不确定性容忍度高的组和不确定性容忍度低的组的延迟决策偏好不存在显著性差异，且都偏向于选择决策。

Freeston等（1994）曾经理论推测，面对生活中的不确定性，低不确定性容忍度个体易感到压力和担心，并因此导致情绪紊乱、问题解决技能受损和延迟决策。实验1首次从实证的角度对此展开验证。结果表明，不确定性容忍度与概率水平对延迟选择产生交互作用。具体来说，在中等概率水平下，相比较高不确定性容忍度个体，低不确定性容忍度个体具有更高的延迟选择倾向，但在高概率水平下两者的决策偏好并无显著差异，验证了实验1的研究假设，也在一定程度上验证了Freeston等（1994）的推论。一些相关研究有助于理解我们的研究结论。大量研究表明，犹豫不决的个体更易于延迟选择（Veinott，2002；Frost & Shows，1993；Ferrari & Dovidio，2000；Patalano & Wengrovitz，2007；Rassin & Muris，2005a；2005b）。Patalano和Wengrovitz（2007）研究表明，即使在有延迟风险的条件下，犹豫不决者还是需要搜集更多信息和花费更多时间才能出决策，表现出更多的延迟决策行为。而Rassin和Muris（2005b）认为低不确定性容忍度个体和犹豫不决个体一样，都表现出谨慎的决策风格，并通过研究发现，犹豫不决和不确定性容忍度显著相关，无法忍受不确定性量表总分得分越高的个体，其犹豫不决量表总分也越高。当然，犹豫不决是否在不确定性容忍度对延迟决策偏好的影响中起中介（调节）作用，还需要将来的研究进一步验证。

那么，为什么低不确定性容忍度个体比高不确定性容忍度个体更偏好延迟选项？当决策者只在可选项中选择时，往往只需要对选项的不同特性进行权衡，决定孰优孰劣之后就可以选择。个体面临的任务就是在可选项中相互比较之后挑选"优胜者"（pick the winner），使用的是比较判断（comparative judgment）方式。可当增加一个延迟选项后，决策者的判断标准就会发生改变。Parker 和 Schrift（2011）通过一系列研究证实，虽然从理性的观点看，增加一个延迟选项后决策者的偏好结构和最终选择都不会发生改变，但事实并非如此。他们的研究表明，当增加一个延迟选项后决策者不仅需要考虑孰优孰劣，挑选"优胜者"，还需要逐个判断每个选项是否可以满足决策者的需要，是否达到了可接受的水平（或者说足够好以做出决策），使用的是评估判断（evaluative judgment）方式。因此，有时即使选出了相对"优胜者"，却因不可以满足决策者的需要或达不到可接受的水平（或者说不够好）而只好选择延迟以寻求更多的信息、寻找更好的替代方案。至此，我们便不难理解实验1的研究结论了。研究表明，面对不确定性时，低不确定性容忍度个体往往会高估负性结果发生的概率（Bredemeier & Berenbaum, 2008），有更强烈的动机追求确定性。所以，当销售方案 A 和 B 的赚钱的概率都在50%左右这一成功的不确定性程度最大的概率水平时，低不确定性容忍度个体往往会低估成功的机会，使得主观概率低于客观概率。为了增加成功的机会，他们便会偏好选择延迟选项以寻求更多的信息或更高成功概率的替代选择。而高不确定性容忍度个体有充分的问题解决自信和控制感，能准确评估风险选项风险的大小，他们显得相对更能接纳这个概率水平。考虑到延迟选择总是或多或少具有风险，因此，与低不确定性容忍度个体相比，高不确定性容忍度个体更偏好选择决策。

为何在高概率水平下，高不确定性容忍度个体和低不确定性容忍度个体的延迟选择没有显著差异，均偏好选择决策？在高概率下，无论是高不确定性容忍度个体还是低不确定性容忍度个体，虽然理论上延迟选择可能会有更好的机会，但毕竟也有失去已有的可能，即不能找寻到更好的替代方案。因此，既然 A 或 B 方案的成功概率已经相对较高，可以满足决策的需求，足够以做出决策，为何还要延迟决策？这也进一步说明，人格变量对决策行为的影响受情景变量的调节。当情景变量在决策中起关键作用时，人格变量的作用就会被忽略；相反，当情景变量的作用减小时，人格变量对决策行为的影响就会凸显。可以说，人格变量和情景变量对决策行为的影响作用具有较强的动态性和变化性，它会随着决策所面临的内外部条件的变化而此消彼长、交替变换。

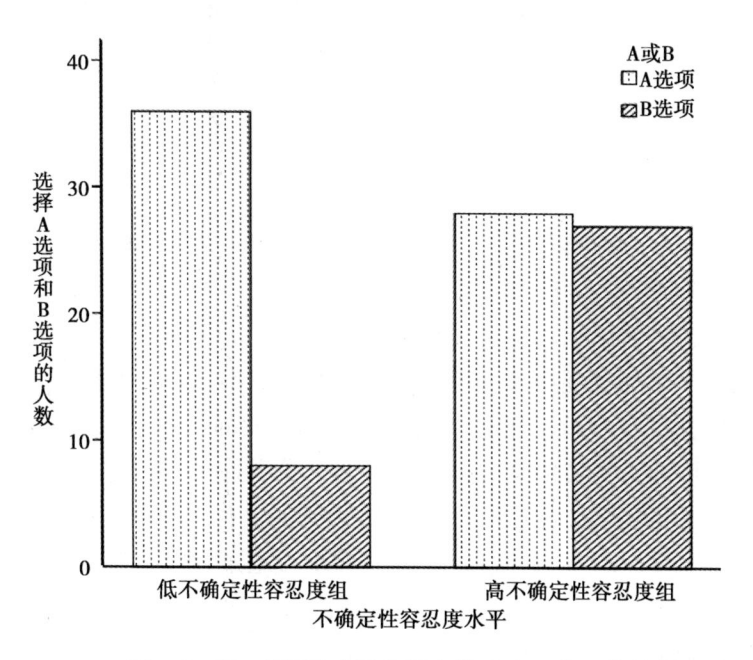

图 8-3　高、低不确定性容忍度被试对 A 或 B 选项选择

有意思的是，由于在实验 1 的高概率水平下高、低不确定性容忍度个体均偏好选择决策。我们便对被试选择了 A 或 B 方案的数据进行分析，结果发现，高、低不确定性容忍度个体对 A 或 B 方案的选择具有显著差异（$X^2 = 10.22$，$p<0.05$，$\varphi = 0.321$）（见表 8-3 和图 8-3），相比较高不确定性容忍度个体，低不确定性容忍度个体偏好选择相对确定性更大的 A 方案。这进一步证实了：低不确定性容忍度个体有更大的动机追求确定性。

表 8-3　高、低不确定性容忍度被试在高概率水平下选择 A 选项或 B 选项的人数

	A 选项	B 选项
低容忍度组	36	8
高容忍度组	28	27

第二节　延迟风险下不确定性容忍度对延迟决策偏好的影响

一　引言

本章的实验 1 初步证实了不确定性容忍度对延迟决策偏好的影响，但实验 1 的决策任务情景并未考虑延迟风险的存在对高、低不确定性容忍度个体的延迟选择的影响。实验 1 中被试决策时往往会有一个"如意算盘"：可延迟选择（即选择 C 选项）以寻求更优方案，如果能找到更优方案自然最好，万一不行，还有"退路"——重新从可选选项中挑一个"优胜者"。可现实生活中这一"如意算盘"的前提条件往往并不存在。正所谓"机不可失，失不再来"，人们可以延迟选择以寻求更佳的选择，但同时也需要承担失去已有机会的风险。实验 2 把延迟选择中的这种延迟风险称为"基于过去的延迟风险"——当延迟选择后，已有可选选项的有效性会随时间而变化，随时会不再备选，正所谓"过了这个村，就没这个店"。具体到实验 1 的研究情景，被试在延迟选择以寻找新的代理商品时，已有的 A 或 B 两种代理商品随时有可能因代理人数已达上限而不再招收代理。

Hammer（2010）曾指出："当人们在考虑是否延迟决策时，延迟所面临的风险扮演着十分重要的角色，且概率水平的高低可能会影响个体的决策偏好。"一些研究对延迟风险在人格变量对延迟选择的影响中是否起调节作用进行了实证研究。如王怀勇和刘永芳（2013）研究了调节定向与延迟风险对决策偏好的影响，结果发现，当延迟风险高时，促进定向的个体更偏好选择决策，预防定向的个体更偏好延迟决策；而当延迟风险低时，两种调节定向个体的决策偏好无显著性差异，均偏好延迟决策。该研究证实了延迟风险在人格变量与延迟决策之间的调节作用。但王怀勇和刘永芳（2013）研究中的延迟风险是，"现在您可以从 a 和 b 中选择一套租住，也可以继续寻找其他更合适的房子租住。如果是后者，现在房地产工作人员告诉您，有 15% 的概率其他房子比目前 a 和 b 两套房子好，而有 85% 的概率比目前 a 和 b 两套房子差"。从中可以看出，他们研究中的延迟风险是指延迟选择后出现新的更优方案的概率，它显然不同于"基于过去的延迟风险"。相对应，实验 2 把它称为"基于未来的延迟风险"，一种期待"柳暗花明又一村"时伴随的风险。

在基于过去的延迟风险情景下，高、低不确定性容忍度个体又会如何决策？Patalano 和 Wengrovitz（2007）设计了一项大学生模拟选课任务，以考查犹豫不决与果断的个体在有延迟风险的情景下的延迟选择行为是否存在差异。在模拟选课任务中，选课系统会每天添加两门新课程，被试只需要在规定的选课时间（5 天内）选定一门课程即可。被试被随机分配到两个组，无延迟风险组每天新加的课程和已有的课程一直存在以备选，而有延迟风险组则每天添加两门新课程的同时，也会有两门课程不再备选，即"过期作废"。研究结果表明，那些果断的个体能够根据风险的存在或不存在而有意识地调整自己的行为，而那些犹豫不决的个体不会进行相应的改变，无论是否具有延迟风险，都倾向于延迟选择。他们的研究结果表明，人格变量对延迟决策的影响会受到基于过去的延迟风险的调节，这也为实验 2 的研究提供了一定的研究理论依据。

因此，与实验 1 中决策情景无延迟风险相比，考查高、低不确定性容忍度个体在基于过去的延迟风险情景下的延迟决策偏好是否仍然存在差异便成了实验 2 要探究的问题。为了与实验 1 中无基于过去的延迟风险情景下的研究结果进行比照，实验 2 将可选选项的概率水平控制在实验 1 中的中等水平。而对于可选选项的概率水平为高水平时，其研究的现实意义不大，并未进行研究。因实验 1 中表明，高概率水平下高、低不确定性容忍度被试都偏好选择决策，何况当基于过去的延迟风险情景？

二 研究目的

在实验 1 的基础上，设计了一项基于过去的延迟风险的延迟选择任务，以进一步考查在基于过去的延迟风险情景下高、低不确定性容忍度个体的延迟决策是否存在显著差异。并与实验 1 的结果进行比照，考查延迟风险的存在对个体延迟决策的影响。

三 研究假设

基于不确定性容忍度的相关研究和决策偏好理论，我们推测在基于过去的延迟风险情景下高、低不确定性容忍度个体的延迟决策偏好无显著性差异，都偏好选择决策。

四 研究方法

（一）被试

对 280 名大学生施测无法忍受不确定性量表，剔除 12 名由于未按规定、漏答等原因导致的无效数据后，根据 27% 高、低得分分组原则确定不确定性容忍度高的组 70 人，不确定性容忍度低的组 71 人，t 检验显示两组差异显著（$t(139) = -27.23$，$p<0.001$）。最终 141 名被试的数据参与分析，男生 62 人，女生 79 人。

（二）实验设计

实验 2 采用单因素（不确定性容忍度：高/低）被试间实验设计，因变量为被试对延迟选项的选择情况。

（三）研究材料

1. 无法忍受不确定性量表中文修订版

采用研究一修订后的无法忍受不确定性量表，量表采用 Likert 5 级计分，分值越大表明不确定性容忍度越低。

2. 延迟决策材料

采用实验 1 中的网店代理决策情景，情景内容基本保持不变，调整之处在于，告知被试：因公司招收代理的人数有限制，也就是说在寻找其他商品代理的过程中，a 和 b 的网店代理人数随时会招满。决策情景除提供两个可供做出选择决策的选项（A：销售 a 类商品，55% 的概率一年赚 4000 元，45% 的概率赚 0 元；B：销售 b 类商品，45% 的概率一年赚 5000 元，55% 的概率赚 0 元）外，还提供一个可延迟决策的选项（C：再看看，暂不从它们之中做出选择，继续寻找其他商品，但 a 和 b 的代理人数随时会招满），被试阅读决策偏好材料后可从前两个选项中选择其一，即代表选择决策，也可以选择延迟决策选项，即代表延迟决策。

（四）研究程序

施测过程主试全部由研究者本人担任，利用课堂教学时间进行调查，施测过程以班级为单位，答题完毕后当场回收。实验结束后，每个参与者都能得到精美礼品一份，并向被试简要说明实验目的。这样做的目的是提高被试的认真态度和数据的准确性。为避免时间压力对被试决策的影响，不限制被试作答时间，整个过程大概需要 10 分钟。

实验采用纸笔测验的形式进行。将指导语、延迟决策材料和无法忍受不确定性量表装订成小册子分发给被试。被试阅读指导语和填写个人基本信息后阅读延迟决策材料并做出决策选择，最后完成无法忍受不确定性量表的测试。

（五）数据处理

所有数据全部由研究者本人录入，采用 SPSS19.0 软件进行数据处理与分析，采用卡方检验方法。

五 研究结果

表 8-4 列出了高、低不确定性容忍度被试在中等概率水平有延迟风险情景下选择决策和延迟决策的人数。为了了解高、低不确定性容忍度被试在有延迟风险的决策情景下如何决策及他们之间决策偏好是否有显著差异，对高不确定性容忍度被试选择决策和延迟决策的人数、低不确定性容忍度被试选择决策和延迟决策的人数及高不确定性容忍度被试和低不确定性容忍度被试选择延迟选项的人数进行了卡方检验，结果如下（见图 8-4）：不确定性容忍度低的被试在中等概率水平有延迟风险情景下选择延迟决策的人数比例是 14.1%（$\chi^2_{低}$ = 36.63，$p<0.001$），被试倾向于选择决策。不确定性容忍度高的被试在中等概率水平有延迟风险情景下选择延迟决策的人数比例是 12.9%（$\chi^2_{高}$ = 38.63，$p<0.001$），被试倾向于选择决策。对高不确定性容忍度被试和低不确定性容忍度被试选择延迟决策的人数进行卡方检验，结果为 χ^2 = 0.046，$p>0.05$，φ = 0.018。这说明，高不确定性容忍度被试和低不确定性容忍度被试的延迟决策偏好在中等概率水平延迟风险条件下不存在显著性差异，都偏好选择决策。

表 8-4　高、低不确定性容忍度被试在中等概率水平有延迟风险情景下选择决策和延迟决策的人数

	延迟决策	选择决策
低容忍度组	10	61
高容忍度组	9	61

六 讨论

综合实验 1 和实验 2 结果可知，在中等概率水平时，不确定性容忍度

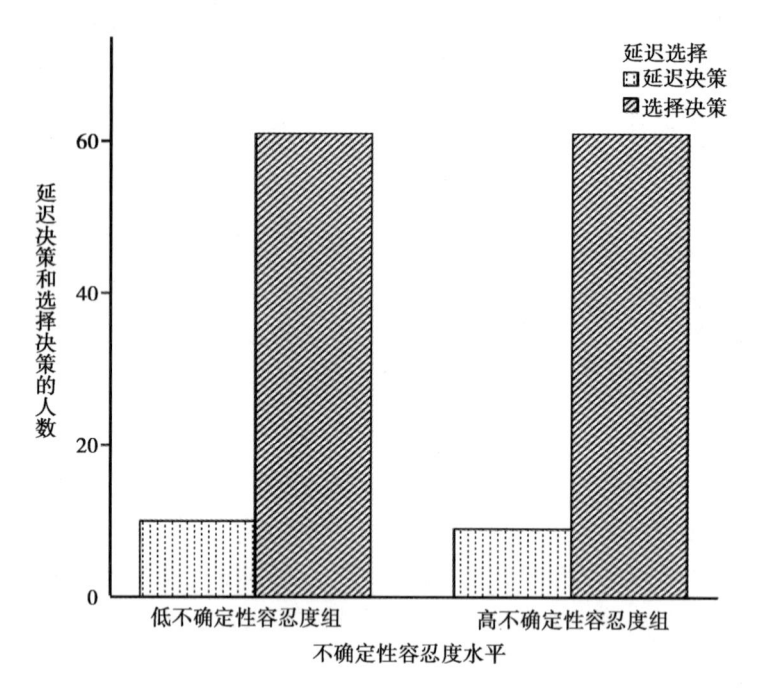

图 8-4 在中等概率水平有延迟风险时高、低不确定性容忍被试的决策偏好

与延迟风险以交互作用地方式影响个体的决策偏好：在有延迟风险情景下，高不确定性容忍度被试的偏好与低不确定性容忍度被试的偏好没有显著差异，均偏向于选择决策；而在无延迟风险情景下，不确定性容忍度低的被试比不确定性容忍度高的被试更偏向于延迟决策。

实验 1 的决策情景是要求被试在无延迟风险条件下高、中等概率水平的决策任务中决定是选择决策还是延迟决策。结果发现，在无延迟风险、中等概率水平时不确定性容忍度低的被试相比高不确定性容忍度被试更偏好于延迟选择。可生活中的延迟决策大多是具有延迟风险的，为了提高研究的生态效度，实验 2 在中等概率水平上设计了一项基于过去风险的决策任务，考查了人们在有延迟风险的情景下不确定性容忍度水平不同的个体决策偏好是否有显著差异。研究表明，在中等概率水平有延迟风险情景下，高不确定性容忍度被试与低不确定性容忍度被试偏好没有显著差异，均偏向于选择决策，验证了实验假设。

为何在有延迟风险的情景中低不确定性容忍度个体与高不确定性容忍度个体一样，均偏好选择决策？高不确定性容忍度个体选择决策不难理解,在没有延迟风险的情景下都选择决策,何况还有基于过去的延迟风险。低不确定性容忍度个体为何不如试验1情景中那样,为了增加成功的机会,延迟选择以寻求更多的信息或更高成功概率的替代选择?研究表明,面对不确定性,低不确定性容忍度可能促使个体通过趋近行为达到更大程度的确定性(Ladouceur et al.,1997;Rosen et al.,2007)。如Rosen等(2007)研究发现,当人们受到潜在的健康威胁时,低不确定性容忍度个体比高不确定性容忍度个体表现出更多的健康监测行为。Ladouceur等(1997)研究发现,与高不确定性容忍度个体相比,低不确定性容忍度个体在中等模糊的推理任务中表现出高证据要求,在做出决策前需要更多的线索。也正是如此,在试验1无延迟风险的情景中低不确定性容忍度个体才选择延迟选项以达到更大程度的确定性。可研究还表明,当无法通过趋近行为降低不确定性时,低不确定性容忍度也可能促使个体产生事先预防或逃避行为(Buhr & Dugas,2002),以避免因不确定性而产生的担心、焦虑情绪,虽然这种逃避可能无助于解决问题,但至少短暂地避免了负性情绪体验。在实验2的决策情景中,当延迟选择具有延迟风险后,被试如果选择了延迟决策,那么就要忍受三种不确定性:第一,基于过去的风险,具体到实验2中为网店随时因为代理人数招满而错过机会。第二,基于未来的风险,一种隐含的风险。当已有选项不足以令人满意做出决策时,尽管可以延迟选择以寻找新的选项,但也可能意味着机会的丧失,有时甚至会导致严重的后果。具体到实验2中这种风险表现,未来真的会有比A或B选项更好的网店代理吗?第三,代理商品本身赚钱结果的不确定。在这三种风险的作用下,低不确定性容忍度个体自然容易感到焦虑,为了减轻焦虑感,他们往往选择决策,不管结果如何,至少短期避免了焦虑感。Newman和Llera(2011)提出的相对回避模型(The Contrast Avoidance Model)中认为,个体害怕负性体验带来的情绪状态,有时他们情愿知道一个负性的结果也不愿意等待一个不确定的结果。Luhmann等(2011)依据其研究结果曾指出,也许人们以前认为的风险回避其实并不是回避真正的风险,而是回避因风险而带来的负性情绪。

七 讨论

与传统研究关注人们如何(how)做出决策相比,延迟选择研究关注的是人们何时(when)做出决策。为此,研究者从认知、情绪及个体差异因素等方面展开了探讨，却少有研究探讨不确定性容忍度对延迟选择的影响。Freeston 等（1994）曾推测，面对生活中的不确定性，低不确定性容忍度个体易延迟决策。本章通过两个实验对此展开验证。结果表明，在无延迟风险情景、中等概率时，相比高不确定性容忍度个体，低不确定性容忍度个体具有更高的延迟选择倾向；在无延迟风险、高概率时和有延迟风险、中等概率时，高、低不确定性容忍度个体的延迟选择倾向都无差异。这与实验研究假设一致，也在一定程度上验证了 Freeston 等（1994）的推论。研究在一定程度上揭示了延迟选择潜在的人格基础，丰富了延迟选择的个体差异研究，增强了对不确定性容忍度的行为特征的了解。另外，本章将延迟风险区分为基于过去的风险和基于未来的风险，为延迟选择研究提供了新的视角。

在日常生活、消费或投资活动中，常会出现人们在应该作出选择的时候却倾向于推迟选择这样的回避决策现象，往往使人们丧失稍纵即逝的宝贵机会，因此本章结论具有重要的实践意义。在心理咨询领域可以发现，有些来访者之所以在爱情的道路上选择对象困难，可能就是因为较低的不确定性容忍度。他们不能确定自己找的对象是否是最好的、最适合自己的，他们总觉得未来还有更好的；他们不能确定一旦相爱却可以爱多久？心理咨询（心理治疗）者针对这样的来访者，可以提高他们的不确定性容忍度，学会接纳不确定性，从而促使其选择决策。

总之，研究虽然证实了不确定性容忍度对延迟选择的影响，但未来还有很多研究可以继续推进。如 Hammer（2010）指出，当人们在考虑是否延迟决策时，延迟所面临的风险扮演着十分重要的角色，且概率水平的高低可能会影响个体的决策偏好。而本章中的延迟风险并未区分出风险水平的高低。本章研究了基于过去的延迟风险情景下高、低不确定性容忍度个体的延迟选择是否存在差异，那么，在基于未来的延迟风险情景下又如何？这些问题都需要进一步研究。

八 结论

在无延迟风险、高概率时，高、低不确定性容忍度个体的延迟选择偏好无显著差异，都偏好选择决策；在无延迟风险、中等概率水平时，低不确定性容忍度个体比高不确定性容忍度个体更偏好延迟选择。在有延迟风险、中等概率水平时，高、低不确定性容忍度个体的延迟选择无显著差异，都偏好选择决策。

这表明，不确定性容忍度对延迟决策偏好产生影响，但这种影响会受到损益概率和延迟风险的调节。

第九章 不确定性容忍度、决策者角色对医学决策的影响

一 引言

尽管医学科学技术取得了巨大进步，不确定性仍然是当代医学的固有一面（Luther & Crandall, 2011），表现在病因、诊断、治疗及其预后的各个环节。例如，诊断治疗过程和结果的不确定性，患者用药反应的不确定性等。因此，面对医疗不确定性，个体的 TU 水平就显得至关重要。国外大量研究对此展开了探讨。如以医生为被试的研究表明，与高容忍度个体相比，低容忍度个体更有可能出现职业倦怠（Cooke, Doust, & Steele, 2013），乳房 X 线照片召回率更高（Carney, et al., 2007），更易隐瞒负性的基因测试结果（Geller, Tambor, Chase, & Holtzman, 1993）和出现防御性医疗行为（Benbassat, Pilpel, & Schor, 2001），导致患者医疗费用增加（Allison, et al., 1998）。以医学学生为被试的研究发现，低容忍度个体更害怕犯错误（Sarikaya, Civaner, & Kalaca, 2006），对疑病症患者、老年患者和具有心理问题患者的反应更消极（Merrill et al., 1994），专业选择时更倾向于麻醉科、外科和放射科等专业，而高容忍度个体则更倾向于内科和精神科（Gerrity, White, DeVellis, & Dittus, 1995）。以健康人群为被试的研究表明，TU 与个体的医学信息搜寻行为有关，TU 水平越低，越容易搜寻相关医学信息（Fergus, 2013; Rosen, et al., 2010）。如 Fergus（2013）研究表明 TU 在网络搜索医学信息频率和健康焦虑之间起调节作用，低容忍度个体更可能发生网络疑病症。这些研究有助于深入理解 TU 对个体医疗实践的影响。然而，在医疗实践中人们常需要在风险不同的治疗方案中做出决策。如选择常规用药还是选择新药，面对癌症选择放射治疗还是选择手术？那么，此类情景的医学决策是否受个体 TU 水平的影响？以往缺乏相关研究，这也就成为本研究要探讨的问题。根据

过去研究，我们预期，与低容忍度个体相比，高容忍度个体因为对未来结果的预期更积极，对消除不确定性状态的需要更低而更倾向于选择手术方案。

与其他决策领域一样，在医学决策领域决策者角色对决策的影响即自我—他人决策差异也已被众多研究证实（Garcia-Retamero & Galesic, 2012；Raymark, 2000, 也见刘永芳、王鹏、庄锦英、钟俊、孙庆洲、刘毅, 2014；Ubel, Angott, & Zikmund-Fisher, 2011）。如 Ubel 等（2011）研究表明，内科医生为自己选择的方案比为病人选择的方案更冒险、死亡率更高。Garcia-Retamero 和 Galesic（2012）将为他人决策进一步细分为具体他人和为笼统他人，结果表明，医生为他人决策（包括具体和笼统他人）比为自我决策更保守，而为具体他人与为笼统他人决策之间并不存在差异。与国外研究相比，国内对医疗领域内自我—他人决策差异研究较少，关注的多为金钱、安全、异性交友等领域（刘永芳等, 2014），且与国外研究普遍发现为自我医学决策比为他人决策（建议）更冒险不同，彭嘉熙、张石磊、肖玮和苗丹民（2010）研究却表明，与给他人建议相比，被试为自我医学决策时更倾向保守（放疗）方案。因此，有必要对医疗领域内自我—他人决策差异开展更多研究。另外，既然在医疗领域存在自我—他人决策差异，那么 TU 对医学决策的影响是否受自我—他人角色的调节？自我—他人决策差异的认知加工理论（Kray & Gonzalez, 1999）认为，人们为自我决策和为他人决策（建议）时考虑的信息数量和（或）类型不同：为自我决策时对选项的各个属性均衡的考虑，为他人决策（建议）时对选项的重要属性考虑更多。而在医学决策情景，避免医疗风险责任及医疗纠纷已成为医生决策时考虑的重要属性（王强芬, 2012；Salem & Forster, 2009）。本研究虽以医学生为被试，但研究表明，他们同样受防御性医疗的影响（王强芬, 2012）。由此推测，为自我医学决策时，医（学）生可以"随心所欲"，对治疗方案的各个属性权衡之后做出自己的选择，TU 的人格作用也就能显现：高容忍度个体比低容忍度个体更偏好手术方案；而在为他人建议时，因为社会折扣和防御性医疗的双重原因，TU 的人格作用会被削弱：高、低容忍度个体的选择趋于一致。

已有研究表明，对于自我—他人决策差异而言，不仅他人是谁很重要，自我是谁也很重要（刘永芳等, 2014）。如 Wray 和 Stone（2005）研究发现，高、低自尊被试都表现出为他人决策比为自我决策更低风险寻求，但前者的这种差异程度低于后者。与 Wray 和 Stone（2005）研究外显自尊不同，段婧、刘永芳和何琪（2012）针对内隐自尊的研究表明，低内隐自尊个体为他人决策比为自我决策更冒险，而高内隐自尊个体的自我—他人决策差异不显著。尽管两项研究结论或因考查不同自尊而导致结论并不完全一致，但足以表明，自我—他人决策差异也存在个体差异。那么，个体的 TU 水平对医学决策中的自我—他人决策差异是否存在影响？目前尚缺乏研究对此展开探讨。但一些研究结果可以给我们启示。Olson, Rosso, Demers, Divatia 和 Killgore（2016）研究表明，在男性被试中 TU 与社会折扣率显著相关，与高容忍度个体相比，低容忍度个体表现出更高的社会折扣率。而何贵兵和蒋多（2013）认为，对自我—他人决策差异相关研究结果的解释最终都离不开社会折扣规律，因为差异的本质就是社会折扣。因此我们假设，个体的 TU 水平对医学决策中的自我—他人决策差异存在影响，低容忍度个体的自我—他人决策差异程度大于高容忍度个体。

总之，尽管医疗不确定性具有普遍性，国内却少有研究探讨个体对医疗不确定性忍受程度的差异对医疗实践的影响。因此，本章通过用 TU 评估个体对医疗不确定性忍受程度的差异并结合决策者角色变量探讨它们对医学决策的影响，为理解个体在医疗情景中的决策行为提供一定的理论依据。

二 研究目的

从个体差异的角度结合决策者人格变量和医学决策任务特征，运用情景实验法探讨不同决策者角色下不确定性容忍度对医学决策的影响，为提高人们医学决策质量提供理论依据，并进一步丰富不确定性容忍度的理论研究。

三 研究假设

基于第五、六、七、八章的研究和前人研究，有理由推测，高、低不确定性容忍度个体对不确定性有着不同的认知、情绪及行为反应，所以他们在医学决策中的决策偏好存在差异。具体地说，与低容忍度个体相比，高容忍度个体因为对未来结果的预期更积极，对消除不确定性状态的需要更低而更倾向于选择手术方案。为自我决策时高容忍度个体比低容忍度个体更偏好手术方案，给他人建议时无此效应。

四 研究方法

（一）被试

某医科大学临床医学专业本科生 260 名参与实验，剔除无效问卷 21 份后按无法忍受不确定性量表总分分别取高分端和低分端各 27% 的被试组成高、低容忍度组，统计结果显示两组得分差异显著（t（128）= −26.12，$p<0.001$）。最终 71 位男生和 59 位女生的数据参与分析。

（二）实验设计

采用 2（不确定性容忍度：高/低）×2（决策者角色：自我/他人）被试间实验设计，因变量为被试对手术方案和放疗方案的选择人数。

（三）研究材料

1. 医学决策材料

材料改编自 Almashat，Ayotte，Edelstein 和 Margrett（2008）与彭嘉熙等（2010）使用过的医学决策问题，采用自我/他人进行描述。为他人建议：假设你是一名临床医生，一患者被查出癌症晚期，必须马上在手术治疗与放射治疗中选择一种方案接受治疗。根据过去的临床治疗经验，两种方案的结果信息如下，手术方案：手术过程中存活率 90%，1 年后存活率 68%，5 年后存活率 34%；放疗方案：放疗过程中存活率 100%，1 年后存活率 77%，5 年后存活率 22%。请问，作为他的主治医生，你会建议他（她）选择哪种治疗方案？

为自我决策：假设你被查出癌症晚期，必须马上在手术治疗与放射治疗中选择一种方案接受治疗。根据过去的临床治疗经验，两种方案的结果信息如下，手术方案：手术过程中存活率 90%，1 年后存活率 68%，5 年后存活率 34%；放疗方案：放疗过程中存活率 100%，1 年后存活率 77%，5 年后存活率 22%。请问，你会选择哪种治疗方案？

2. 无法忍受不确定性量表（Intolerance of Uncertainty Scale，IUS）

采用研究一修订后的无法忍受不确定性量表，量表采用 Likert 5 级计分，分值越大表明不确定性容忍度越低。

（四）研究程序

实验形式为纸笔测验，实验材料小册子包括指导语、基本信息、医学决策材料和 IUS 中文版。被试填写基本信息后阅读医学决策材料并做出相应选择，最后完成 IUS 中文版的测试。不限制被试作答时间以避免决策受其影响。

（五）数据处理

所有数据全部由研究者本人录入，采用 SPSS19.0 软件进行数据处理与分析，统计方法主要采用重复测量方差分析。

五 研究结果

（一）TU、决策者角色的主效应检验

TU、决策者角色的主效应检验结果见表 9-1。从结果看，TU 主效应边缘显著（$p=0.071$，$\varphi=0.158$），高容忍度组比低容忍度组更偏好选择冒险（手术）方案，其中前者倾向选择手术方案（$\chi^2_{高}=9.62$，$p<0.05$），后者两种方案选择的人数无显著差异（$\chi^2_{低}=0.39$，$p>0.05$）。决策者角色主效应显著（$p<0.05$，$\varphi=0.214$），与给他人建议相比，人们在为自我决策时更倾向于手术方案，其中为自我决策时倾向于手术方案（$\chi^2_{自我}=12.55$，$p<0.001$），给他人建议时两种方案选择的人数无显著差异（$\chi^2_{他人}=0.016$，$p>0.05$）。

表 9-1　　　　不确定性容忍度、决策者角色的主效应检验

自变量	分类	手术方案	放疗方案	χ^2	p	φ
不确定性容忍度	高容忍度组	45	20	3.250	0.071	0.158
	低容忍度组	35	30			
决策者角色	自我	48	19	5.963	0.015	0.214
	他人	32	31			

（二）不同决策者角色时 TU 效应检验

表 9-2 描述了不同决策者角色时 TU 对医学决策的影响。结果显示，在为自我决策时，TU 对医学决策影响显著（$p<0.05$，$\varphi=0.252$），高容忍度组比低容忍度组更偏好选择手术方案，其中前者倾向于手术方案（$\chi^2_{高}=15.16$，$p<0.001$），后者两种方案选择的人数无显著差异（$\chi^2_{低}=0.86$，$p>0.05$）；而在给他人建议时，高、低容忍度组的医学决策差异不显著（$p>0.05$，$\varphi=0.01$），两组选择手术和放射方案的人数均无显著差异（$\chi^2_{高}=0.037$，$p>0.05$，$\chi^2_{低}=0.000$，$p>0.05$）。

表 9-2　　　　不同决策者角色下不确定性容忍度效应检验

决策者角色	不确定性容忍度	手术方案	放疗方案	χ^2	p	φ
自我	高容忍度组	31	7	4.267	0.039	0.252
	低容忍度组	17	12			
他人	高容忍度组	14	13	0.021	0.884	0.01
	低容忍度组	18	18			

(三) 不同 TU 水平下自我—他人决策差异检验

表 9-3 描述了不同 TU 水平下自我—他人决策差异的情况。结果显示，在高容忍度组，自我—他人决策差异显著，与给他人建议相比，为自我决策时更偏好选择手术方案（$p<0.05$，$\varphi=0.317$），其中为自我决策时倾向于手术方案（$\chi^2_{自我}=15.16$，$p<0.001$），给他人建议时两种方案选择的人数无显著差异（$\chi^2_{他人}=0.037$，$p>0.05$）。在低容忍度组，自我—他人决策差异不显著（$p>0.05$，$\varphi=0.086$），两组选择手术和放射方案的人数均无显著差异（$\chi^2_{自我}=0.86$，$p>0.05$；$\chi^2_{他人}=0.000$，$p>0.05$）。

表 9-3　　　不同不确定性容忍度水平下自我—他人决策差异检验

不确定性容忍度	决策者角色	手术方案	放疗方案	χ^2	p	φ
高容忍度组	自我	31	7	6.548	0.010	0.317
	他人	14	13			
低容忍度组	自我	17	12	0.480	0.488	0.086
	他人	18	18			

六　讨论

(一) TU 对医学决策的影响

医疗不确定性普遍存在，本章从个体对其忍受程度的差异——TU 角度结合决策者角色这一变量探讨它们对医学决策的影响。结果表明，TU 的主效应边缘显著，总体而言，与低容忍度个体相比，高容忍度个体更倾向手术方案；TU 与决策者角色交互作用显著：为自我决策时，高容忍度个体比低容忍度个体更偏好手术方案，而在给他人建议时两者差异不显著。这与研究假设基本一致。当然，TU 主效应边缘显著，可能是研究样本较小所致，将来需增加样本容量以进一步验证。

为何为自我决策时高容忍度个体比低容忍度个体更偏好手术方案，而给他人建议时两者差异不显著？如本文前言所述，人们为自我决策和为他人决策（建议）时考虑的信息数量和（或）类型不同：为自我决策时对选项的各个属性均衡的考虑，为他人决策（建议）时对选项的重要属性考虑更多（Kray & Gonzalez, 1999）。而在医学决策领域，受防御性医疗行为的影响，避免医疗风险责任及医疗纠纷已成为医生或医学生决策时考虑的重要维度（王强芬，2012；Salem & Forster, 2009）。至此不难理解，为自我决策时 TU 可以通过影响个体对风险的主观感受、结果预期（Bredemeier & Berenbaum, 2008）和风险偏好进而影响医学决策：与低容忍度个体相比，高容忍度个体因为对消除不确定性状态的需要更低而更倾向选择手术方案。而给他人建议时，虽然 TU 同样会影响被试对风险的主观感受、结果预期和风险偏好，但因防御性医疗的原因，TU 的人格作用就会被削弱，导致高、低容忍度个体的选择趋向于一致。

（二）决策者角色对医学决策的影响

本研究表明，与给他人建议相比，为自我决策时更偏好冒险（手术）方案，这与彭嘉熙等（2010）研究发现的为自我决策比为他人建议更偏好保守方案的结果相反，但与国外医疗领域内自我—他人决策差异的多数研究结论一致（Garcia-Retamero et al., 2012；Raymark, 2000；Ubel, et al., 2011）。本研究的决策材料是有关生命问题，而研究表明，任务领域特殊性对决策偏好存在影响，人们在生命领域的行为要比在概率相同的金钱领域、公共财产领域或学业领域更冒险（王青春、阴国恩、张善霞、姚姝君，2011；Wang, 1996）。因此，面对生命问题，为自我决策时，人们往往选择手术方案以一搏生机；而当为别人决策（建议）时，尽管也知生命的宝贵，但他人与自我之间存在社会距离，受社会折扣现象（何贵兵、蒋多，2013）和防御性医疗的双重影响，人们往往倾向风险中立。另外，与彭嘉熙等（2010）研究结果不一致的原因可能是决策材料中治疗方案的存活率不同导致，如他们的研究中手术过程存活率是50%，而本研究中手术过程存活率90%，而本文已有研究表明，风险概率是影响个体风险偏好的重要变量。

（三）TU 对自我—他人决策差异的影响

本研究还发现，TU 对自我—他人决策差异存在影响：高容忍度个体自我—他人决策差异显著，而低容忍度个体差异不显著，这与研究假设相反，但结果进一步验证了对于自我—他人决策差异而言，不仅他人是谁很重要，自我是谁也很重要（刘永芳等，2014）。

分析高容忍度个体自我—他人决策差异显著，而低容忍度个体差异不显著这一现象的原因可能是对于低容忍度组，当为自我决策时，他们为了减轻不确定性导致的担忧、焦虑情绪而倾向选择相对保守的方案，而给他人建议时，受社会折扣和防御性医疗的双重影响它们还是倾向选择相对保守的方案，如此导致自我—他人决策差异不显著。而对于高容忍度组，当为自我决策时，他们对消除不确定性状态的需要更低，倾向于选择相对冒险的方案，而当给他人建议时，虽然他们对消除不确定性状态的需要仍然更低，但因受社会折扣和防御性医疗的双重影响，不得不倾向选择相对保守的方案，于是导致自我—他人决策存在差异。因此，高容忍度组的自我—他人决策差异程度大于低容忍度组的原因在于 TU 主要影响的是自我决策，而对为他人决策不存在影响。

总之，本研究证实了 TU 对医疗情景中个体医学决策及自我—他人决策差异的影响，结论进一步丰富了 TU 的行为特征研究和自我—他人决策差异研究，对于了解医（学）生或患者的医学决策特点进而提高决策质量具有现实意义。但与国外相比，国内在医疗领域开展的 TU 和自我—他人差异研究较少，还有许多问题需深入研究。比如，医学决策中框架效应已被大量研究证实，TU 对医学决策的影响是否受信息框架的调节？在自我—他人决策差异研究中，他人有熟悉和陌生他人、具体和笼统他人之分，TU 对为不同他人决策（建议）的影响是否存在差异？又如，本研究以医学生为被试考查 TU 对医学决策和自我—他人决策差异的影响，生活中患者家属也常需要为患者决策（建议），TU 对此种情景下医学决策影响如何？这都需要进一步澄清。

七 结论

TU 主效应边缘显著，TU 与决策者角色交互作用显著：为自我决策时高容忍度个体比低容忍度个体更偏好手术方案，给他人建议时无此效应。这表明，TU 对医疗风险决策产生影响，但受决策者角色的调节。研究还表明，TU 对自我—他人决策差异产生影响：高容忍度个体自我—他人决策差异显著，而低容忍度个体差异不显著。

第十章 不确定性容忍度对创业意向的影响

一 引言

人力资源和社会保障部发布，2016年我国高校毕业生人数达765万，超越2015年的749万，创历史最高。以高校毕业生为主的青年就业群体数量持续增加，对就业产生很大的压力。为应对严峻的就业形势，国务院和地方政府陆续出台了系列政策，鼓励、扶持大学生创业，以促进创业带动就业。例如，大学生创业可享受创业担保贷款和贴息、免收有关行政性事业收费、税收优惠等十二项优惠政策。但据《2016年中国大学生就业报告》蓝皮书显示，大学本、专科毕业生自主创业比例仅为3.0%，大学生的创业状况并不理想，有必要对大学生创业进行深入研究。

意向是计划行为的唯一最佳预测指标。如果将创业过程做阶段划分，第一阶段的问题就是"要不要创业"，即创业意向（entrepreneurial intention）问题（简丹丹、段锦云、朱月龙，2010）。创业意向是指潜在创业者对创办新企业或实施创业行为的一种多方面的主观心理准备状态及其程度。这些方面主要包括潜在创业者对自身素质的评估以及对外在因素的主观评估情况。可以说，创业意向是创业行为的最佳预测指标，是了解创业行为的中心点，是潜在创业者实施初创业的前提。因此，要促进大学生创业，首先就要拥有较高的创业意向，研究大学生创业意向的影响因素也就具有重要意义。

探讨个体创业意向的影响因素一直是创业研究领域的焦点。研究者主要从环境变量和个体变量两个维度开展了大量研究。环境变量主要有宏观的文化背景以及微观的个体特殊环境，个体变量则包括个人背景因素（性别、家庭背景、受教育背景等）、认知特征（创业自我效能感、风险感知、创业机会识别及归因等）和人格特质三个方面。其中人格研究取向作为创业领域中早期的经典研究方向之一，研究者很早就有所关注。研究者们从一般人格特质（如大五人格）和具体人格特质（如冒险性、内控性、成就动机、主动性人格及创新性等）两个方面展开了大量研究。如研究发现，尽责性和经验开放性与创业意向呈正相关关系，而宜人性与创业意向呈负相关关系，成就动机、创新性、内控性和冒险性几种特质与创业意向呈正相关（孙杨、张向葵，2014）。这些研究为解释个体创业意向的形成提供了理论指导。创业者所处的环境充满了不确定性（Knight，1921），不确定性问题是贯穿创业过程始终的中心问题，甚至可以说，不确定性更是创业情境的本质。创业者一方面要设法控制和预测不确定性，尽量降低不确定性带来的风险损失；另一方面要拥抱不确定性，从不确定性中把握机会，甚至养成低风险厌恶的心理素质，这是创业者成功的重要因素。Miller（1983）的研究发现，创业导向（Entrepreneurial Orientation）具有三个核心维度：创新性（Innovation）、风险承担性（Risk-taking）和主动性（Proactiveness），而这三个核心维度都与不确定性紧密相关。不确定性与创业高度相连，是创业者和学术研究都不能回避的客观事实，面对不确定性环境，创业者要在应对不确定性的过程中确立和提升竞争优势。创业的特点要求创业者决策过程中必须应对大量的不确定性和复杂性问题（Xie，2014）。因此，与创业不确定性这一情景特征紧密相关的人格特质对个体的创业意向理论上会产生影响。可仔细分析以往文献可知，缺乏相关研究展开探讨。鉴于此，本研究以不确定性容忍度评估个体对创业过程中不确定性的容忍度程度，考查它对创业意向的影响。

考虑到创业的不确定性，理论上而言，面对创业不确定性，个体的不确定性容忍度人格特质会影响其创业意向：与高容忍度个体相比，低容忍度个体可能会因为倾向于回避创业不确定性而导致创业意向更低。但查阅以往文献可知，目前缺乏相关研究加以证实。另外，已有研究表明，大学生创业意向存在性别差异，男大学生创业意向高于女大学生（胡闲秋、李海垒、张文新，2016；彭正霞、陆根书，2013）。侯飞和杜心灵（2014）的研究表明，性别因素对大学生创业意向及其影响因素之间的关系具有显著的调节作用。那么，不确定性容忍度对创业意向的影响是否也受性别的调节？因此，本章在探讨不确定性容忍度对创业意向影响作用的同时考查这一影响作用中性别的调节效应，为提高大学生的创业意向提供理论和现实依据。

二 研究目的

创业的过程充满了不确定性，探讨个体的不确定性容忍度是否对创业意向存在影响，以及性别在这一作用中的调节作用。

三 研究假设

与低不确定性容忍度者相比，高容忍度者更倾向于选择创业，且这一关系受到性别的调节作用

四 研究方法

（一）被试

采取分层抽样的方法，对江西省某两所大学 650 名本科大四毕业班学生进行问卷调查。回收有效问卷 603 份（92.7%）。有效样本的构成情况：男生 279 人，女生 324 人。

（二）研究材料

1. 创业意向的测量

参考其他研究者的创业意向测量工具，本研究从以往兴趣、考虑、受限制时的职业偏好三个方面综合多变量测量创业意向（李永强，白璇，毛雨等，2008）共 3 个条目，包括"我认为我将来会创业""我曾经考虑过自己经营公司""考虑到我现在真实的情况和各种限制（如：资金缺乏），我仍会选择自主创业"。条目采用 Likert 5 级计分，从"非常不同意"到"非常同意"。分值越大表明创业意向越强。本研究中问卷内部一致性系数 α 为 0.738。

2. 无法忍受不确定性量表（Intolerance of Uncertainty Scale，IUS）

采用研究一修订后的无法忍受不确定性量表，量表采用 Likert 5 级计分，分值越大表明不确定性容忍度越低。

（三）研究程序

本次调查问卷为纸质问卷，以班为单位，由研究人员指导学生认真填写。所有被试均在知情同意的前提下自愿参与研究，未给予报酬。

（四）数据处理

所有数据全部由研究者本人录入，采用 SPSS19.0 软件进行数据处理与分析，统计方法主要采用重复测量方差分析。

五 研究结果

(一) 不确定性容忍度、性别和创业意向的描述统计

不确定性容忍度、性别和创业意向的平均数、标准差及变量间的相关系数见表10-1。结果表明，性别与创业意向显著正相关，这表明男生的创业意愿显著高于女生；性别与不确定性容忍度相关不显著，这表明男、女大学生在不确定性容忍度得分上不存在显著差异；不确定性容忍度与创业意向之间相关不显著。

表 10-1　不确定性容忍度、性别与创业意向的平均数、标准差及变量间的相关系数

变量	M	SD	1	2	3
1. 性别	0.4627	0.49902	1		
2. 不确定性容忍度	33.4378	7.25959	0.006	1	
3. 创业意向	9.0813	2.30377	0.266***	0.033	1

注：性别为虚拟变量，女生=0，男生=1。经虚拟编码后，皮尔逊积差相关分析与t检验效果等价。 *$p<0.05$，** $p<0.01$，*** $p<0.001$，以下同。

(二) 性别对不确定性容忍度与创业意向之间关系的调节效应分析

本研究采用分层回归分析考察性别在大学生不确定性容忍度与创业意向关系中的调节作用。依据温忠麟、侯杰泰和张雷（2005）提出的对调节效应的检验方法，本研究数据处理具体步骤如下：鉴于相关研究中已经证实专业、创业经历对大学生创业意向存在影响，本研究中首先将专业、创业经历作为控制变量纳入回归方程第一层；其次，将性别和不确定性容忍度得分放入回归方程第二层；最后，对不确定性容忍度得分和性别进行中心化处理，并将中心化的自变量和调节变量的乘积项纳入回归方程第三层，具体结果见表10-2。

表 10-2　创业意向对不确定性容忍度、性别的回归分析

	方程1 β	方程1 t	方程2 β	方程2 t	方程3 β	方程3 t
专业	0.086	2.182*	0.051	1.292	0.053	1.365
创业经历	0.233	5.901***	0.194	4.934***	0.200	5.108***

续表

	方程 1		方程 2		方程 3	
	β	t	β	t	β	t
性别			0.224	5.644***	0.223	5.630***
不确定性容忍度			0.024	0.625	0.032	0.824
不确定性容忍度×性别					0.097	2.516*
R^2	0.062		0.110		0.120	
F	19.954***		18.552***		16.240***	

由表 10-2 的结果可见，创业经历和性别能显著预测创业意向，不确定性容忍度不能显著预测创业意向。但由表 10-2 分层回归分析第三步结果可见，性别与不确定性容忍度的乘积项对创业意向的预测显著，即性别在不确定性容忍度与创业意向关系中起调节作用。

六 讨论

（一）创业意向的性别差异

本研究发现，大学生的创业意向存在显著性别差异，男生创业意向得分显著高于女生，这与一些已有研究结论一致。这表明，男大学生更愿意把创业作为自己未来的职业选择。分析其原因，钱永红（2007）研究表明人格特质是影响男女性创业意向差异的重要因素，具体而言，价值取向、追求卓越和成就动机对女性个体创业意向存在显著影响，价值取向和风险承担对男性个体创业意向存在显著影响。Lee，Wong 和 Foo（2011）认为，性别刻板印象对男性和女性的创业意向会产生不同的影响，如女性则需要承担家庭抚养子女的义务（Langowitz & Minniti，2007）。另外，相比较男性，女性较低的创业自我效能感（Koellinger，Minniti，& Schade，2008）和主观规范支持也是导致男女创业意向显著差异的原因（Klyver & Grant，2013）。

（二）性别对不确定性容忍度与创业意向关系的调节效应

彭正霞和陆根书（2013）研究表明，性别因素对大学生创业意向及其影响因素之间的关系具有显著的调节作用，这些因素包括人格特质、创业态度、主观规范、创业自我效能、创业能力等，但该研究中并未考查性别在不确定性容忍度与创业意向关系中的调节作用。本研究发现，不确定性容忍度对创业意向存在影响，但这一影响受到性别的调节作用。即在女生被试中不确定性容忍度显著预测个体创业意向，而在男生被试中这种预测作用不显著。

为什么在女性被试中不确定性容忍度显著预测创业意向，即不确定性容忍度越低，其创业意向也越低？研究表明，与高不确定性容忍度个体相比，低不确定性容忍度个体对不确定性事件具有更高的威胁解释倾向，有更高的动机避免不确定性，以减轻因不确定性带来的焦虑情绪。例如，在风险决策中往往倾向于选择保守方案，在跨期选择中倾向于选择即时选项。创业活动本质上是一种高风险的决策行为，常常是在不确定性的条件下进行，创业者需面对各种不确定性和风险。因此，面对这种创业不确定性，对于低不确定性容忍度的个体而言，她们有更高的动机回避创业的不确定性，其创业意向也就自然受到影响而导致相对偏低。

为什么在男性被试中不确定性容忍度对创业意向不存在影响？人格与情景以此消彼长的方式影响人们决策过程：当情景起主导作用时，人格的作用就会被削弱；当情景的作用减低时，人格的作用就会被显现。Leroy，Maes 和 Debrulle（2009）等认为，在创业方面，男性比女性感受到更多的社会期望与压力。因此，对于低不确定性容忍度的男大学生而言，虽然他们也有回避创业不确定性的动机，但受社会期望和压力的影响，不确定性容忍度的人格作用就会被削弱，在期望和压力的影响下而仍然倾向于选择创业。而对于女性大学生而言，社会对于他们的创业期望和压力并不高，因此，她们可以做出与自己人格特质相匹配的职业选择，其创业意向也就不高。

总之，本研究考查了不确定性容忍度对大学生创业意向的影响及性别在这一关系中的调节作用，研究结果不仅丰富了创业人格研究，也为大学生的创业教育提供了理论指导。例如，既然不确定性容忍度对女生的创业意向存在影响，在针对女大学生的创业教育和培训中，可以设计相关的课程或活动以提升她们的不确定性容忍度水平。当然，本研究也存在一些局限，未来研究可以尝试从以下方面展开。首先，本研究是一项横断面研究，未来可以尝试开展追踪研究，考查不确定性容忍度在创业不同阶段所起的作用。其次，胡闲秋、李海垒和张文新（2016）认为测量创业意向应该从创业执行意向和创业目标意向两个不同方面测量，而本研究中仅考查了创业目标意向，不确定性容忍度对创业执行意向的影响如何，需要未来进一步研究。最后，Hisrich，Langan-Fox 和 Grant（2007）提出了七个关于创业者人格特征的研究主题，其中之一便是在人格与创业的关系中，调节和中介变量分别有哪些？调节变量的研究可以回答人格变量"何时"起作用，中介变量则回答"如何"起作用？因此，未来研究需要探讨不确定性容忍度对创业意向影响作用的中介变量。

七 结论

男大学生的创业意向显著高于女大学生；在男大学生中不确定性容忍度对创业意向的预测不显著，在女大学生中不确定性容忍度能显著预测创业意向。结论：性别在不确定性容忍度与创业意向之间的关系中起调节作用。

第十一章　不确定性容忍度对员工创新行为的影响

一　引言

随着经济全球化的日益加剧和社会的快速发展、科技的不断进步，越来越多的企业把产品、服务和技术等方面的创新作为适应复杂和激烈的市场变化的重要手段。企业要赢得核心的竞争优势和可持续发展，必须要依靠源源不断地创新，来生产符合消费者需要的服务及产品。而员工是组织创新的基础，是组织创新的微观载体，组织创新往往植根于员工个人的创意，并依赖员工创意的实施。因此，如何激发他们的创造性，促进他们的创新行为，提高创新绩效，已成为学术界及企业界长期关注的一个重要议题。

员工创新行为是指由个体识别问题开始，进而产生创新构想或解决方案，并为自己的创新想法寻求支持，将其付诸实践，最终形成商品化产品或服务的活动（Scott & Bruce，1994）。文献回顾发现，已有研究主要从三个视角来探讨员工创新行为的影响因素：一是个体特征视角，关注员工的个体特质与内在心理等因素的影响，如乐观、组织支持感、创新氛围感知等；二是组织情境视角，关注情境特征与领导风格，如组织创新氛围、组织文化、领导风格等的影响；三是对个体与情境因素的交互作用进行研究，目的是探讨个体特质与环境因素如何交互影响创造和创新。本研究主要从个体特质角度进行研究。

作为一种角色外行为，员工创新行为并不会受到组织明文规定的强制约束，它属于一种个体的自发性行为，很大程度上是由个体内在的人格特质决定，而外在因素在这过程中更多地充当一种促进或抑制作用。因此，作为创新的内在动力，创新人格对员工创新行为的影响备受研究者关注。如王忠、齐涛、邵金虎（2017）研究表明IT企业知识员工的玩趣人格对其创新行为有显著正向影响。张振刚、余传鹏、李云健（2016）研究研究表明，动性人格对个体创新行为有着正向的影响作用。创新是高不确定性的事件。只要是创新，就是未曾验证过的，就会存在一定的不确定性。因此，理论上而言，作为反映个体应对不确定性时认知、情绪和行为差异的人格特质——不确定性容忍度，应该会对员工的创新行为存在影响。然而，查阅以往相关文献可知，少有研究对这一影响及机制展开探讨。基于此，本研究对此展开相关探讨。

一些相关研究为本研究提供了理论支持。如 King 和 Anderson（2004）归纳出七个有关员工个体创新水平的性格特征：喜爱变革、容忍不确定性、自信、聪慧、追求独特、自我激励和渴望成功；张敏（2013，2014）等以大学生为被试研究发现，在时间压力下不确定性容忍度能显著正向预测大学生的创新行为，不确定性容忍度越高的个体主动实施创新的可能性越大。张根明和徐婧（2011）以企业家为研究样本发现，不确定容忍度及风险偏好与技术创新行为呈显著正相关。基于以往研究，我们似乎可以推测，不确定容忍度与员工创新行为正相关，不确定性容忍度越高的个体，实施创新行为的概率也越高。然而，不确定性容忍度对创新行为的影响只会是线性关系吗？

我们认为，在快速变革的今天，企业至少面临两重不确定性：一是企业生存和发展的不确定性，正所谓"吃了上顿不知下顿在哪里""今年赚钱，谁又知道明年如何"。此时，以"大众创新，万众创业"应对生存和发展的不确定性正成为个人、组织、国家的共识。二是创新能否成功的不确定性，创新也是"摸着石头过河"，能否成功，都是未知。也正是创新的高度不确定性，至今不见有哪家保险机构为"创新"保险。因此，可以说，创新就是一把双刃剑：一方面以创新应对企业生存和发展的不确定性，另一方面创新带来新的不确定性。因此，我们推测，面临不同的不确定性，不确定性容忍度对员工创新行为的影响也不同。具体来说，首先，面临企业生存和发展的不确定性，不确定性容忍度低的个体可能有更多的威胁化预期，体会到更多的担忧和焦虑情绪，因此，他们有更大的动机通过创新去降低这种不确定性。其次，面临创新的不确定性，又需要较高的容忍度才能面对压力继续前行。据此我们推测，不确定性容忍度对创新行为的影响是一种非线性的 U 型关系。

总之，国内关于对不确定性的容忍程度差异对员工创新行为的影响研究较少，本研究引入不确定性容忍度探讨它对创新行为的影响，力求解释员工创新行为的内在激励机制，为促进知识员工的创新行为提供管理建议。

二　研究目的

创新的过程中充满了不确定性，探讨个体的不确定性容忍度是否对员工创新行为存在影响，为促进员工的创新行为提供理论依据。

三　研究假设

员工的不确定性容忍度与创新行为之间呈现 U 型关系。

四　研究方法

（一）被试

本研究样本采用网上和网下两种方便抽样的方法获得，网上通过互联网在线调查网站问卷星调查，网下通过实地到企业发放问卷获得，共收回问卷 246 份，剔除无效被试后，剩余有效被试 213 人，有效率 85.36%。其中男性员工 121 人，占 56.8%，女性员工 92 人，占 43.2%。30 岁以下 64 人，31—50 岁 141 人，50—60 岁 8 人。从教育程度看，高中（中专）及以下 39 人，大专 39 人，本科 118 人，硕士及以上 17 人。从职位来看，一般员工 70 人，专业技术人员 61 人，管理人员 82 人。从企业类型来看，国有（集体）企业 78 人，民营（私营）企业 105 人，三资企业 30 人。

（二）研究材料

1. 无法忍受不确定性量表中文修订版

采用研究一修订后的无法忍受不确定性量表，量表采用 Likert 5 级计分，分值越大表明不确定性容忍度越低。本研究中该量表 α 系数为 0.873。

2. 创新行为问卷

采用刘云和石金涛（2009）编制的 5 题单维量表，量表采用 Likert 5 级计分，即"1 = 完全不符合，5 = 完全符合"。量表从问题确立，构想产生，到寻求创新支持，再到创新计划的落实等层面来测量员工在组织内的创新行为。如"我会积极地制定适当的计划或规划来落实我的创新性构想""工作中，我经常会产生一些有创意的点子或想法"等。低分代表低创新行为，高分代表高创新行为。本研究中该量表 α 系数为 0.863。

(三) 研究程序

本次调查采用线上和线下两种调查方式，其中线下采用纸质问卷的形式，由研究人员在企业实地向员工发放问卷，线上采用问卷星的方式进行调查。两种方式均为被试填写基本信息后完成问卷测试。整个测试过程历时近三个月完成。

(四) 数据处理

采用SPSS19.0软件进行数据处理与分析。

五 研究结果

(一) 共同方法偏差的检验

本研究通过程序控制和统计控制来处理共同方法偏差问题。在程序控制上，被试来自不同地区，在统计检验与控制上，采用Harman单因素方法进行共同方法偏差的检验。对所有的测量项目进行未旋转的探索性因素分析，结果显示，共有3个特征值大于1的公共因子被提出，并且第一个公共因子解释了总变异量的31.49%，小于Podsakoff等提出的40%的判断标准（周浩、龙立荣；2004）。

(二) 描述性统计结果和变量间的相关

本研究将性别、年龄、教育程度、企业类型、职位层次等作为控制变量，控制变量对创新行为的影响不是本研究关注的焦点，后续相关数据分析结果并未报告此部分。

为厘清员工背景变量与创新行为的相关性，本研究计算不确定性容忍度、不确定性容忍度的平方与创新行为的偏相关系数。表11-1列出了不确定性容忍度、不确定性容忍度的平方与创新行为之间的偏相关系数。结果表明，不确定性容忍度与创新行为相关不显著，但不确定容忍度的平方与创新行为之间相关正显著。

表 11-1		列出了各变量之间的偏相关矩阵	
变量	1	2	3
1. 无法忍受不确定性	1		
2. 无法忍受不确定性的平方	-0.413***	1	
3. 创新行为	-0.045	0.167*	1

注：* $p<0.05$，** $p<0.01$，*** $p<0.001$，以下同。

(三) 不确定性容忍度与创新行为的 U 型关系验证

为验证不确定性容忍度与创新行为的 U 型关系假设,首先以不确定性容忍度为自变量,以创新行为为因变量,采用 Enter 法进行分层回归并构建相应的回归模型;其次,以不确定性容忍度和不确定性容忍度的平方项为自变量,以创新行为为因变量,采用 Enter 法进行分层回归并构建相应的回归模型;最后,按照 U 型关系的验证过程,对加入各变量平方项后的模型及相应系数显著性进行检验。对比表 11-2 中模型 1 与模型 2 的统计结果可知,在控制性别、年龄、教育程度、企业类型、职位层次等变量的情况下,不确定性容忍度对创新行为的影响作用不显著,但加入不确定性容忍度的平方项后,不仅模型依然显著,而且不确定性容忍度平方项的系数也显著。由于模型 2 中不确定性容忍度系数为正,平方项系数也为正,因而不确定性容忍度与创新行为之间存在 U 型关系,从而验证了假设。以上过程对不确定性容忍度进行了中心化处理。

表 11-2　　　　不确定性容忍度与创新行为关系模型检验结果

变量	模型 1	模型 2
无法忍受不确定性	-0.043	0.028
无法忍受不确定性的平方		0.172*
R^2	0.107	0.131
调整后的 R^2	0.081	0.101
F 值	4.102***	4.401***

六　讨论

创新充满了不确定性,但已有研究缺乏探讨个体对不确定性容忍程度的差异对员工创新行为的影响。本研究从人格特质的角度探讨了不确定性容忍度对企业员工创新行为的影响,研究结果为促进企业员工的创新行为提供了理论依据和实践指导。

已有研究表明,不确定性容忍度与创新行为呈现线性关系,不确定性容忍度越高的人,越可能实施创新行为。本研究却显示,不确定性容忍度与创新行为之间呈现并不是简单的线性关系,而是呈现更为复杂的 U 型关系,即对于不确定性容忍度低或高的人而言,其实施创新行为的可能性越高。这说明，员工的创新行为存在不确定性容忍度的中等程度陷阱。因此，根据本研究成果，为了鼓励员工创新行为，一方面，员工要有适当的忧患意识，能居安思危，积极思变；另一方面，企业要采取一定的方法为员工提供必要的社会支持，提高员工对创新结果的乐观、自信水平，提升他们的不确定性容忍度水平。

在快速变革的今天，创新就是一把双刃剑：一方面以创新应对企业生存和发展的不确定性，一方面创新又带来新的不确定性。因此，不确定性容忍度对创新行为的影响可能在创新的不同阶段表现不同。首先，当企业生存和发展面临不确定性时，不确定性容忍度低的个体对前景往往更加忧心忡忡，担心"吃了上顿没下顿"，体会到更多的焦虑情绪，也就有更大的动机降低这种不确定性。此时，创新便更易成为他们的选择。而对于高容忍度的人而言，他们对前景往往更加积极乐观，更加相信"车到山前必有路"，因此，他们此时往往创新的意愿并不强。

然而，一旦因为各种原因选择了创新，创新又意味着新的不确定性，此时，对于不确定性容忍度低的个体而言，他们对于创新未来的结果往往又存在威胁化预期，持有消极的问题取向（李志勇、王大鹏、吴明证、欧阳儒阳、沈丹琦；2015），更多地启动"万一创新不成功……"的思维模式，过多地思考创新不成功的负面结果，因此，他们可能在创新的过程中更加容易打"退堂鼓"，使得创新夭折。而对于不确定性容忍度高的人而言，他们对创新不确定性的结果预期更加乐观，自信，也更具有控制感（Dugas, Freeston, &Ladou-ceur, 1997），持有积极的问题取向，他们也就更容易迎难而上，持之以恒的创新。

尽管与以往研究相比，本研究取得了新的研究结论，但仍然存在继续探讨的问题。如李姝和高山行（2014）的研究依据新颖性程度将创新划分为渐进式创新和突破创新环境，那么不确定性容忍度对不同创新的影响是否不同？另外，不确定性容忍度对员工创新行为的影响机制又如何？创新自我效能感是Tierney和Farmer提出的反映个体在创新活动中效能信念的一个新概念，指个体对于自己所能从事的工作是否具有产生创新行为的能力与信心的评价。由于创新不仅具有高度的不确定性，也意味着打破常规，需要面对来自各方的压力，因此，是否具备强烈的信念支撑去应对创新过程中的困难和挫折将直接影响到创新行为的效果。大量研究表明，创新自我效能感不仅对员工的创新行为产生直接影响，还在其他变量对员工创新行为的影响中起中介或调节作用。那么，创新自我效能感在不确定性容忍度对创新行为的影响中是否也起中介或调节作用？

七　结论

不确定性容忍度对员工创新行为的影响呈现 U 型关系。

第十二章 综合讨论

一 研究的理论意义

不确定性容忍度概念被提出后，引起了国外学界的广泛关注，近二十年来成了临床心理学领域研究的热点。然而国内对不确定性容忍度的研究才刚刚起步，仅有少量研究开始关注。纵观国内外已有的研究发现，这些研究主要围绕着不确定性容忍度的测量、神经机制及认知、情绪特征展开，对其行为特征的研究却相对薄弱。决策情景的一大特征在于其不确定性，因此，考查个体对不确定性的忍受程度差异对决策的影响有丰富的理论和实践价值。在这一研究背景下，本篇以决策偏好为契合点，通过七个实验证实了不确定性容忍度对风险决策、模糊决策、跨期决策、延迟决策、医学决策、创业意向及创新行为的影响。研究结果丰富了不确定性容忍度的理论研究，拓宽了不确定性容忍度的研究领域，为从不确定性容忍度的视角解释、预测人们的决策偏好提供了实验数据。具体来说，本篇研究的理论意义主要表现在以下几个方面：

（一）丰富了不确定性容忍度的理论研究，拓宽了研究领域

Luhmann 等（2011）曾指出，我们对不确定性容忍度的行为特征知之甚少。Freeston 等（1994）提出不确定性容忍度这一概念时就依据其内涵指出，低不确定性容忍度水平会致使个体采取冲动性的行为以降低不确定性（虽然并未真正解决问题），也可能使个体延迟决策；研究不确定性容忍度与个体在一些不确定性情景下的行为表现之间的关系非常有意义，因为不确定性容忍度水平不同的个体在不确定性程度不同的任务（如经典的赌博范式、概率推理等）中的行为表现可能会有所不同。但回顾近二十年的研究可以发现，只有少量研究对他们的理论推测进行了实证研究（Ladouceur et al., 1997），总体上还是比较缺乏，还有很多需要探讨的问题。例如，Luhmann 等（2011）通过实验证实了不确定性容忍度对风险

偏好的影响，但他们探讨的是不确定性容忍度对不同时点的风险条件下跨期选择的影响，与同一时点的风险选择相比，风险条件下的跨期决策不仅具有损益概率的不确定性，还具有时间的不确定性。他们的结论也就自然不能简单推广到同一时点的风险选择。不仅如此，他们的结论还不能简单推论到无风险条件下的跨期选择。因为研究表明，风险因素的引入会加剧个体对延迟奖赏的折扣程度（Sun & Li，2010）。该研究也未探讨 Freeston 等（1994）提出的高、低不确定性容忍度个体在不确定性程度不同的任务中的行为表现可能会不同的理论推测。

为此，本篇研究选择决策偏好为契合点，结合诸如选项描述框架、损益概率、损益背景、跨期日期及延迟风险等任务特征，考查不确定性容忍度对风险决策、模糊决策、跨期决策及延迟决策决策偏好的影响。系列研究结果证实了个体的不确定性容忍度水平对各种决策类型决策偏好的影响。具体而言，表现为在一定的决策情景下，相比较高不确定性容忍度个体，低不确定性容忍度个体在风险决策中更偏好保守方案；在模糊决策中更偏好模糊寻求；在跨期决策中更偏好小而即时奖赏；在延迟决策中更偏好延迟选择。低不确定性容忍度个体表现出的这种决策偏好体现了他们追求确定性的动机或避免担心、焦虑等负性情绪的需要。

因此，本篇研究从决策偏好的研究视角，从实证角度系统考查了不确定性容忍度对生活常见的决策类型中个体选择行为的影响，加强了不确定性容忍度的行为特征研究，丰富了不确定性容忍度的理论研究，为预测和解释个体在不同决策类型下的选择行为提供了理论依据。

（二）增强了决策的个体差异研究

1. 从不确定性容忍度的角度理解个体的选择行为，为决策的个体差异研究提供新的研究视角

半个多世纪中，在决策研究者致力于用统一的数学模型对人们的决策进行描述和解释的同时，越来越多的异象让他们意识到，决策中的个体差异不能仅仅是看作误差项而被忽略或很少提及。为理解决策中个体行为表现的差异，研究者从人格、认知风格、认知能力、年龄及群体差异等开展了大量研究。其中人格变量方面，大五人格、自尊、冲动性、感觉寻求等进入了研究者的视野，取得了非常丰富的研究成果，甚至形成了一定的理论，为从人格的不同侧面解释个体在一些特定情景下的决策行为表现提供了独特的视角。比如，Zhang（2009）提出的经济决策中的金钱—自尊交

换理论就认为，金钱和自尊都是人们决策时需要权衡的重要资本，并试图借助于提升、互补、竞争等概念来揭示二者之间的复杂交换关系（仲轶璐、刘永芳，2013）。然而，我们认为，以往研究忽略了另一个可能影响个体决策行为的重要因素——对不确定性的忍受程度的差异。决策情景的一大特征在于其不确定性。面对生活中的不确定性，有的人能够容忍并积极应对，而有些人却感到难以忍受，试图事先预防或逃避。因此，个体对待不确定性的忍受程度的差异可能在不确定性对决策行为的影响中起着中介或调节作用。研究个体的不确定性容忍度对决策的影响可以为解释和预测个体（群体）的决策行为提供新的视角。本篇研究结果表明，个体在不确定性容忍度水平上的差异对决策偏好产生影响，这就为解释或预测不同个体在相同决策情景下却表现出不同的决策行为提供了理论依据。

2. 厘清了模糊容忍度和不确定性容忍度在模糊决策的个体差异研究中的区别

如前所述，研究个体对不确定性容忍度对解释和预测个体在不同决策情景下的决策行为具有重要意义。可在模糊决策研究中，以往常用模糊容忍度评估个体对模糊的忍受程度并探讨它对模糊决策偏好的影响。但仔细分析发现，这些研究中对被试模糊容忍度的测量往往反映的是个体在新颖的、复杂的或冲突的模糊情景中的反应（Mclain，1993），而模糊决策研究中的模糊情景往往是概率分布和概率结果的不确定性。因此，我们认为，用模糊容忍度评估个体对模糊决策中的模糊忍受程度并不合适。而无法忍受不确定性量表测量了与不确定性有关的消极信念和感知到的后果，如不确定性使人无计可施，是充满压力的、令人苦恼的，应该回避等（Buhr & Dugas，2002）。于是，在本篇研究中我们尝试用不确定性容忍度评估个体对模糊决策中模糊的忍受程度，研究结果发现，低不确定性容忍度个体比高不确定性容忍度个体更偏好模糊寻求。而以往用模糊容忍度评估个体对模糊的忍受程度的研究发现，低模糊容忍度个体比高模糊容忍度个体更偏好模糊规避。因此，我们认为，用不确定性容忍度有利于澄清个体对待模糊情景中的模糊的忍受程度对模糊决策的影响。张军伟等（2010）研究结果并未发现认知闭合需要对模糊决策的影响，作者在解释原因时就提到"鉴于以上的研究，我们认为认知闭合需要定义中的"模糊"，可能并不是概率的模糊，而是一种熟悉的程度"。另外，Freeston等（1994）曾指出，Furnham（1994）对四个常用模糊容忍度量表进行因素分析后得到的五个高阶因素中只有一个因素与不确定性容忍度的含义是一致的，模糊容忍度的概念比不确定性容忍度的概念更为宽泛。

（三）决策偏好的共同人格影响因素——不确定性容忍度

现实生活中，人们的决策情景不仅限于风险决策或其他单一决策类型，事实上，人们每天可能需要经历不同类型的决策。于是，考查个体差异因素在解释、预测不同决策类型下行为一致性的作用正引起决策研究者的兴趣（Bromiley & Curley, 1992；Lauriola, et al., 2007）。研究者感兴趣的是，个体在一种情景下的行为能否预测在另外一种情景下的行为（不仅仅是风险决策和跨期决策之间的关系），或者说不同决策类型下是否具有共同的影响因素。Kahn 和 Arin（1988）曾经推测，风险决策和模糊决策中的反射效应也许说明两者之间具有相同的心理因素。Lauriola 等（2007）考查了模糊决策和风险决策是否具有相同的人格影响因素。结果发现，对不确定性的忍受程度是影响风险决策和模糊决策共同的影响因素之一。但在已有研究探讨风险决策与跨期决策，风险决策与模糊决策之间是否存在共同的人格影响因素同时，至今未见有研究考查同一变量对风险决策、模糊决策、跨期决策和延迟决策四种决策类型的影响。本篇研究通过五个实验证明，不确定性容忍度对各种类型的决策偏好都存在影响，为风险决策、跨期决策、模糊决策、医疗决策和延迟决策存在共同的人格影响因素提供了初步证据。

（四）不确定性容忍度对决策偏好的影响受情景因素的调节

人的行为到底是由人格特质决定，还是由环境特点或环境要求所决定，这是20世纪60年代人格心理学领域出现的著名的"个人—情境"论争。目前这一论争已经达成了高度的共识。在人格心理学等领域已经普遍发现，人格、认知风格等个体差异变量可以与个体情绪状态、情境等共同影响个体的行为表现（梁竹苑、刘欢，2011）。不少研究者已经提出，决策加工中存在复杂的人—情境间的联系，认为"个体的数据……说明个体水平的决策行为可受人格和情境变量的共同影响。这种影响因素的组合会在个体水平上变化，由人格特点和心理决策倾向性变量的强度所决定"（Soane & Chmiel, 2005）。正是基于这样的理论考量，本篇在研究不确定性容忍度对决策偏好的影响时，还结合任务特征以考查不确定性容忍度与它们的交互作用对决策偏好的影响。这些任务特征包括风险概率水平、损益背景或损益结果、选择描述框架、延迟风险、延迟时间及金钱数量等。期望通过这样的实验设计,提升不确定性容忍度对个体在现实生活中决策行为的解释、预测能力。如第五章结果表明,在损失背景下,低不确定性容忍度个体比高不确定性容忍度个体更偏好保守方案,在获益背景下无此效应。在积极框架下,低不确定性容忍度个体比高不确定性容忍度个体更偏好保守方案,在消极框架下无此效应。第七章研究表明,当跨期日期为180天,在200元时低不确定性容忍度个体对延迟奖赏的折扣率大于高不确定性容忍度个体,在1000元时无此效应;跨期日期为14天时,不确定性容忍度的主效应及其与延迟奖赏值交互作用均不显著。

总之,综合本篇结果表明,不确定性容忍度对决策偏好存在影响,但这种影响受到任务特征的调节。这提醒我们,在考查人格变量对决策行为的解释、预测力时需要结合情景因素。首先,个体的某些人格特质对行为的影响只在与该特质相关的情境中才会表现出来(Kenrid et al., 1990)。其次,某些情景允许表达个性,而某些情景则会驱使个体的行为呈现出一致性。也就是说,人格与情景在影响人们决策的过程中是此消彼长的关系:当情景起主导作用时,人格的作用就会被削弱;当情景的作用减低时,人格的作用就会被显现。

二 研究的实践意义

人们的生活中需要时时刻刻做出各种各样的决策,本研究具有十分重要的现实意义,具体来说表现在:

(一)对营销心理领域有实践意义

在日常生活中,延迟决策或暂时不做决策无疑是消费者身上经常表现出来的行为,这种行为是商家所不愿意看到的,它能带来不同程度的损失。如第八章研究发现,在有延迟风险时低不确定性容忍度个体选择决策的概率会提高,这一研究结果在营销领域具有较高的应用价值。销售人员可以设置一定的风险,比如给商品优惠限定优惠时间,或者限定优惠产品数量等方式促使不确定性容忍度低的人尽快做出购买决策。还有,因为低不确定性容忍度个体做出决策前需要更多的信息,所以对于这部分消费者,营销人员可以给商品提供更多的信息,以促使消费者购买。另外,现实生活中人们对时间和风险的评估直接影响着投资、储蓄等经济行为。根据本研究结果表明,低不确定性容忍度个体之所以对延迟奖赏的时间折扣程度更大可能部分原因是他们将时间因素视为风险,因此商家在吸引个体对远期结果进行投资时要强调其稳定的收益等。总之，针对不同不确定性容忍度水平的消费者及决策情景，商家或营销管理人员应实施更具针对性、更有效的营销、说服和行销策略，让他们尽可能地及时做出决策，从而避免延迟决策所带来的损失，最终为企业带来较高的经济效益。

(二) 对职业决策、职业规划和创新行为有重要意义

创新本质上就是高不确定性、高风险、高难度、高回报和低成功率的事件。因此，个体在多大程度上能够忍受创新结果的不确定性（可能的创业不成功）应该会对其创新行为产生影响。张敏（2013）研究发现，个体的低不确定性容忍度（包括预期性焦虑和抑制性焦虑两个维度）会对创新行为带来负面影响。而李志勇等（2012）的研究还表明，不确定性容忍度与职业决策困难呈现负相关，不确定性容忍度越低的个体越容易表现出职业决策困难。本研究结论有助于解释他们的研究结论。既然低不确定性容忍度的个体在风险决策中更偏好保守方案，在跨期选择中更偏好于即时奖赏，在延迟选项中更容易延迟选择，那么，对于未来结果不确定的创新行为和职业决策，他们自然更容易表现出职业决策困难和更少的创新行为。因此，对于低不确定性容忍度人群，可以通过团体心理辅导或个别心理咨询与治疗的方式提高他们的不确定性容忍度水平，从而缓解职业决策困难、提高创新行为。另外，低不确定性容忍度个体的延迟折扣率高于高不确定性容忍度个体，这意味着他们宁愿选择即刻得到满足的较小强化物，也不愿等待较长时间获得较大强化物。那么引导这部分大学生设置目标计划时，应将其划分为具有可行性的、能在短时间内得以实现的子目标、子成分，并在每一子目标达成后及时进行自我奖励，以正强化方式逐步实现其长期目标。

(三) 为提高人们应对不确定性能力提供了实践指导

根据本篇研究，有些个体之所以在决策中表现出保守偏好、即时选择或延迟选择，是因为他们对不确定性的容忍度水平低，常常高估不确定性事件的负性结果发生的概率和严重性。因此，对于这些个体而言，提高他们对不确定性的容忍度，使其学会客观评估风险发生的概率和后果就显得非常重要。

(四) 为测量一般决策能力提供外部效度证据

当代社会竞争加剧，不确定性因素加大，这就要求决策者在瞬息万变的市场中要当机立断。可低不确定性容忍度个体由于高证据要求和灾难化

预期而往往选择保守方案，偏好延迟决策而错失良机。这就提醒相关部门，在选拔人才时，应充分考虑决策者的不确定性容忍度水平给企业、政府决策带来的影响。

另外，本篇通过对无法忍受不确定性量表英文版的修订，为国内不确定性容忍度的研究提供了一个有效的测量工具。

三 研究的创新之处

本篇系统探讨了不确定性容忍度对各种决策类型下决策偏好的影响。我们认为，较于以往研究的创新之处在于以下几点。

（一）研究内容

主要表现在三个方面。首先，目前关于不确定性容忍度的研究多集中在国外，国内只有极少数研究开始关注，处于刚刚起步阶段。不仅如此，和以往关于不确定性容忍度的研究多集中在其对情绪、认知的影响相比，本篇通过考查它对决策偏好的影响，增强了对不确定性容忍度的行为特征的了解，丰富了不确定性容忍度的理论研究文献。其次，尽管决策的个体差异研究越来越被重视，却少有研究探讨个体对不确定性的忍受程度差异对决策的影响。本篇正是基于此，选择决策偏好为契合点，通过对不确定性容忍度水平对决策偏好的影响研究，丰富了决策中的个体差异研究。最后，本篇还为跨期决策和风险决策是否具有相似性从人格变量的角度提供了新的研究证据。不仅如此，对于更深入地了解各种决策类型中人们的决策行为的人格基础具有重要意义。

（二）研究角度

首先，通过考查不确定性容忍度对决策偏好的影响，拓宽了不确定性容忍度的研究方向和视角。其次，通过考查与决策情景的不确定性特征紧密相关的不确定性容忍度这一人格变量对决策偏好的影响，为以后决策的个体差异研究中变量的选择提供了新的思路和视角。以往研究中人格变量的选择与决策情景的不确定性特征关联不大，这也许是以往研究未能发现同一人格变量对不同决策条件下的决策存在影响的原因。

（三）研究方法

本篇研究主要采用情景实验法，联系大学生生活实际，在研究中向被试呈现某种情景或描述，以引导控制所要研究因素的产生。如此可使研究者控制感兴趣的评价，同时保持研究中其他方面因素的恒定，从而能够将差异直接归因于操纵变量。虽然相对于实验研究来说情景实验法对于变量的控制并不是最理想的,但是它能够增加研究的内部效度,相比较问卷调查法及实验室方法,该方法具有更高的外部效度和生态效度。

四 研究的不足和未来研究展望

（一）加强不确定性容忍度影响决策偏好的神经机制研究

本篇考查不确定性容忍度对决策偏好的影响是以被试的行为数据为基础,对相应的神经机制却一无所知。接下来的研究可从认知神经科学的角度考查不确定性容忍度水平不同的个体在不同决策任务中所涉及的脑区和相应的神经机制。例如,采用脑功能成像（fMRI）技术和跨期选择任务进一步考查高、低不确定性容忍度被试的神经反应活动的差异情况,探讨不确定性容忍度对跨期选择调节的神经基础。

（二）探讨不确定性容忍度对决策偏好影响的心理机制

本篇虽然在国内外首次系统地探讨了不确定性容忍度对各种决策类型的决策偏好的影响,但还处于现象描述的初步阶段,并未阐述不确定性容忍度影响跨期选择的心理机制。例如,本篇结果表明,不确定性容忍度是各种决策类型下影响决策偏好的共同人格基础,那么不确定性容忍度对决策偏好的影响机制在各种类型中是相同还是因决策类型而异？这些都需要在未来研究中进一步澄清。

（三）加强在真实情景和动态决策中不确定性容忍度影响决策的研究

本篇研究虽然采取了情景实验法让被试在模拟情景和静态状态下做出决策,但相比较真实情景和动态决策实验,被试的卷入程度和研究的外部效度会受到一定限制。因此,未来研究可以在真实情景中采用动态决策实验研究方法考查不确定性对决策偏好的影响,以弥补实验研究限定诸多条件的不足。

（四）研究不确定性容忍度对决策加工过程中其他因变量的影响研究

本篇研究了不确定性容忍度对决策偏好的影响,可决策过程还涉及很多方面,从决策表现到决策的具体认知过程都可列入被研究范围。值得注意的是,使用决策加工追踪技术——眼动数据、口语记录、分析信息获取、信息板技术等,可测量决策质量、努力程度、信息搜索的宽度、广度等变量,对综合考查不确定性容忍度与决策加工的作用格外有用。

(五) 采用实验启动法操纵不确定性容忍度水平以进一步验证现有结论

尽管不确定性容忍度被认为是稳定的人格特质，但一些研究还是表明，个体的不确定性容忍度水平是可改变的。如 Ladouceur 等（2000）在一项实验任务中通过变化结果的概率信息从而实现了对被试的不确定性容忍度水平的操纵。因此，尽管本研究考察了不确定性容忍度对决策偏好的影响，但在此仅限于特质性不确定性容忍度，后续研究有必要运用实验启动法操纵情景性不确定性容忍度，探讨情景性不确定性容忍度对人们决策偏好的影响，以便更进一步验证不确定性容忍度影响个体决策偏好这一研究结论的有效性和普遍性。

(六) 扩大研究样本范围和研究领域

本篇研究取样于大学生，可大量研究表明，各类焦虑障碍患者的不确定性容忍度水平高于非临床患者，所以将来研究可以选择临床样本进一步验证本文的研究结论。另外，本文的决策任务是金钱决策，可已有的研究表明，决策中存在领域特异性。因此，将来研究需要扩大研究领域，考查不确定性容忍度在心理安全、生命领域、环境问题等领域决策中的作用。

(七) 加强不确定性容忍度的形成和干预研究

既然大量研究证明了不确定性容忍度在焦虑障碍中的跨诊断作用，以及对决策偏好的影响，那么未来研究应该加强不确定性容忍度的形成机制研究，以回答为何有些人容忍度高而有些人容忍度低的问题。同时，对于容忍度水平低的个体，我们该采取什么样的方法或模式实以心理干预以提高容忍度水平也是急需解决的问题。

总之，本篇研究发现，不确定性容忍度对决策偏好会产生影响且受到情景因素的调节，这在一定意义上体现出人类决策偏好的复杂性。未来研究应进一步将不确定性容忍度与更多因素整合到一个理论框架内进行研究，以期得出更具说服力的研究结论。

第三篇

在不确定性中前行

> 哲学探索的意义不在于对这个不确定的世界给出最终确定的答案,而在于使我们在不确定性中确定地生活。
>
> ——伯特兰·罗素(1872—1970)
> 20世纪英国著名的哲学家、数学家、逻辑学家
> 当代西方影响最大的学者,诺贝尔奖得主

随着社会的快速发展,经济全球化、科学技术的进步,以及社会治理体系的不断演变,人类面临的不确定性正日益增加,不确定性比历史上任何一个时期都显得更为突出,已经成为生活的一种常态。从对自身的不确定到职业生涯发展的不确定、患病时的不确定、与他人交往的不确定,乃至对社会环境、政策的不确定。可以说,当前社会生活呈现三大特征:变化越来越多、控制越来越弱化,而人越来越无所依赖。这是当前不确定性的特殊时代特征,是每个人普遍不得不面对的现实。正如齐格蒙特·鲍曼教授所言:"生活在不确定性之中已经呈现为一种生活方式,而且是唯一可行的生活方式。在当前面临的诸种事项中,有两种最为确定,其一是抚平不确定性造成的痛苦的无望,其二是有更大的不确定性隐然在前。"德国社会学家贝克甚至用"风险社会"这一词加以描述。因此,如何有效地应对生活中的不确定性便成了当今社会每个人都要面对的问题。

不确定性对人的安全需要有重大威胁,对不确定性的畏惧是人的普遍心态。美国投资奇才索罗斯就曾言,"我什么都不怕,只怕不确定性"。而安全需要的核心是控制感,获得控制感和确定感是人类基本的心理需要,当体验到不确定感时,个体会容易焦虑,表现出确认和控制倾向,以努力减少不确定性的威胁(Van den Bos, 2009)。历史地看,人们应对不确定性的途径主要有三种(郭慧云,2013):一是通过宗教性的活动来应对不确定性;二是追求绝对的确定性,或者说力图完全控制或消除不确定性;三是承认不确定性的存在,在行动中积极地应对不确定性。这三种方

案对我们解决不确定性问题都具有重要的意义。

一、通过宗教性的活动来应对不确定性。在古代非常普遍的现象就是通过宗教性的活动来应对不确定性。为了寻求确定性，人类通过祭祀、祈祷等方式来讨好具有超自然力量的神，从而得到神的庇护，保佑我们的生存安全和活动顺利完成。但是神怎么帮助我们，人类是不期求知晓的，这种完全建立在崇拜心理上而得来的心理确定性是诚惶诚恐的，因此我们会在宗教习俗中看到许多的禁忌行为。随着人们对自然的认识和掌控，这一层面的宗教意义已经大大削弱了，但是我们还是能在一些风险性和偶然性很高的实践活动中看到这种宗教性的行为，如运动员比赛前的祈祷等。当然不能否认，在某种意义上，宗教信仰作为一种情绪和想象对于实践和行动有着一定的积极影响。除了传统宗教信仰，人们还常通过占星学、基督教科学派、塔罗纸牌或者其他信仰系统应对不确定性。认为这些系统是人类理解深层潜在结构的一部分，可以帮助他们对生命中的不确定性做出解释。

二、追求绝对的确定性，或者说力图完全控制或消除不确定性。这是近代以来一直占据主流地位的观念，也就是杜威在《确定性的寻求》中所说的对"常住性"的追求。确定性是人类认识尤其是科学认识追求的目标，科学的发展史曾经是一部"确定性寻求"的历史。这种传统可以上溯到巴门尼德和柏拉图。柏拉图对理念的固守，就是要将人类从多变的意见和赫拉克利特的流变中解救出来，给出一幅确定性的世界图景。理念论让流变的世界有了固定的形式，从而使纷繁复杂的现象世界有了一定的秩序，使人们的存在有了一种依托，或安全感。近代以来笛卡尔的理性主义仍然秉承了这一传统。近代以来科学技术和工业的发展，显示了这一努力的巨大成功：从微观粒子到宏观宇宙，我们对大量事物有了清楚、明晰的认识；我们已经可以把大量的自然事物置于我们的控制之下，让它们服从于人类的摆布和服务于人类的目的。在社会领域，人们通过建立各种制度来规范和控制人的行为，以应对不确定性，保证经济、社会、政治乃至文化教育等领域的良好秩序和稳定运行。可以说，今天人类文明的多数成就，都是这种认识和控制的成果。

三、承认不确定性的存在，在行动中积极地应对不确定性。比如带伞和买保险行动的方案中显然包含风险的成分。承认不确定性的存在，在行动中积极地应对不确定性是人类在这个不确定性世界中生活的理性选择。

Gelatt（1989）曾提出"积极的不确定"（positive uncertainty）一说，就像提倡现实治疗法的威廉姆·格拉瑟（William Glasser）所提出的"积极的上瘾"（positive addition），由辞藻对立所引发出来的概念冲击，令人印象深刻。"上瘾"与"不确定"通常隐含有负面或消极的含义，加上"积极的"形容词，其含义则另有所指。所谓积极的不确定，是以积极乐观的态度面对与接纳做决定时不可避免的不确定——信息的不确定、情绪的不稳定、认知判断的不确定以及成功概率的不确定。

当然，不是所有想减少不确定性的努力都是病态的，这种努力甚至可以引领我们理解目前正在困扰我们的事情。例如，组织机构想减少不确定性，政治决策者减少不确定性，科学技术的发展正在减少人类面对大自然的不确定性等。然而，当减少不确定性变得过分重要时，就成为一种病态了。以我们现有的知识而言，认为我们现在必须理解、控制那些不可能再减少的不确定性，这就是一种病态的思维。

三种途径对于人类应对不确定性都具有重要价值。一般而言，个体可以依据不确定性的程度不同而采用不同的应对方法。在面临的不确定性程度较低的情况下，个体主要通过制定目标和基于目标的设计和执行来应对事件；在不确定性程度增加时，个体通过方案比较和概率计算来选择相对利益最大化的方案；如果不确定性高到个体无法获取过程的信息，就只能"摸着石头过河"，采取目标明确基础上的路径探索；在环境复杂多变、不确定性空前提高的情况下，个体则需要不断提高自身能力，相机行事，以动制变。

以往人们关注的比较多的是前两种，对第三种关注较少。Manrai 和 Manrai（2011）研究发现中国人的不确定性规避明显高于美国人。其中最显著的表现是，以欧美国家为代表的西方文化"对改变和创新具有开放性，愿意尝试未知的风险"，"相对容易接受生活中固有的不确定因素，并且每天当它出现时再去解决，生活中有较低的压力、较少焦虑"。以亚洲国家，特别是中国为代表的东方文化"保守，严格遵守习俗、规则，只会尝试已知的风险"；"把生活中固有的不确定因素看作必须解决的持续性威胁，生活中易感受到较高的压力、焦虑、神经质"。正因如此，本篇主要对第三种方式加以阐释，力求为人们有效应对不确定性提供可借鉴的方法。

第十三章　接纳不确定性，提升不确定性容忍度

第一节　接纳不确定性，活在当下

人类的大脑生来就憎恶不确定性、不可预计性和变化。在面对不确定性时，大脑会令我们产生挫败感，这是因为它们天生会做出恐惧的反应。在最新一项研究中，加州理工学院一位神经经济学家在实验对象被迫做出毫无把握的决定——和我们经常在商业中被迫做出的决定一样——时，记录下了这些实验对象的大脑图像。这些实验对象获得的信息越少，他们做出的决定就越是不合理和不稳定。你可能会认为，相反的一面会是正确的——获得的信息越少，我们在评估这些信息的有效性时会更加谨慎和合理。事实并非如此。随着不确定性的增加，实验对象的大脑会把控制权转移到边缘系统，而这是产生焦虑和恐惧等情绪的区域。但是生活中常常又充满不确定性，所以，我们活得很焦虑，于是我们就会想尽办法去确定、控制我们在意又无法确定的东西，结果我们愈加焦虑。

也许，让自己去接纳生活本来的面貌，即不确定时，那种失控感会渐渐消失，适应并且学会在不确定感中自在地生活，生活也因此获得了一种极大的自由。这种"改变常常发生"的不确定性促使人们一方面去努力追求稳定，一方面又不得不去适应这种不确定。接纳不仅可以化解焦虑不安的情绪，也可以给自己更多的时间，从客观看自己与环境的变化，再慢慢找出适合的下一步路径。基本上，从容面对背后所能反映出的是对多样性的包容，允许并尊重事物的运作规律。了解、接受甚至期待与尊重不确定性，不仅可免于汲汲营营抗拒不确定性所引发的焦虑不安，还能带来正向的轻喜情绪，庆幸不确定性所带来的新鲜感与激励性，并欣赏因之而来的变化多端。

一 不确定性是世界的本质

接纳原意是指"对给予的东西接受"。人们通常厌恶不确定性,但复杂性、变化和不确定性就是世界给予人类的"东西",是世界的本质,简单性、平衡和确定性只是局部的和暂时的。关于未来如果只有一件事情是确定的,那就是不确定性。正如阿拉伯谚语所言:"谈论未来的人即使是在说实话的时候也是撒谎。因为未来是不确定的。"爱因斯坦说,时间是一种错觉,不确定性理论的研究者普里高津却说:确定性才是一种错觉。世界卫生组织曾公布 4000 余种疾病,明确病因的仅 1000 余种。

对于世界的本质,哲学上历来存在着决定论与或然论之争。决定论认为世界的构成是确定的,运行方式也是确定的,按一定的规律变化发展,一切事物是有序性、统一性、必然性、精确性、稳定性和可预见性的。每个事件的发生,都或多或少地受到先发事件所决定,没有什么令人匪夷所思的现象、神圣的奇迹,或是全然随机事件会发生。在历史上,决定论曾在相当长的一段时期里支配着人类的思维,一些自然科学的发展似乎也为决定论提供了支持。例如,牛顿在 1687 年发表了包含其万有引力理论的《自然哲学数学原理》,牛顿定理的成功应用使人们确认世界是确定的。法国数学家、天文学家拉普拉斯(1749—1827)甚至宣称:"我们应当把宇宙的现在状态看作是它先前状态的结果,随后状态的原因。假定有一位具有超人智力的神明,它能够知道某一瞬间施加于自然界的所有作用力以及组成自然界的所有物体的瞬间位置,如果它的智慧能够广泛地分析这些数据,那么它就可以把宇宙中最重的物体和最轻的原子的运动,均纳入同一公式之中;对于它,再也没有什么事物是不确定的了,未来和过去一样均呈现在它的眼前。人类心智已经能够给予天文学的那种尽善尽美性提供了这个神明的微弱朦胧的轮廓。力学上和几何学上的发现,与万有引力的发现相结合,给世界系统的过去与未来的状态带来了统一的分析公式的理解。在寻求真理中所有人类心智的效力都倾向于迫近我们前面所想象的神明,不过人们距离这个神明还很远很远。"(李坚,2006)

与决定论不同,或然论则认为世界的构成和运行方式都是不确定的,一切事物的发展是无序性、差异性、随机性、模糊性、不稳定性和不可预见性的。自近代以来,或然论则开始得到越来越多学者的认可,这主要得益于现代科学特别是 20 世纪一系列新理论、新发现的提出。例如,1927

年海森堡提出的不确定性原理论为：微观粒子具有波粒二象性。在微观领域，规律并不规定事件的发生，而仅仅规定其发生的概率。我们对微观粒子的运动状态不可能做出确定的预言，只能给出取值的概率。互补原理提出者波尔曾说过："不确定性和模糊性是量子世界所固有的，而不仅是我们对于它的不完全感知的结果。"混沌学的创立不仅引起了物理学、数学及相关学科的革命性变革，而且改变了两千多年来西方以及整个人类形成的世界是有序的、可预见的确定性世界观和方法论。正如福特所说："相对论消除了关于绝对空间和时间的幻想；量子力学则消除了关于可控测量过程的牛顿式的梦；而混沌则消除了拉普拉斯关于确定式可预测的幻想。"（鲁鹏，2006）

数学一直被认为是确定性和精确性的典范，但无论是查德提出模糊数学还是曼德勃鲁特提出开创的分形数学都向人们展示了现代数学的绝对确定性正逐渐丧失。概率理论长期被当作"无知"的理论，但随着现代数学的发展，人们逐渐认识到我们生活在一个概率垄就的世界中，不确定性、多元性、差异性是数学的另一本质。数学家 S. 李柯幽默地说，科学、哲学和神学都凑到一块了，从某种意义上说，它们就像同去参加葬礼的三个人那样凑到一块儿了，这个葬礼就是确定性的死亡。统计学家对乐观主义者给出的定义是"相信未来是不确定的人"（鲁鹏，2006）。

在社会生活中，我们同样能够直接感受到世事的复杂和多变。比起自然领域，社会领域要远为复杂，具有更多的不确定性。郭慧云（2013）主要从科学技术的发展、经济全球化和作为社会的基本单元——个人等角度论述了社会的不确定性。

科学和技术活动的根本特征是创造，它们设计和创造出大量的此前现实世界不曾存在的物品或产品，或给某些物品赋予新的目的或功能。它们开拓新的、我们尚不熟悉的空间，打破了原有的平衡与稳定，也加快了自然和社会变化的进程。而且，这些系统还往往具有复杂性（相干性、自主性等），以及脆弱性和易受攻击性，技术和经济决策导致的后果也常常超出我们的预测和控制能力之外。这些都使得不确定性和风险日益增大。文明和技术的发展，除了带来不容置疑的好处之外，也可能产生损失惨重的失败和有害的影响，如工业灾难、环境破坏、气候变异乃至生活意义的失落等。我们自己的创造物非预期地转过来反对我们自己。

社会系统是由有目的的人的活动所组成，社会过程也是由无数人际互动过程构成。归根到底，社会的不确定性是来自人与人之间（以及系统各部分之间）的复杂的相互作用，尽管不能还原为个体活动。几乎数不清的个体是组成社会的基本单位，他们具有自我意识和个性，有自己的利益、自由意志，可以自由选择自己的行动。而且，在交往过程中，他们可以相互信任和合作，也可以相互利用或竞争，由此形成的社会关系、网络，其复杂性、不确定性就是多重的了。沃勒斯坦说："社会在本质上是一个不确定的领域。"

20世纪后半期最重要的事件就是全球化。全球化是一个以经济全球化为核心、包括各国各民族各地区在政治、文化、科技、军事、生活方式、价值观念等多层次、多领域的相互联系、影响、制约的过程。伴随着货物与资本的跨国流动以及信息技术的发展，不同民族和国家的文化、生活方式、价值观念等也进一步交流、碰撞、冲突与融合，形成全球性的相互依存。"亚马孙河流域热带雨林中的一只蝴蝶偶尔扇动几下翅膀，可能在两周以后引起美国得克萨斯州的一场龙卷风。"美国气象学家洛伦兹提出的"蝴蝶效应"闻名于世。当今世界，各国利益和命运从未像今天这样紧密联系，从自然环境到社会经济再到政治外交，"牵一发而动全身"的立体网状结构已逐渐形成，联动效应无处不在，一荣俱荣、一损俱损已成为现实写照。习近平主席在2017年到来之际发表的新年贺词说道："我真诚希望，国际社会携起手来，秉持人类命运共同体的理念，把我们这个星球建设得更加和平、更加繁荣。"命运共同体概念的提出为全球化背景下世界的发展指明了方向。

2016年6月23日英国脱欧公投获得通过震惊世界，11月8日特朗普赢得美国大选出乎美国媒体的意料。这两件2016年世界最大的"黑天鹅事件"给世界经济带来了不确定性。正如全国人大外事委员会主任委员、中国社会科学院国家全球战略智库首席专家傅莹《在充满不确定性形势下看经济全球化》一文中指出的那样："美国是当今世界最强大的国家，也是最国际化和拥有全球影响力的国家。美下届政府的选择和表现将具有世界性影响，这正是整个世界都在等待和观察的原因。在华盛顿，美国素来盛产思想和丰富政策建议的智库和学者们也都在'猜'，各种分析和预判都以'不确定'为基础，没人清楚未来的政府会做什么。"

二 不确定性的双重效应

很多学者认为，不确定性减少以及对可预测性的需要可能有着进化的基础。不列颠健康服务中心的一篇报告显示，在第二次世界大战中，居住在长期有炮火轰击的伦敦市中心的民众罹患胃溃疡的比例增加了50%。然而在城市外围偶尔遭炮火轰击的地区民众患胃溃疡的比例却比前者高出6倍之多。Badia（1966）等研究发现，相对于不可预知的电击，被试者更倾向选择直接立即的电击；并且暴露在不可预知的电击状态下，被试感到更多的焦虑和无助，以及报告受到的电击更加强烈（吴丹，2015）。Epstein和Roupenian（1970）根据被电击的可能性（5%、50%和95%）将被试者分成三组。研究结果发现只有5%低概率被电击组的被试者比另外两组均引起更高的皮肤电传导和更快的心率。心理学家对一群疑似患有渐冻症（一种遗传病，患者会肌肉萎缩，缓缓逝世去）的病人做了跟踪考察。他们发现，这群人在等待确诊期间，情绪是最坏的；一旦成果出来，哪怕医生告知他们确切得了渐冻症，他们的情绪反而安静下来。因为，谢天谢地，事情终于确定下来，不论好坏，总比悬而不决要强。Tversky和Shafir（1992）向被试呈现一夏威夷度假情境：让被试假想他们刚刚经历过一场艰难的考试，现在是学期末，他们刚好有机会以非常优惠的价格购买一种去夏威夷度假的打折机票。问被试，如果他们在知道考试通过了，知道考试没通过，不知道考试是否通过的情况下，是否愿意购买这种去夏威夷度假的打折机票。结果表明，在两种确定条件下（知道考试通过，知道考试没通过），大部分（54%和57%）被试愿意购买这种打折机票，而在不确定条件下（不知道考试是否通过），则只有较少（32%）被试愿意购买这种打折机票。

然而，不确定性在人类生活中扮演的却是双重角色，心理学家总结出了一条所谓的"幸福悖论"：人们害怕不确定性，为了消除它，我们本能地希望把什么事情都搞得一清二楚，可是，倘若把什么事情都搞清楚了，再也没有什么能出乎我们的意料，那么人类的幸福感又丧失殆尽了。有些时候如果我们事先知道确定的结果，那么生活的乐趣将会减少，哪怕是快乐的结果。Bar-Anan，Wilson和Gilbert（2009）等提出不确定性增强假设理论（uncertainty intensification hypothesis），认为事件的不确定性使得不愉快事件更加不愉快，愉快事件更加愉快，不确定性可能在情感反应产生过程中增强情感强度,并在情感反应产生之后维持其强度。究其原因,一种可能是不确定性引发了人们更多的注意,从而增强了对其的情绪反应,另一个可能是,不确定性增加了人们对情绪事件的好奇,让人们有了更多的情绪浸入。一些实验也证实了不确定性增强假设理论。如 Kurtz 等(2007)在一项研究中将被试分为三组,即确定条件下的获得一个奖品、确定条件下的获得两个奖品、不确定条件下的获得两个奖品,结果发现,在不确定条件下被试的实际积极情绪长于其他两种条件。另外一项有趣的心理研究也发现不确定性可以延长积极事件带给人们的快乐。在实验情境中,研究者通过设置让被试经历了一个积极事件,比如,收到一个意外的礼物,礼物上还附有一张卡片。实验结果正如研究者假设的那样:相对于确定性条件下(卡片上文字的意思很容易弄明白)的被试而言,不确定性条件下(卡片上文字的意思很难搞清楚)的被试由于收到礼物而带来的积极心境持续的时间更长。并且,被试往往意识不到由不确定性导致的这一效果(Wilson, Centerbar, Kermer & Gilbert, 2005)。

人的一生几乎都是在学习、工作、婚姻中度过的,这其中夹杂着希望、选择、忧虑、快乐、后悔,而它们都源自不确定性。试想一下,如果高等(职业)学校或一些 MBA、EMBA 培训课程录取的评价变量确实可以精确预测谁会成功和失败,生活将会多么黯然失色。因为确定性,我们无法感受"惊喜";因为确定性,我们无法感受"期待";因为确定性,我们无法感受"理想"。长期居住于繁华都市,厌倦了车马喧嚣的生活,很想找一个幽静而富有神奇刺激的场所体验探险乐趣。据此,很多国家开辟了探险旅游。如泰国的骑象探险旅游、丹麦的狗拉雪橇探险旅游等。探险旅游对于旅游者的核心吸引力并不体现在风险本身,而是体验隐藏在风险后面的刺激感和不确定性。

20 世纪 50 年代中期,经济学家罗滕伯格对美国职业棒球球员的劳动合同及球员分配对比赛均衡与联盟收益之间的影响研究之后,提出了比赛结果的不确定性假设:比赛结果的不确定性决定着比赛对观众的吸引力,即观众观赏比赛的价值,从而决定所有比赛参与者的最终利益。20 世纪 50 年代美国著名拳击运动员路易斯凭借高超的竞技水平独霸世界拳坛,也因此成为当时拳击界收入最为丰厚的运动员。但是,自从他打败了德国拳击运动员斯凯姆林之后,很长一段时间内再也没有对手敢于向他挑战,他也因此没有了比赛,当然也就没有了比赛收入。经济学家尼尔根据这一案例进行了研究,他发现,在体育比赛中,选手的竞技水平越高,其观赏性就越强,市场越旺盛,相应的经济价值就越大;但是当某一选手具备压倒性的优势而战胜其他对手时,人们关注比赛的兴趣就会产生很大程度的下降,市场萎缩,比赛的经济价值也就降低了,这名优秀的选手反而因其竞技水平过高而失去了其应有的价值。这就是著名的路易斯—斯凯姆林悖论(王远芳和王跃,2011)。也就是说,比赛的观赏性不仅取决于某一运动员的竞技水平,还取决于其对手的实力,一场比赛的吸引力很大程度上就取决于比赛的悬念,竞赛对手竞技水平越高,实力越接近,比赛结果的悬念越大,不确定性性就越强。因此,人们或许会因为对于某一位运动员或队伍的喜爱而去看一场比赛,但是吸引观众最大的原因往往是比赛结果的不确定性。美国阿拉莫斯国家实验室的三位统计物理学家本奈姆、瑞德纳和范奎兹认为,比赛的不确定性是令观众感到兴奋的关键因素。NBA篮球产业的运营机制也处处体现了比赛结果的不确定性理论。从选秀制度、劳资条款的设置、准入制度等方面保持了各支球队之间的竞争力,使每场比赛双方实力都差不多,场场比赛都充满悬念,结果充满了不确定性。

三 拒绝不确定性的代价

在心理咨询中,很多人都会问这样的问题:做咨询是否有效果?是否会让我得到更好的改变?可咨询师往往无法给出确定的答案,因为咨询的效果不仅取决于咨询师,还与来访者有关,涉及来访者是否愿意暴露自己的问题,来访者的认知水平,对咨询师的信任等。但如果来访者总是纠结于到底心理咨询能不能帮助他(她),这个不确定会让他不停地游走于"开始还是不开始""继续还是结束""选择这个咨询师还是那个咨询师",他关注的不是咨询要完成的工作和目标,而是咨询效果能否确定。可咨询效果的不确定必定带给他焦虑和担忧,这样,失败的结果就已经在那里等着他了。相反,如果他(她)接受这种不确定性,与心理咨询师真诚地交流,那就有获得帮助的可能。Leite 和 Kuiper(2008)研究发现,在临床心理治疗过程中低不确定性容忍度个体在心理治疗的过程中更易于回避或最小化改变现状。因无法确定自己是否能适应改变后的生活,他们情愿选择不改变。

生活中有些精神障碍与拒绝不确定性有关。比如强迫症的产生与性格有很大的关系,其中追求100%的确定,就是一种明显的强迫症个性。生活中(尤其是将来的,或者尚未发生的)的事件,通常总是不确定的。一般的人能接受这种不确定性。然而强迫症个性是追求100%的确定性,但这是一个不可能达到的目标,故而强迫症患者对自己言行的正确性会反复地产生怀疑。如有些强迫症患者对某件事不太确定,经常反复要求他人不厌其烦地给予解释或保证,如反复几十遍重复问家人手洗干净了吗?有时则自问自答。因此,深圳市康宁医院临床心理科主任医师周云飞认为,在强迫症治疗过程中,核心问题不是如何回避不确定性和恐惧,也不是采取什么方法减轻焦虑,而是如何与不确定性带来的不适感和睦共处,学会如何在这个混乱无序的世界里保持放松。

当我们试图努力减少我们和环境的不确定性时,最终的成功——也就是完全消除了不确定性——将是可怕的。艾滋病抗体检查或者根据荷尔蒙以及现有基因分析来预测乳腺癌复发的这些手段也许已经把我们带到了我们所不愿见到的局面,而这种局面正是医学漫长发展的结果。试想当被告知具有必然导致阿兹海默氏症的基因时的恐惧。还有比了解到自己具有绝症更糟糕的吗?至少在这种情况下,大多数人已经感觉自己生病了。在很多情况下,人们选择拒绝接受关于基因组成含义的反馈(至少是概率性的反馈)。另一个例子是,亨廷顿舞蹈症是由单一显性基因引发的,即使有些人的父母患有这种疾病,他们也选择不做是否具有这种基因的检查——这种基因最终会导致可怕的身体虚弱和不可逆转的神经退化。

四 接纳不确定性带来的负性情绪

从心理学角度而言,不确定性对人的影响主要是人们因不确定性而产生的不确定感体验。研究表明,人们面临不确定的情境时,通常会使个体减少对环境的可控感和可预测性,感到焦虑不安进而丧失安全感,出现典型的厌恶和不舒适感(Hogg,2007)。因此,接纳不确定性不仅包括接纳不确定性本身,还包括接纳不确定性带来的负性情绪或感受。

心理学上的接纳通常被定义为一种同想法、感受保持接触,而不随它们或者改变它们的意愿。例如,对于疼痛的接纳,即同疼痛在一起,不做出反应,或者心存不满,不试图减少或者避免它。在心理治疗领域,接纳的方法是教育来访者更加全面地去感受自己的情绪和身体感受而不回避,更加全面地感受当下的想法而不去跟随、抵抗、信任或是怀疑它们。美国心理学家 Hayes 教授及其同事于 20 世纪 90 年代创立了继认知行为疗法后的又一重大心理治疗理论——"接纳与承诺疗法"（Acceptance and Commitment therapy），与辩证行为疗法（Dialectical Behavior Therapy）、内观认知疗法（Mindfulness-Based Cognitive Therapy）一起被称为认知行为治疗的第三浪潮。很多传统的心理治疗技术都是把症状、问题当作治疗的目标，一直会盯着症状是否消除了。而 ACT 却强调接纳症状，问题不是问题，自己和问题之间的关系才是问题，对问题的控制、回避才是问题。在接纳与承诺疗法看来，接纳被认为是改变的第一步。Hayes 认为，接纳就是帮助来访者建立一种积极而无防御的态度拥抱各种经验，愿意体验所有心理事件（思想、情绪和感觉）而不改变、回避或者控制，并认为其是二维过程：首先是体验思想、情感和感觉等所有心理事件的意愿，然后通过接纳心理事件把本来用于回避、摒弃和控制这些事件的能量转为行动，以实现目标。事实上，通过正念技术来达到接纳的目的，是第三代行为疗法的共同特点，也是其超越传统认知行为疗法，强调接纳与改变的平衡的最直接体现。在 1998 年发表于《心理科学》杂志上的一个研究中，84 名被试验者被要求握住一个钟摆，让它保持平衡。第一组被试验者被告知：要保持钟摆平衡。第二组被试验者被告知：不仅要保持平衡而且不要让钟摆倾斜。结果，第二组比第一组更容易犯错。为什么？"因为老是想着不要让它倾斜，反倒让控制这个动作的肌肉活跃起来。"Hayes 在《摆脱思维，实践生命》中写道。

因此，当因不确定性带来的负性情绪无法避免时，我们与其想方设法去排解负性情绪，不如尝试接纳这种负性情绪，把它视为事件的一部分，无法避免的一部分，带着这种情绪去生活。暗示自己：既然我无法消除这件事情的不确定性，既然人们一般都因不确定性而感到焦虑不安，那么我也会产生和其他人一样的感受，适当的焦虑就是我当下的真实体验。需要变成一个自己的感觉的观察者（feeling observer），因为，当对未知的事情感到非常焦虑时，这种焦虑的背后往往是自己已经有的情绪，比如，当担忧"我会很孤独"的时候，可能在想的是，"我吃得太多，生活习惯不好，没有人会喜欢我"。当去捕捉和观察自己的感觉时，会发现困扰自己的不是那个不确定的未来，而是"我想要逃开这些负面的感觉"。

当然，应对不确定性带来的负性情绪时接纳只是方法的一种。当负性情绪达到一定强度，对人们的生活、学习、工作产生了比较大的影响时，采取恰当的情绪管理策略是十分必要的，如放松技术等。

第二节　提升不确定性容忍度

既然不能完全控制或消除生活中的不确定性，那么学会容忍不确定性就显得十分必要。如何学会更加容忍不确定性呢？很显然，即使我们认可容忍不确定性是有益的，但改变态度是不容易的。然而，根据认知行为疗法，思想、情感和行为都是内在相关的。那么如果你改变了其中的一个，你就可以改变其他的。提升不确定性容忍度的最好方法是用"好像可以容忍不确定性"。换句话说，面对不确定性，你可以改变自己的行为，这最终会帮助你改变自己的想法和感受。

提升不确定性容忍度的行动方案（https://sanwen8.cn/p/49dp7Zv.html）

第一步：列出行动清单

写下你所做的所有让自己感觉更确定，或者避免不确定性的行为。如：

你寻求别人确认了吗？
你做了许多次的复查吗？
你在做一个决定前会收集很多信息吗？
你会经常拖延吗？
你有总想回避的情景吗？

写下这一列表的一个好处是成为日常生活中的侦探：觉察当你感到焦虑时在做什么，你会做些什么来降低焦虑。例如，如果你要买一个礼物给别人，你开始为买什么而感到焦虑，你会怎么做呢？你会打电话给你的朋友寻求建议吗？那么这种寻求安慰的行为就可以在你的清单上。

第二步：排列焦虑的等级

如果你开始用"好像可以忍受不确定性"一样行动，最好是从小事开始。这样你更有可能去做它，并取得成功。如果你选择了一些太困难的事情，你有可能无法做到，不愿再次尝试。

看看你的行为，哪些可能会更容易改变？想象如果你不能做这些行为，你会变得怎么样？然后给它们打分，从0（"没有焦虑"）到10

("极端焦虑")。下面是一个例子：

减少不确定性的行为	焦虑等级（0—10）
把重要的工作安排给别人，并且不去检查是如何做的	10
当孩子和他的朋友外出时，不去打电话给他	8
和朋友出门，并且让他们制订全部的计划	6
去杂货店不带购物清单	4
给朋友发电子邮件，不进行拼写检查	3
去看一个你丝毫不了解的电影	2

第三步：练习容忍不确定性

一旦你有了一个行为清单来减少或避免不确定性，然后可以选择一些小的事情来练习容忍不确定性。每周至少做3件事。例如，如果你对股市特别焦虑，就给自己制定一天只能查看一次的目标。如果对孩子的学习成绩感到焦虑，就规定自己必须减少检查作业的次数。如果你对伴侣的忠诚焦虑，那就约束自己不能查看对方的手机。与你想象的相反，解决焦虑的方式并不是时时检查，而是约束自己。

第四步：写下它们

当你每一次"好像可以容忍不确定性"般行动，记录下它们。记录的内容包括：

> 你做了什么？
> 当你做它的时候感觉如何（它比你想象的更难或更容易）？
> 发生了什么事（每件事的结果还好吗）？
> 如果它没有按计划进行，你做了什么？

如果你把事情写下来，你将能够看到你在面对不确定性时所做的所有事情，并且当你练习时，你会看到自己开始时认为是困难的事情，现在要容易得多。

第五步：记录所发生的事

例如：你可以尝试在一家新的餐馆（之前从来没有尝试过的）订餐；你可以发送几封电子邮件，第一次不去检查它们。

在你的生活中，如果你正在冒险，而不是100%的肯定，事情结果有可能是不完美的，例如，如果你容忍不确定性，没看评论就去看一部电影，你可能不喜欢这部电影。如果你不带购物清单去杂货店购物，当你回家后，你可能会意识到忘买了一些东西。

当你允许生活中存在一些不确定性时，有时候事情是会出错！因此，写下容忍不确定性的结果，以及你是如何应对的。例如，如果你在杂货店忘买了一样东西，你做了什么？你会在第二天再去吗？你会马上返回商店吗？忘记的结果有多可怕？

问自己以下的问题：

即使我不是100%的确定，事情的结果还行吗？
如果事情的结果不太好，发生了什么？
我做了什么来应对负面结果？
我能够来处理这个负面结果吗？
我有什么样的能力来应对未来会发生的负面结果吗？

记住：如果你允许生活中有一些不确定的因素，事情不会完全按照计划进行。但这不是你失败的迹象。大多数能容忍不确定性的人知道：即使不好的事情发生，他们也能应付。

同样重要的是要意识到，即使你试图让一切变得确定，事情也往往依旧无法按照希望得到解决。你只是花了更多的精力和时间试图去确定。通过变得更加容忍，你可以放下所有与不能容忍导致的焦虑，并且你会意识到，即使当事情不完美，你也可以应对他们。

第六步：积累动力

当你已经可以在小事上轻松容忍不确定性时，逐步去尝试更困难的事情。寻找机会去容忍日常生活中的不确定性。例如，如果有人请你为一个聚会选一瓶酒带去，试着自己独立完成，而不去征求其他任何人的意见。

当你用"好像可以容忍不确定性"来应对不确定性的次数越来越多时，应对会变得更容易，最终成为你生活的一部分。就好像我们锻炼肌肉一样，如果你想让肌肉变得强壮，你必须每天做练习！

第十四章　合理、积极预期应对不确定性

心理学发现，"想象"这一心理过程具有"超前认知"的功能。当对未来的想象伴之以对事物的因果判断或发生概率判断时，就成为预期，预期是一种心理资源。因为未来是不确定的，因而我们每一个人都依赖预期，而对未来的预期会形成心理力量直接影响我们的生活感受和行为选择，影响人们应对不确定性的方式。正是预期自己通过努力学习可以考取大学（研究生），学生才会愿意刻苦学习，试想如果预期自己无论如何都无法考取，学生怎么愿意付出努力？正是预期通过奋斗可以取得成就，人们才会辛苦付出。正是预期股市会涨，人们才会投资。因此，预期在人们的生活中具有重要意义。"所有的经济决策实际上都涉及对未来不确定的收益采取行动，因此，对未来的预期在决策制定中是至关重要的。"（卡特、马多克，1984）

一般而言，人们对未来的预期主要包括对于结果的预期，对自己应对未来能力的预期和对自己面对未来结果时的情绪的一种预期。本章将主要从这三个方面诠释人们该如何应对不确定性。

第一节　结果预期：乐观

结果预期是指个体对自己完成某一行为将会带来什么结果的预期和他们受这些结果所影响的程度。大量研究表明，人们对结果的预期影响当下的情绪和行为。如纪伟标、王玲、莫宏媛、刘菁菁和程云玮（2013）研究表明，结果预期与外部和关系攻击呈负相关，即青少年结果预期越高，攻击性行为越少。宁静（2013）研究表明，在组织变革中，员工对收入的结果预期（变革对员工的经济收入所造成的影响）与变革情感承诺显著正相关，对工作结果预期［变革对员工的工作本身（工作性质、个人发展、与组织成员的关系等）所造成的影响］与变革情感承诺和规范承诺

显著正相关。

那么，低不确定性容忍度的个体如何对结果进行预期？预期的结果对他们的行为产生什么样的影响？Bredemeier 和 Berenbaum（2008）研究表明，面对不确定性，低不确定性容忍度个体往往会高估负性结果发生的概率和事情结果的严重性。也许正是因为对结果的消极预期，才使得他们不愿意面对不确定性，选择趋近或逃避行为。因此，为了有效地应对不确定性，对未来结果应进行合理的、积极的预期是非常必要的。而个体形成乐观的个性品质是对未来进行积极的预期的根本之道。凯恩斯认为，预期受信心、心理素质的影响，有乐观的预期与悲观的预期，而且具有不确定性（凯恩斯，1936）。今日头条 CEO 张一鸣曾说过优秀年轻人的一个特质：对不确定性保持乐观。《普罗旺斯的夏天》里，爷爷保罗对爱情失意的孙女说：爱情之路有时就是蜿蜒曲折，对你对我都是一样。就是这样才要相信爱情。生活比我们想的还要曲折离奇。

对于乐观，多数研究者采用 Scheier 和 Carver（1985）首次提出的气质性乐观（Dispositional Optimism）概念，认为气质性乐观是一种与个体的未来取向（Future Orientation）密切相关的概念，并定义为"相信好事而非坏事会发生"的稳定倾向。因此，乐观的概念核心是指向未来的积极预期。如果个体对事物抱有乐观态度，表明他对未来发生的事件作积极和正向的预测，相信未来有好结果产生，等等。这种态度可以泛化到他生活中的每一个方面和每一种具体的场合，并对其认知和行为产生影响。乐观者总是在每一个困难中看到机会，悲观者总是在每一个机会中看到困难。温斯顿·丘吉尔的这句名言，是乐观者具有正性偏向的最好阐述。

乐观地预期未来，能够帮助人们更顺利地渡过目前的不利处境，愉快地接纳当下的生活。调查研究发现，居民对目前生活的满意感与对未来预期之间存在着正相关关系。即，对目前生活越满意的人，对未来的预期也越乐观；对未来的预期越乐观的人，对目前的生活也越满意。零点调查公司的调查数据显示，83.3%的倾向对未来持有乐观预期的人生活满意度高，倾向对未来持有悲观预期的人生活满意度只有 3.7%。对未来的积极预期，会化解目前生活的不如人意之处，着眼未来，一切向前看，从而提高满意感。

从理论上而言，乐观影响个体应对不确定性。Pulford（2009）研究表明，模糊规避与个体的乐观水平有关，乐观水平高的个体比乐观水平低的个体表现出更低程度的模糊规避。谢晓非（2001）研究表明，个体的冒险倾向与乐观态度具有一定程度的相关。高乐观组与低乐观组在冒险倾向、风险情景认知以及对冒险者的评价等多个测量指标上均表现出显著差异。虽然不能因此认为越是乐观的个体越喜欢冒险，但研究结论可以推论，乐观的个体因为对未来有更美好的预测，对好的结果有更强烈的愿望，以及对不幸事件有更强的承受能力，因此，他们对待风险的态度也表现得更为积极。王青春、阴国恩和李帅（2012）研究发现，乐观水平低组被试在正面与负面框架下选择肯定方案与风险方案的人数之间没有显著性差异，乐观水平高组被试在正面和负面框架下均倾向于选择风险方案。张丞、卢米雪和桑璇（2014）最后发现，银行管理者乐观程度越高，投资者情绪对银行风险承担的负向影响越小。已有研究表明，创业者比其他人更加乐观、自信，这是他们愿意承担风险，从事创业活动的重要原因。

第二节　自我效能感

现实生活中经常存在这样的情景：有些人虽然很清楚应该做什么，但在行为表现上却并不理想，这是因为内部的自我参照因素调节着知识与行为之间的关系。其中，人们如何判断其能力以及这种判断如何影响其动机和行为便是最为关键的因素。也就是说，知识和技能是完成行为绩效的必要条件，但并不是充分条件。美国著名心理学家班杜拉1977年首次提出了自我效能感的概念，对这一中介过程做出了理论解释。班杜拉认为，所谓自我效能感是指"人们对自身能否利用所拥有的技能去完成某项工作行为的自信程度"（周文霞、郭桂萍，2006），是对自己在特定情境中是否有能力操作行为的预期，预期是认知与行为的中介，是行为的决定因素。他进一步把预期分为结果预期和效能预期。结果预期是对某种行为导致某种结果的个人预测；效能预期则是个人对自己能否顺利地进行某种行为以产生一定结果的预期。他指出："效能预期不只影响活动和场合的选择，也对努力程度产生影响。被知觉到的效能预期是人们遇到应激情况时选择什么活动、花费多大力气、支持多长时间努力的主要决定者。"也就是说，被知觉到的效能预期越强，越倾向于做更大程度的努力。总之，自我效能感不是技能，也不是一个人的真实能力，而是个体对完成特定任务所具有的行为能力的自信程度（周文霞、郭桂萍，2006）。

拥有技能与能够整合这些技能从而表现出胜任行为,两者是有很大差距的。即使个体拥有完成任务所必需的技能并知道如何去做,如果对自己的能力不自信,产生怀疑,也不可能表现出胜任行为。大量的研究结果显示,具有较低自我效能感的人,在生活中面临挑战时,往往将其视为一种威胁,因而采取回避的态度;具有较高自我效能感的人,对于环境中的挑战则采取积极的应对态度,在他们看来,正是这些挑战为其提供了各种学习新技能的好机会。那些拥有较高自我效能感的人,一般都会在脑海中勾勒出一幅成功者的剧情,使他们采取更加积极主动的行动,他们所注意的焦点是怎样更好地解决问题;相反,那些低自我效能感的人,则总是在担心所有可能会出差错的地方,脑海中总是构造失败者的剧情,这样必然会降低其努力水平。高自我效能感的人,不会在应对环境事件之前忧虑不安。自我效能感弱的人,则怀疑自己处理、控制环境的潜在威胁的能力,因而体验到强烈的应激状态和焦虑唤起,并以各种保护性的退缩行为或防御行为被动地应对环境。这些行为方式既限制了个体人格的发展,又妨碍了其主体性在活动中的功能发挥。自我效能感高的人倾向于运用问题定向的应对策略,总是想法设法去消除应激或适应应激,采取的是一种积极的态度。而自我效能感低的人则倾向于运用情绪定向的应对策略,在面对应激源(紧张源)时,不知所措,情绪高度紧张,采取的是一种消极的态度。因此,与采取情绪定向的应对策略的人相比,采取问题定向应对策略的人能更好地适应应激。

研究表明,提高个体的自我效能感有助于应对不确定性情境或事件。创新行为具有天然的不确定性,更需要强烈信念支撑。班杜拉指出:"创新要有一种不可动摇的效能感,在需要长期投入时间和努力、进步慢得让人泄气、结果很不确定或者因与现存方式格格不入而受到社会贬斥等情况下,仍能坚持创造性努力。"(班杜拉,2003)。顾远东和彭纪生(2011)一项研究证实了创新自我效能感对员工的创新行为的显著影响。张荣娟(2016)研究表明,一般自我效能感影响高中生的不确定性容忍度水平,进而影响其考试焦虑水平,具体而言一般自我效能感水平越高的个体,其对不确定性的容忍度水平也越高,考试焦虑水平则越低。张荣娟(2016)认为这可能是高自我效能者对所要完成的任务的把握程度高、控制感强、信心大、态度积极,因此更多的注意力集中在解决问题上,而不是将注意力集中于一些自身无法控制或具有很大灵活性的因素上,对未来担忧相对较少，即使面对不确定事件，也会积极应对，行动力充足，因此对不确定性忍受程度相对较高，对不确定性预期性和抑制性要求相对较低；而低自我效能者在面临不确定性事件时，倾向于考虑自己的不足等消极因素，分散了解决问题的注意力，降低期望，承担更多压力，担忧过多，并且由于这些担忧而降低了行动可能性，因此对不确定性忍受程度会相对低。经济与社会转型所造成的不确定性，会直接导致人们产生工作不安全感，长期处于这种对工作担忧和未来不确定的状态下，员工的身心健康受到损害，表现为身体健康和心理健康水平的下降。冯冬冬、陆昌勤、萧爱铃（2008）研究表明，工作不安全感是影响员工工作绩效的一个重要压力源，而一般自我效能感可以发挥有效的调节作用。这就说明，一般自我效能感可以有效缓解工作不安全感对员工工作绩效的影响。高自我效能感的人在完成任务的时候，由于始终相信能够很好地完成既定的任务，所以，往往不会受外界因素的影响，在面临高工作不安全感时，会更加努力工作，从而维持高的工作绩效。相反，低自我效能感的员工，当外界有不利的因素出现时，便对自己产生了较大的怀疑，对自己的能力失去了信心。失去信心，就会轻易地放弃而不去寻找解决问题的途径。这样，就很难完成工作或者完成质量不高，表现出较低的工作绩效。自我妨碍是指个体为了保护自我价值，转移人们对其能力的注意而采取的一种印象整饰策略。对将来任务完成情况的不确定性常常会引起自我妨碍，而这种不确定性的产生又与自我效能感密切相关。低自我效能感个体对自己的能力有较低的评价。对即将来临的任务更有可能做出失败的判断，因而更可能采取减少努力等等这样的自我妨碍策略来模糊能力和成绩的关系（廖美玲，2011）。

自我效能感和不确定性容忍度之间的关系常常陷入一种循环。个体可能由于较低的不确定性容忍度导致不敢（或者不愿意）面对具有不确定性结果的事件，选择回避事件产生退缩行为，如此一来就难以体会到成功；缺乏成功的基础，自我效能感就难以得到提升，自我效能感不提升，就不相信自己具有应对不确定性的能力，对不确定性的容忍度则降低。

第三节 预期情绪

生活中个体经常会事先预测未来某个事情或行为发生时将会体验到的

情绪，这种心理现象被称为情绪预测（emotional forecasting）（Wilson & Gilbert, 2003）。如果明天比赛获奖自己会有多高兴，如果期末考试失利自己会难过多久等。情绪预测的结果即为预期情绪，显然，这是一种虚拟的情绪体验。然而，虽然预期情绪是个体对未来情绪的预报或预测，但并不表示预期情绪不会对当下的行为产生影响，相反地，期待情绪对当下的行为具有积极或消极的作用，它仿佛给人们敲了一记"警钟"——这些设想会随着事件的发生发展变成真实的情绪体验。不难想象，如果一个人能体会到中彩票以后的欣喜，他必定会愿意掏钱买一张彩票，如果一个学生预期由于自己没有努力学习而导致无法考虑心目中的大学而深深后悔，那么他（她）会愿意克制玩的冲动而刻苦学习。人们期待未来发生自己向往的事情，也担心未来可能发生不好的事件，或希望此类事件不要发生。人们可以想象通过自己的努力收获理想成绩时的喜悦，可以想象遭遇挫折时的失落，更可以想象成功规避危险时的庆幸。这些对未来事件的情绪反应（期待情绪）均可影响目标引导的行为。研究证实带有希望的人更愿意去采取适当的行动（如可能）来实现目标。就消极预期情绪而言，研究结果揭示：恐惧可使人们产生逃离或避免厌恶状态的心愿，并且恐惧的加深（由恐惧处理和措施方面共同评估得出）促进人们制定控制危险的策略，这对于态度、意向和行为具有积极影响（冯莹、甘怡群、柳之啸、聂晗颖、陈炜夷，2015）。人们对未来情绪的预测会影响他们现在的选择和对未来的准备，预测未来情绪使得人们去寻求努力和资源以实现目标，并为未来的消极后果做好准备。简而言之，就是人们会根据情绪预测的结果来决定是否做出某个决策。已有的研究发现，人们预期的后悔情绪在决策形成过程中发挥着重要作用（Crawford, Mcconnell, Lewis, & Sherman, 2002）。如果人们在决策之前，预期自己会产生后悔情绪，那么人们将倾向于回避这个决策。

笔者正在进行的一项研究表明，不确定性容忍度影响人们对未来的预期情绪。低容忍度者对未来的消极预期情绪得分高于高容忍度者，也就是说，低不确定性容忍度者倾向于做出消极情绪预期。与此同时本研究还发现，低不确定性容忍度者由于其更趋向于消极预期而不愿意做出创业决策。这似乎为低不确定性容忍度者在风险决策、跨期决策和延迟决策中的行为表现找到了一定的解释理由：当我们面对不确定性的情景或事件时之所以迟迟不敢决策或做出保守决策，其原因可能是我们不想让消极的预期会随着事件的发生发展变成真实的情绪体验。

低不确定性容忍度的个体为何会对未来的情绪预期更加消极？这与低不确定性容忍度个体的认知特点有关。如本书第三章所述，低不确定性容忍度的个体往往容易高估事件负性结果的概率，即使是小概率事件，他们也倾向于在心中启动"万一……"思维模式，而"万一……"思维模式的本质是追求确定性。"万一我没考上呢？""万一路上堵车呢？"从而带来无穷的焦虑。低不确定性容忍度个体不仅高估负性结果的概率，他们常常还高估事情发生结果的严重性，低估自己应对这种后果的能力因此再度陷入消极的情绪预期之中。"虽然我一直在努力准备考研，如果我没考上，那我该如何去承受，怎么去应对？""万一我被裁员了，我的生活该怎么办"？

然而，Hastie 和 Dawes 认为，当我们思考我们将来会得到什么时，我们会有特定的盲点。Hastie 和 Dawes 将人们预测事后决策和经验效用的能力总结为：第一，我们最多只能中等程度的准确预测我们对于未来结果的评价和情绪反应。第二，结果本身比我们所期望的更难预测和更加复杂。第三，即使我们可以预测自己对结果的反应，但是这些结果对我们长期的总幸福（以及特定领域的幸福）只有中等程度的影响，远远小于我们所认为的那样。我们从伤害和失去中复原的能力比我们估计的更高，适应好的事情也比我们所认为的更快。也就是说，人们并没有预计到自己的韧性和适应性。这种观点在关于人们的幸福感和享乐研究中已经被多次证实。当今最好的幸福理论认为，绝大多数人具有享乐设定点（hedonic set points）——高兴和抑郁的背景水平，这一水平在个体内部保持一致，但是在个体之间肯定存在差异。当日常事件影响人们的幸福感时，我们看到他们或喜或悲；但是每一个人最后还是会回归他们上下波动的起点。影响快乐的大事件（离异、失业、赢得彩票、进入心仪的大学）让情绪波动很大，但是在三个月后（或者至多六个月），你便会恢复到正常水平。

这对于人们应对不确定性具有重要的意义。对于低不确定性容忍度的人而言，他们可能比高容忍度者倾向于做出消极的情绪预期，决策时花费了太多的认知能量来尽力预测未来的幸福。可不得不承认他们的预测并不一定准确，对自己的长期总幸福的影响也不如自己所预想的那样。因此，也许鼓励低不确定性容忍度者进行积极的情绪预期有助于有效应对不确定性。

第十五章 简化不确定性、积极行动应对不确定性

第一节 简化不确定性

Ladouceur、Talbot 和 Dugas（1997）研究发现，与高不确定性容忍度个体相比，低不确定性容忍度个体在中等模糊的推理任务中表现出高证据要求，做出决策前需要更多的线索，而在高度模糊或非模糊情景下并未表现出这种差异。而事实上，人们在决策时往往是在信息不充分的条件下进行，因此，学会简化不确定性对于有效应对不确定性具有重要的现实意义。如我们的祖先就是依靠直觉生存。正是因为我们绝大多数人不会每天面临生死攸关的决定，所以我们必须学习使用这种直觉，使其对我们有利。

一 直觉决策

决策行为学认为人类进行的决策分为理性决策和直觉决策（intuitive decision-making）两种方式，在大量涉及人类决策与判断的研究中，直觉一直属于被忽视的选题之一。理性决策是在"理性人"的假设前提下大多强调理性分析和逻辑推理，这种决策范式的主要特点表现为过程的严谨性和结果的"科学性"。然而大量的认知资源和时间资源的消耗使得这种"科学"的决策方式无法满足内外环境快速变化的需求。决策者的知识有限、计算能力有限、时间和记忆力有限、价值取向和目标多元化以及决策环境的高度不确定性和复杂性，使得决策不可能会完全建立在理性决策的基础之上。鉴于这些事实，1955年美国人Simon提出了决策中的有限理性和"满意原则"（柏菊，2008）。Simon指出，人的理性是介于完全理性和非理性之间的一种有限理性。这种有限理性在决策过程中的表现是：

(1) 在情报活动阶段，人的决策行为受直觉选择、经验和背景的决策者，对环境的认识会有不同的解释。(2) 在……阶段，人们并不试图找出所有的备选方案，而是通过广度搜索、……索等求解活动，寻找满意的决策方案。(3) 在抉择活动阶……先搜者遇到满意方案便会终止其搜索的行为。……决策

有限理性的存在和满意原则使得在直觉的基础上迅速作出判……多决策者在实践中的选择。直觉决策可以定性地描述为：以决策者自……为基础，在决策者认知模式、知识、情感、决策环境等因素的综合影……下，通过情景估计对决策问题进行整体把握，并通过逐步挖掘的过程来找到满意方案，最终做出决策的一种决策模式，是理性决策之外的另一种决策模式。Hastie（2001）认为决策中存在着两种加工过程，一种是直觉的，一种是分析的。他认为直觉是一种内隐的、联想的、自动的加工过程；而分析是一种外显的、受规则制约的、控制的加工过程。由于直觉决策的决策效果难以度量、决策过程难以描述和控制，所以一直没有得到决策理论学家的重视。然而，1981年，诺贝尔奖获得者R. W. Spanley 提出的"两半脑思维分工"理论为直觉决策奠定了生理基础（柏菊，2008）。该理论认为，人脑由左右两个半球组成，两个半球按照完全不同的方式进行思考，左半脑司职逻辑思维，表现为利用语言表达思想的能力，概念是逻辑思维的细胞；右半脑主宰形象思维，具有语言所不能表达的思维能力，心象是形象思维的细胞。人们以左半脑逻辑思维为主的决策过程称为理性决策，而以右半脑形象思维的决策称为直觉决策。

大量的事实表明，直觉决策是存在的和必要的。很多创业者在剖析自身的创业经历时经常会用"直觉"来解释自身的创业行为或决策，并将创业成败归结于此。乔布斯、马云、郭为、王兴等成就卓越的创业者都曾公开强调创业直觉判断的重要性，这一"只可意会不可言传"的概念将财富创造传奇进一步神秘化。一项对经理人所做的调查研究结果显示，经理人运用直觉技巧与分析技巧作决策的概率一样多，而成功的80%应归功于直觉（任博，2009）。Dijksterhuis 等（2006）指出，深思熟虑不一定能够带来高质量的购买决策。一项关于直觉决策的普遍性调查表明，有近三分之一的调查者，包括管理者和雇员，在决策中运用下意识的感觉超过了有认知的推断（Pospisisl，1997）。尤其是当前组织所面临的环境表现为不确定性，从而带来环境的动态性和复杂性，很多决策不得不在信息不

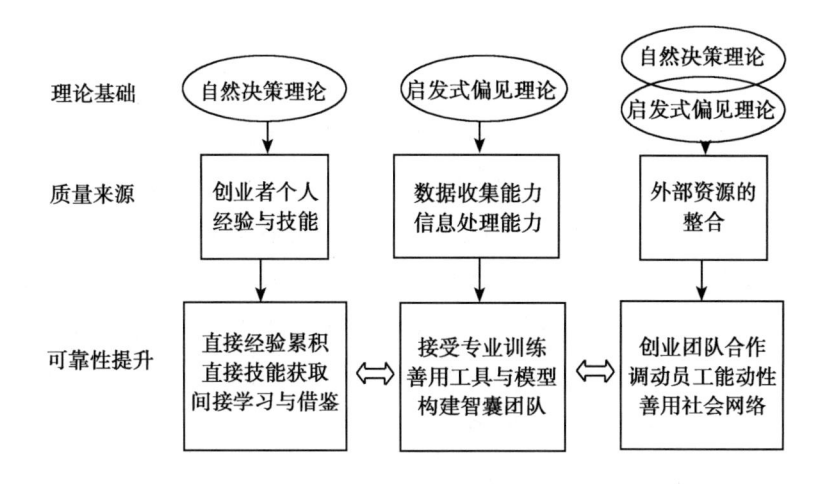

理论基础	自然决策理论	启发式偏见理论	自然决策理论 启发式偏见理论
质量来源	创业者个人经验与技能	数据收集能力 信息处理能力	外部资源的整合
可靠性提升	直接经验累积 直接技能获取 间接学习与借鉴	⇔ 接受专业训练 善用工具与模型 构建智囊团队 ⇔	创业团队合作 调动员工能动性 善用社会网络

图 15-2 提升创业直觉可靠性的行动框架

（或不发生）概率的判断，其次是对合作成功收益（或失败损失）的判断（陈思静、马剑虹，2010）。从理性的角度来看，信任可以看成是对对方不确定行为的认知。当一方预期对方在不确定情况下可能采取对自己有利的行为的时候，这种预期、假设和期望就是信任。由于人们无法预测对方的行为，采取何种程度的信任可以看成是一种不确定情况下的决策行为。

随着现代性进程的发展、社会分工的细化、全球化的发展，人们的交往越来越密切，我们必须与他人共同生存，必须通过协同与合作才能满足自己的绝大部分需要。可以说，其他人的行动构成了我们工作和生活的重要场所，构成了我们的世界。我们不得不非常依赖他们已经做的和正在做的事情，要求他们的行动与我们的期望相协调。然而，我们的工作、生存和幸福所依赖的那些人及其行动是完全独立于我们的，因为他人能够自主地选择不同的行动，且具有其个人利益，如此一来，我们就无法预知他人的行为是否与我们的期望一致，因为他人的行为是不确定的。此时，正如卢曼所认为的那样，控制和信任是便成了消除这一不确定性的两种途径。如果我们能够控制他人的所有行动，那么，在我们与他人的关系中将不存在任何不确定性，也就不需要信任；但现实生活中我们常无法控制他人，信任就成为消除我与他人关系中的不确定性的选择：只要我能够信任他人，或者说，只要我付出了信任，那么在心理上，我们与他人的关系就变成确定的了。因此，社会学家齐美尔指出："信任是社会中最重要的综合力量之一,如果人们缺乏起码的信任,社会就会解体,因为很少有某种关系是完全建立在对别人的确定性了解之上的。"(王丹、段鑫星,2016)。吉登斯指出,"在不确定性及多样选择的情形下,信任和风险的概念有着特殊的应用价值"(吉登斯,1998)。卢曼指出,"信任增加了'对不确定性的承受力'。这一效果与对事件的工具性控制并不混淆。在这种控制可以得到保证(即'现实化')的地方,信任是没有必要的。但是,要简化以或多或少不确定的复杂性为特征的未来,人们必须信任"(卢曼,2005)。也就是说,当个体用有限的认知资源来面对这样无限的复杂性时,就自然而然地产生出许多简化复杂性的方式,信任就是其中最为重要的一种。简而言之,我们无法确定他人的行为是合作还是竞争,但我们可以假设他会合作(或者假设他会竞争),在这个过程中我们对对手合作(或者竞争)行为的这种假设或者说期望也就是对对手的信任(或者不信任)。而这种信任(或者不信任),就用一种假设的确定性代替了原先的真实的不确定性,从而简化了这个情境下我们所要面对的复杂性。所以一方面,信任是简化不确定性的重要机制;另一方面,不信任也同样可以起到简化不确定性的作用。

信任可以简化不确定性,但如果他人并没有同样地信任我们,或者并没有如我们所期望的那样,则我们与他人的关系就仍然存在着风险,甚至由于主动地卸下了防卫,在信任他人时我可能使自己陷入了危险。在这种情况下,作为消除不确定性的一种手段,信任本身反而带来了更大的不确定性。然而,不确定性增加了信任的难度,却并未消除信任的意愿。在不确定的环境中,人们仍然有着信任的意愿,但由于风险的增大,在表达这种意愿时,他们不得不更加谨慎,不得不寻找尽可能多的理由来使自己信服。那么,在个人不得不给予信任而他本身不能够履行或控制那种信任的处境中,个体应如何自处?"换句话说,在信任极度稀缺的高度不确定性之中,我们如何能够信任?尤斯拉纳认为,"对于陌生人、对于与我们有区别的人,我们必须持积极的看法,而且必须认为他们是值得信任的"(尤斯拉纳,2006)。对于我们的问题来说,这样一种义务论的观点似乎提供了一个自足的答案:因为你别无选择,所以你只能信任。当然,在理性主义者看来,这种观点可能过于武断,过于具有道德幻想的特质,因而是不切实际的。但其实从理性主义的立场出发我们也会得出同样的结论。例如,在"囚徒困境"中,对于"囚徒"而言哪种选择才是合理的?显然，答案就是彼此信任，拒绝揭发，只有这样，"囚徒"们才能得到对自己有利的结果，尽管这种结果对社会是一种损害。但是，"只要他们确信问题得不到解决，相互依靠的策略就不会是理性的"（王丹、段鑫星，2016）。所以，困境中的囚徒往往只能选择看似对自己合理的揭发，而当他们都这样做时，却使彼此都陷入了不合理的结果。在现实生活中，交往主体通常并不是囚徒，但他们所面对的则是同样的困境，更为重要的是，他们通常拥有通过主动获取信息来彼此确信进而建立信任的机制。所以，对他们来说，合理的选择也只能是相互信任并在这种信任的基础上开展合作，共同应对风险。可见，在高度的不确定性面前，信任是一种合理的选择，并且是一种具有实质合理性的选择（王丹、段鑫星，2016）。

王丹和段鑫星（2016）提出了积极信任的概念以应对当今社会信任缺失的问题。积极信任指是个体基于对他者诚实的假定，通过平等、开放的交往，协商和对话，主动给予信任，并相信他者会发生符合自己期望的适当行为或满意结果的一种积极心理取向。积极信任表达了对世界的乐观态度及创造或建立社会信任的主动性，包括个体、制度、社会、文化四个维度，其中制度、社会、文化三个维度是个体维度的保障和基础。在个体层面表现为在信息不完整或结果不确定的条件下，对生存环境和未来状况所持的乐观态度以及对人际交往的积极预期。它不是将不信任的焦虑隐藏起来，用一种消极的、功利的、冷漠的思想进行人际交往，而是以积极主动的理念和行动投身社会信任建设，主动对别人开放心态并进行情感流露，主动建构与别人的信任关系。具体来说，就是直率、热情、开诚布公，主动给予，并从他人那里赢得信任。积极信任首先包含人对人的信任。人对人的信任建立在对他人道德品质的信赖之上，并包含着利他动机。拥有积极信任的人会给陌生人更多的信任，即使遭遇欺骗，仍然可以通过作可变的和局部的归因保持自己的信任感。其次积极信任包含人对系统的信任。人对系统的信任则意味着对现代抽象系统和专家系统的无条件授权，虽然自己可能对其一无所知，但仍然相信它的"可信任性和诚实性，并伴随着一种习以为常或镇定自若的态度"。

当然，积极信任并不表示盲目、完全不设防的信任。例如，个体在选择信任对象时，还是尽可能选择实力较强的公司，正规企业等。在个体积极信任的同时，制度、社会、文化还是应该为人们的积极信任提供保障。具体而言，在社会维度，以诚实和沟通为基础的相互信任；在制度维度，通过制度设计增加社会信任；在文化维度，文化要做的是放大好、宣扬善。

第二节　积极行动应对不确定性

对未知的焦虑和控制感有关，但是，往往只是那种害怕失控的感觉在影响你的焦虑水平和自信，这种感觉是虚幻的，不如去找到那些你真正能够控制的东西，提高应对的能力，"做好我能做的，接受不能改变的"。

一　未来取向应对、可协商命运观

正是高不确定性预示着高压力，很多学者认为，不确定性减少以及对可预测性的需要可能有着进化的基础。因此，我们认为，当不确定性及其带来的负性情绪无法避免时，接纳是一种应对之道，但并不排斥人们通过积极主动采取行为降低不确定性（绝非控制或消除不确定性）。传统的应激—应对理论是以人们如何应对过去发生或正在发生的压力事件为中心，而不确定性带来的压力往往是未来指向，基于对未来结果的未知。Aspinwall 等将应对概念从过去扩展到未来，提出预先应对（proactive coping）——人们预期或发现潜在的压力并预先采取行动阻止它的发生或抑制它的影响的过程。Schwarzer 等对这种应对进行进一步的划分，包括预先应对（proactive coping）和预防性应对（preventive coping）（冯莹、甘怡群、柳之啸、聂晗颖、陈炜夷，2015）。甘怡群将两类应对合称为未来取向应对（future-oriented coping）。未来取向应对是在传统应激—应对理论的基础拓展而来的概念，指对预计未来将会发生的事件而采取的主动应对举措，如职员为了不被裁员努力积累业务知识。未来取向应对是基于当下、应对未来的行为，是主动采取相应措施，伴随相应的计划和行动以降低不确定性。如通过购买保险降低疾病、失业、车祸等带来的不确定性；努力、科学的复习和轻松迎考降低考研结果的不确定性；平时多锻炼身体、养成良好的生活习惯等降低疾病的不确定性；用心经营、享受婚姻的每一天以应对婚姻不确定性等。

命运观（fate concept）对个体应对生活不确定性具有指导作用。在西方崇尚个人奋斗的个体主义文化背景中，个人更倾向于相信自己的努力可以战胜命运的安排；而在东方文化背景下，个体更倾向于相信命运对人生的掌控力。但是，在个人能动性和命运的角力中，也有研究者提出了第三种命运观，即可协商命运观（negotiable fate），持这种命运观的个体既接受个人无法完全直接控制命运，同时又认为自己可以通过与命运进行一定程度的协商以为自己争取到更好的生活（王芳、李自荣，2010）。研究表明，持有较高可协商命运观信念的个体，对于意外结果具有较高的接受程度，在事件早期出现不满意的结果时仍对自己的目标保有追求，风险决策时也乐于接受较大风险。当个体持有较高的可协商命运观，他们体验到更高的积极情绪和中性情绪，较少体验到消极情绪，这种情绪体验促使人们持有乐观的未来预期（陈满琪，2016）。

在中国的传统文化中充满了应对不确定性的智慧。如"兵来将挡、水来土掩""见机行事""塞翁失马、焉知非福""无常为有常"等，无不充满了深厚的哲理。未来取向应对和可协商命运观与中国传统思维"谋事在人，成事在天。不可强也"不谋而合。在《三国演义》第一百零三回中，诸葛亮设计把司马懿父子诱入上方谷内，并且以干柴火把截断谷口，火箭地雷齐发。司马懿父子与魏兵进退无路，面临火焚灭顶之灾。恰好此时狂风大作、骤雨倾盆，满谷大火尽被大雨浇灭，司马懿父子趁机杀出重围。事后诸葛武侯只得仰天长叹说"谋事在人，成事在天。不可强也"。"谋事在人，成事在天"说的是自然界的生存法则，任何存在的事物都需要具备主观和客观两个方面的条件。"谋事在人"强调的是主观方面的条件，"成事在天"强调的是客观方面的条件，这两者，应该是对立的统一。"谋事在人"旨在基于当下，应对未来，"成事在天，不可强也"旨在对未来事件结果的一种坦然接纳的心态。

二 防御性悲观

人们看待世界的方式可粗略地分为乐观和悲观。乐观的人会对自己充满信心认为一切坏的情形都不会发生在自己身上，自己最终会得到好的结果（如考试取得好成绩，下岗的名单中没有自己）。而一旦真如他们所愿时，他们会认为这一切的结果均来自于自己的能力，对好的结果作内部归因。一旦发生了较坏的情况时，他们会认为这一切的结果来源于自己的坏运气，对坏的结果做外部归因。悲观的人在遇到这种情况时则会认为自己肯定会考试失败，肯定是下岗名单中的第一个。当结果真如他们所料时，他们则会认为这一结果根源于自身能力，对坏的结果作内部归因，而一旦出现的是较好的情况时，他们会认为这是自己的运气好，对好的结果做外部归因。大量研究表明乐观是积极因素，对个体的身心健康具有保护作用；而悲观是消极因素，常常与应对不良相连。

乐观应对和悲观应对这两种状态是否就说明了我们日常生活中所有的应对策略呢？是否在这两类人之间还存在着第三类人呢？答案是肯定的。然而，从20世纪80年代开始，Norem和Cantor关于防御性悲观（Defensive Pessimism）的研究让我们看到了不一样的结果。这些研究将防御性悲观与人们理解的一般的悲观区别开来，指出并非所有的悲观都是适应不良的表现，消极思维也可能产生积极的效果。

在我们处理学习问题和工作问题时，还有一类人是这样的，他们在面临情况时，也会做最坏的打算，认为自己可能会考试不及格，认为自己可能会下岗，但他们并不是在消极想法中就此沉沦下去一蹶不振，而是努力地去行动，去弥补自己身上可能导致坏结果出现的素质，从而为自己赢来好的结果。即使得到的是坏的结果，他们也能从这次的事情中吸引经验教训，促进自我成长。在应对过程中有些个体故意地把注意力集中在所有可能会变糟的事情上，并以此为动力来努力做到更好，这类个体研究者称之为防御性悲观者（Norem，2001）。他们所使用的应对策略就是"防御性悲观"。

防御性悲观是一种认知策略，指在过去的成就情境中取得过成功，但在面临新的相似的成就情境时仍然设置不现实的低的期望水平并反复思考事情的各种可能结果；由消极期望（negative expectation）和反思性（reflectivity）两部分组成。使用防御性悲观这一应对策略的人们对于即将面临的考验，总是设定高的标准，抱着极低的期望值，事先把所有不好的后果全都考虑到，然后在脑子里一遍遍地对可能出现的情况（好的或坏的）进行演练，并对所有可能出现的问题进行准备，最后得以成功。具体的做法主要包括以下三个步骤：

（一）悲观预期。应用防御性悲观策略的人在面临挑战时，首先映入脑海的总是负面的思考，同时这也是他们管理焦虑所采取的第一个步骤。他们与使用乐观应对策略者的最大不同之处也正在此处。而他们与使用悲观应对策略者的不同之处在于，他们不会因为负面思考而放弃努力，放弃行动。

（二）心理演练，又称为反思，采取防御性悲观策略的个体会承认并仔细思考自己的忧虑，而这种思考过程会使防御性悲观者感到焦虑的减少和控制感的增强（Norem & Illingworth，1993）。反思是一种自我调节策略，自我调节策略更强调努力，反思性思考能积极影响个体在学习或工作中的表现，有反思性思考的个体坚持以任务为中心，在失败时没有明显的外部归因倾向。

（三）制订计划，付诸行动，在不断的心理演练过程中，个体将焦虑转变为正面刺激，促使个体做出行动规划，并且将演练过程中可能遇到的所有问题一并纳入计划之中，从而在实践中能够有效地去执行计划。

本篇从接纳不确定性、提升不确定性容忍度、合理及积极预期、简化及积极行动四个方面分析了个体如何应对生活中的不确定性。然而，中国人民大学商学院组织与人力资源系副教授冯云霞所说："相较于对抗不确定外界环境的更脆弱的个体而言，组织的本质便是减少环境中的不确定性因素。"如果我们的政府、组织层面采取必要、恰当措施减少个体面对的外在环境不确定性，那么个体就可以更加有效轻松地面对生活中的不确定性。例如，2017年2月21日李克强总理在人民大会堂同法国总理卡泽纳夫会谈和共见记者并回答提问时强调，"我们要用稳定性来应对不确定性，给世界、社会和市场一个良好预期"。这给由于英国脱欧、特朗普上任带来的2017年世界及中国经济不确定性的应对指明了方向。再如，给定制度不确定性，政府在与企业家或组织的交易中处在信息优势地位，这种信息优势加大了政府的谈判筹码，扭曲了社会成员或组织的行为，最终转变成只有政府才能占有的"权力租"。因此，要确保公权力不被滥用，"必须使公权的使用透明化并将权力置于彼此的竞争状态，要接受来自社会的监督和惩罚"（邓宏图、王巍，2014）。

中国科学院心理研究所心理健康促进中心与智联招聘联合发布的《2012年度中国职场心理健康调研报告》表明，工作不确定性成为职场人群最大的工作压力源。正如李立在《告诉员工：不确定性是常态——不确定环境下的内部沟通》一文中所说的"面临一系列的不确定性，员工也会陷入方向性迷茫。这时，邀请参与、解释原委和明确希望，缺一不可"，否则，忧心忡忡的员工唯一能做的只是猜测或揣摩。2003年春天开始，戴姆斯-克莱斯勒的总裁迪特尔·蔡澈面临了最艰难的时期。"我必须站出来，对所发生的事情做出解释，并且告诉他们我们会如何重新站起来。"只有保证无障碍的高效沟通，才能在关键时刻稳定军心。在卡特彼勒，有专门负责内部沟通的部门 Internal Communications，隶属于 HR。他们通过多种方式与员工定期沟通，内网、每周通过邮件发送的区域 communications 板块、每季度的内刊，还有紧急事件的紧急通讯。除此之外，选举产生的员工委员会负责员工与管理层的沟通，主要是把员工意见和感受传达给管理层，定期会议保证双方的意见得到及时交换。又如，在裁员气氛浓厚的情况下，如果企业不能向员工提供明确且一致、真实而又即时的信息，那么员工的不确定感就会增加，其生产力会逐渐下降，而生产力的下降对员工的绩效具有显著的负面影响（李后建、何锐，2013）。依据不确定性管理理论（Lind & Van den Bos，2002），对未来的不确定会使员工怀疑自己对周围环境的控制能力，所以员工有对当前环境进行预测以满足其安全需要的倾向。因此，员工会根据对周围环境的观察以及过去的经验判断自己的现实地位以及在组织中的未来发展情况。当员工面对较高水平不确定时，环境信息是他们对现实情况最重要的判断依据，即员工会通过寻找一切可以得到的信息去（比如组织公平感）降低他们的不确定感。

参考文献

柏菊：《直觉决策研究综述与展望》，《中国软科学》2008年第5期。
鲍曼：《寻找政治》，洪涛等译，上海人民出版社2006年版。
班杜拉：《自我效能：控制的实施（上、下册）》，缪小春主译，华东师范大学出版社2003年版。
丑远芳、王跃：《比赛结果不确定性假设思考》，《现代商贸工业》2011年第20期。
陈满琪：《可协商命运观与未来预期的关系——情绪体验的中介作用和集体主义社会现实感知的调节作用》，《福建师范大学学报》（哲学社会科学版）2016年第2期。
陈思静、马剑虹：《合作动机与信任：基于不确定性简化机制的研究》，《应用心理学》2010年第3期。
陈海贤：《心理距离对跨期选择和风险选择的影响》，博士学位论文，浙江大学，2011年。
戴必兵、张国华、刘惠军：《无法忍受不确定性量表中文版的修订及信效度分析》，《中华行为医学与脑科学杂志》2013年。
邓宏图、王巍：《状态依存的制度：不确定性与选择》，《公共管理与政策评论》2014年第1期。
段婧、刘永芳、何琪：《决策者角色及相关变量对风险偏好的影响》，《心理学报》2012年。
冯莹、甘怡群、柳之啸、聂晗颖、陈炜夷：《不确定性反应风格和未来取向应对的关系探究：预期情绪的中介作用》，《北京大学学报》（自然科学版）2015年第3期。
冯冬冬、陆昌勤、萧爱铃：《工作不安全感与幸福感、绩效的关系：自我效能感的作用》，《心理学报》2008年第4期。
吉登斯：《现代性与自我认同：现代晚期的自我与社会》，赵旭东、方文译，生活·读书·新知三联书店 1998 年版。

纪伟标、王玲、莫宏媛、刘菁菁、程云玮：《结果预期对青少年攻击性行为的影响：中介效应与调节效应》，《心理发展与教育》2013 年第 1 期。

顾远东、彭纪生：《创新自我效能感对员工创新行为的影响机制研究》，《科研管理》2011 年第 9 期。

顾孟迪、张婧屹、张延锋：《风险态度对医疗保险决策的影响》，《系统管理学报》2010 年。

古若雷、罗跃嘉：《焦虑情绪对决策的影》，《心理科学进展》2008 年。

郭慧云：《论信任》，博士学位论文，浙江大学，2013 年。

韩颖：《情绪、未来时间洞察力对延迟折扣的影响》，硕士学位论文，济南大学，2011 年。

何贵兵：《决策任务特征对风险态度的影响》，《人类工效学》1996 年第 2 期。

何嘉梅、黄希庭、尹可丽、罗扬眉：《时间贴现的分段性》，《心理学报》2010 年。

胡闲秋、李海垒、张文新：《大学生认知风格与创业意向的关系：性别的调节作用》，《心理与行为研究》2016 年第 1 期。

黄希庭：《时距信息加工的认知研究》，《西南师范大学学报》（自然科学版）1993 年第 2 期。

黄希庭：《人格心理学》，浙江教育出版社 2002 年版。

黄希庭、李伯约、张志杰：《时间认知分段综合模型的探讨》，《西北师范大学学报》（人文社会科学版）2003 年第 2 期。

侯飞、杜心灵：《基于性别变量调节的创业意愿路径模型及实证》，《统计与决策》2014 年第 6 期。

简丹丹、段锦云、朱月龙：《创业意向的构思测量、影响因素及理论模型》，《心理科学进展》2010 年第 1 期。

景晓娟、张雨青：《药物成瘾者的感觉寻求人格特征》，《心理科学进展》2004 年。

卢曼：《信任：一个社会复杂性的简化机制》，瞿铁鹏、李强译，上海人民出版社 2005 年版。

李艾丽莎、张庆林：《决策的选择偏好研究述评》，《心理科学进展》2006年。

李后建、何锐：《裁员不确定感、心理调控与员工绩效——组织干预感知的调节作用》，《软科学》2013年第2期。

李坚：《情绪、不确定性问题初探》，博士学位论文，中国社会科学院，2006年。

李晓明、谢佳：《偶然情绪对延迟选择的影响机制》，《心理学报》2012年。

李永强、白璇、毛雨等：《基于TPB模型的学生创业意愿影响因素分析》，《中国软科学》2008年第5期。

李志勇、吴明证、陶伶、何雪莲：《大学生自尊、无法忍受不确定性、职业决策困难与就业焦虑的关系》，《中国临床心理学杂志》2012年。

李志勇、吴明证：《大学生自尊与社交焦虑的关系：无法忍受不确定性的中介作用》，《中国特殊教育》2013年第1期。

李志勇、王大鹏、吴明证、欧阳儒阳、沈丹琦：《无法忍受不确定性与担忧、焦虑的关系：问题取向的中介作用》，《中国临床心理学杂志》2015年第5期。

李姝、高山行：《环境不确定性对渐进式创新和突破式创新的影响研究》，《华东经济管理》2014年第7期。

廖美玲：《医学生自我妨碍与自我效能感、成就目标定向的研究》，《福建医科大学学报》2011年第1期。

梁竹苑、刘欢：《跨期选择的性质探索》，《心理科学进展》2011年。

梁竹苑、徐丽娟、饶俪琳、蒋田仔、李纾：《"20%的概率获得蛋糕"="获得蛋糕的20%"？检验风险决策的期望法则假设》，《科学通报》2012年。

刘雪峰、张志学、梁钧平：《认知闭合需要、框架效应与决策偏好》，《心理学报》2007年。

刘永芳、王鹏、庄锦英、钟俊、孙庆洲、刘毅：《自我—他人决策差异：问题、研究与思考》，《心理科学进展》2014年。

宁静：《员工对组织变革的结果预期、变革承诺与压力反应研究》，博士学位论文，电子科技大学，2013年。

鲁鹏：《论不确定性》，《哲学研究》2006年第3期。

彭嘉熙、张石磊、肖玮、苗丹民：《自我—他人医疗决策差异研究》，《中国临床心理学杂志》2010 年。

彭正霞、陆根书：《大学生创业意向的性别差异：多群组结构方程模型分析》，《高等工程教育研究》2013 年第 5 期。

邱农：《如何"拍脑袋"决策——对直觉决策的理论总结和实践建议》，《科技进步与对策》2008 年第 12 期。

钱永红：《个人特质对男女创业意向影响的比较研究》，《技术经济》2007 年第 7 期。

任博：《直觉决策：科学决策的重要方式》，《领导科学》2009 年第 1 期。

史滋福：《模糊决策的情境依赖性》，《心理学探新》2009 年第 2 期。

宋广文、郭永香、赵平平：《高低行为激活系统个体在赌博任务下的决策模式》，《心理与行为研究》2011 年第 2 期。

宋其争：《大学生未来时间洞察力的理论和实证研究》，博士学位论文，西南师范大学，2004 年。

苏彦丽、张进辅：《国外防御性悲观研究述评》，《心理科学进展》2008 年第 5 期。

孙彦：《风险条件下的跨期选择》，《心理科学进展》2011 年。

孙杨、张向葵：《大学生创业意向与人格关系中创业自我效能感作用的路径模型》，《心理与行为研究》2014 年第 6 期。

索涛：《个体人格特质对跨期决策的影响及其神经机制》，博士学位论文，西南大学，2012 年。

索涛、张锋、赵国祥、李红：《时间感知差异对跨期选择倾向的影响作用》，《心理学报》2014 年。

徐四华：《网络成瘾者的行为冲动性——来自爱荷华赌博任务的证据》，《心理学报》2012 年。

徐四华、方卓、饶恒毅：《真实和虚拟金钱奖赏影响风险决策行为》，《心理学报》2013 年。

徐兆军：《风险态度及概率水平、任务框架对风险决策的影响》，硕士学位论文，山东师范大学，2011 年。

王丹、段鑫星：《积极信任的范畴与方略》，《重庆社会科学》2016 年第 10 期。

王忠、齐涛、邵金虎：《IT企业知识员工玩趣人格对其创新行为的影响——工作沉浸的中介作用与职业承诺的调节作用》，《软科学》2017年第5期。

王强芬：《从医学生成长与发展看防御性医疗的影响——基于医学生对防御性医疗的认知与态度的调查》，《医学与哲学》（A）2012年。

王青春、阴国恩、张善霞、姚姝君：《青少年决策中的风险选择框架效应》，《心理与行为研究》2011年。

王青春、阴国恩、李帅：《不同乐观水平大学生的框架效应研究》，《心理与行为研究》2012年第3期。

王芳、李志荣：《谋事在人，成事在天——新生代农民工的适应策略及可协商命运观的影响》，《心理科学》2014年第5期。

张根明、徐婧：《企业家认知因素对技术创新行为及绩效影响的实证研究》，《科技进步与对策》2011年第15期。

王怀勇、刘永芳：《调节定向与延迟风险对决策偏好的影响》，《心理研究》2013年。

王怀勇：《调节定向与决策冲突对决策偏好的影响》，《社会心理科学》2013年。

王萌：《损失情境下跨期选择和风险决策的关系研究》，硕士学位论文，浙江大学，2010年。

王鹏、刘永芳：《情绪对跨时选择的影响》，《心理科学》2009年。

王小运：《感觉寻求与跨期决策关系的实验研究》，硕士学位论文，华中师范大学，2009年。

王有智、罗静：《高低拖延者的冲动性特征与延迟折扣差异研究》，《心理科学》2009年。

张振刚、余传鹏、李云健：《主动性人格、知识分享与员工创新行为关系研究》，《管理评论》2016年第4期。

张敏：《任务紧迫性下无法忍受不确定性与创新行为关系的实验研究——基于积极拖延的调节作用》，《软科学》2013年第11期。

张敏：《时间压力下个体无法忍受不确定特征与创新行为关系的实验研究》，《管理评论》2014年第11期。

汪勇、徐艳：《大学生A型人格与延迟折扣关系的研究》，《中国校医》2009年。

温忠麟、侯杰泰、张雷：《调节效应与中介效应的比较和应用》，《心理学报》2005 年第 2 期。

吴丹：《不确定心理压力对医学生自我伤害影响的社会资本模式研究》，博士学位论文，浙江大学，2015 年。

谢晓非：《乐观与冒险》，《北京大学学报》（自然科学版）2001 年第 6 期。

谢晓非、王晓田：《风险情景中参照点与管理者认知特征》，《心理学报》2004 年。

熊红星、郑雪：《生涯决策中的优柔寡断》，《心理科学进展》2011 年。

杨娟、张庆林：《不同自尊者在赌博情境下的风险规避行为》，《心理发展与教育》2009 年。

杨智辉：《广泛性焦虑症状的特点及其影响因素》，《中国临床心理学杂志》2012 年。

尤斯拉纳：《信任的道德基础》，张敦敏译，中国社会科学出版社 2006 年版。

于会会、徐富明、黄宝珍、文桂婵、王岚：《框架效应中的个体差异》，《心理科学进展》2012 年。

张凤华：《模糊决策中决策偏好的情景依赖性》，博士学位论文，西南大学，2010 年。

张国华、戴必兵：《无法忍受不确定性研究进展》，《首都师范大学学报》（社会科学版）2012 年。

张慧玉、李华晶：《创业直觉判断可靠吗——基于自然决策理论与启发式偏见理论的评析》，《科学学研究》2016 年第 4 期。

张军伟、徐富明、刘腾飞、陈雪玲、蒋多：《概率大小、损益结果和认知闭合需要对模糊规避的影响》，《应用心理学》2010 年。

张敏：《任务紧迫性下无法忍受不确定性与创新行为关系的实验研究——基于积极拖延的调节作用》，《软科学》2013 年第 11 期。

张荣娟：《高中生一般自我效能感、无法忍受不确定性与考试焦虑的关系》，《六盘水师范学院学报》2016 年第 4 期。

张文慧、王晓田：《自我框架、风险认知和风险选择》，《心理学报》2008 年。

张作记：《行为医学量表手册》，中华医学电子音像出版社 2005 年版。

张丞、卢米雪、桑璇：《投资者情绪、银行管理者乐观与风险承担》，《山西财经大学学报》2014 年第 4 期。

仲轶璐、刘永芳：《金钱竞拍任务上的风险偏好：自尊水平和性别的作用》，《心理学报》2013 年。

周路平、孔令明：《316 名大学生特质焦虑及性别差异与风险回避的关系》，《中国心理卫生杂志》2010 年。

周浩、龙立荣：《共同方法偏差的统计检验与控制方法》，《心理科学进展》2004 年第 6 期。

周文霞、郭桂萍：《自我效能感：概念、理论和应用》，《中国人民大学学报》2006 年第 1 期。

周晓菲：《框架效应下大学生人格特质对风险决策的影响》，《群文天地》2009 年第 3 期。

Abdellaoui, M., Baillon, A., Placido, L., & Wakker, P. (2011). The rich domain of uncertainty: Source functions and their experimental implementation. *The American Economic Review*, 101, 695-723.

Adrian, F., & Ribchester, T. (1995). Tolerance of ambiguity: a review of the concept, its measurement and applications. *Current Psychology*, 14, 179-190.

Allison, J.J., Kiefe, C.I., Cook, E.F., Gerrity, M.S., Orav, E.J., & Centor, R.. (1998). The association of physician attitudes about uncertainty and risk taking with resource use in a Medicare HMO. *Medical Decision Making*, 18 (3), 320-329.

Almashat, S., Ayotte, B., Edelstein, B., & Margrett, J. (2008). Framing effect debiasing in medical decision making. *Patient Education & Counseling*, 71 (1), 102-107.

Anderson, C.J., (2003). The psychology of doing nothing: Forms of decision avoidance result from reason and emotion. *Psychological Bulletin*, 129, 139-167.

Bais, F. (2012). *Intolerance of Uncertainty and its Effect on Future-Oriented Decision Making*. Unpublished Master Thesis, University of Amsterdam.

Baranan, Y., Wilson, T.D., & Gilbert, D.T. (2009). The feeling of uncertainty intensifies affective reactions.*Emotion*, 9 (1), 123.

Bartels, D.M., & Rips, L.J. (2010). Psychological connectedness and intertemporal choice. *Journal of Experimental Psychology: General*, 139, 49-69.

Bayard, S., Raffard, S., & Gely-Nargeot, M.C. (2011). Do facets of self-reported impulsivity predict decision-making under ambiguity and risk? Evidence from a community sample.*Psychiatry Research*, 190, 322-326.

Benoit, R.G., Gilbert, S.J., & Burgess, P.W. (2011). A neural mechanism mediating the impact of episodic prospection on farsighted decisions. *Journal of Neuroscience*, 31, 6771-6779.

Bickel, W.K., & Marsch, L.A. (2001). Toward a behavioral economic understanding of drug dependence: delay discounting processes.*Addiction*, 96, 73-86.

Benbassat, J., Pilpel, D., & Schor, R. (2001). Physicians' attitudes toward litigation and defensive practice: development of a scale.*Behavioral Medical*, 27, 52-60.

Bier, V.M., & Connell, B.L. (1994). Ambiguity Seeking in Multi-attribute Decisions: Effects of Optimism and Message Framing.*Journal of Behavioral Decision Making*, 7, 169-182.

Billieux, J., Gay, P., Rochat, L., & Van der Linden, M. (2010). The role of urgency and its underlying psychological mechanisms in problematic behaviours.*Behaviour Research and Therapy*, 48, 1085-1096.

Birrell, J., Meares, K., Wilkinson, A., & Freeston, M. (2011). Toward a definition of intolerance of uncertainty: A review of factor analytical studies of the Intolerance of Uncertainty Scale.*Clinical Psychology Review*, 31, 1198-1208.

Boelen, P.A., & Reijntjes, A. (2009). Intolerance of uncertainty and social anxiety.*Journal of Anxiety Disorders*, 23 (1), 130-135.

Boelen, P.A., Reijntjes, A., & Carleton, R.N. (2014). Intolerance of uncertainty and adult separation anxiety. *Cognitive Behaviour Therapy*, 43, 133-144.

Borghans, L., Golsteyn, B. H. H., Heckman, J. J., & Meijers, H. (2009). Gender differences in risk aversion and ambiguity aversion. *Journal of the European Economic Association*, 7, 649-658.

Borkovec, T., Robinson, E., Pruzinsky, T., & Depree, J. (1983). Preliminary exploration of worry: Some characteristics and processes. *Behaviour Research and Therapy*, 21 (1), 9-16.

Boyer, T. W. (2006). The development of risk-taking: A multi-perspective review. *Dev Rev*, 26, 291-345.

Berenbaum, H., Bredemeier, K., & Thompson, R.J. (2008). Intolerance of uncertainty: Exploring its dimensionality and associations with need for cognitive closure, psychopathology, and personality. *Journal of Anxiety Disorders*, 22 (1), 117-125.

Bredemeier, K., & Berenbaum, H. (2008). Intolerance of uncertainty and perceived threat. *Behaviour Research and Therapy*, 46, 28-38.

Brockner, J., Wiesenfeld, B.M., & Raskas, D.F. (1993). Self-esteem and expectancy-value discrepancy: The effects of believing that you can (or can't) get what you want. In R.F. Baumeister (Ed.), Self-esteem: The puzzle of low self-regard (pp.219-240). New York: Plenum Press.

Buhr, K., & Dugas, M.J. (2002). The intolerance of uncertainty scale: Psychometric properties of the English version. *Behaviour Research and Therapy*, 40, 931-945.

Buhr, K., & Dugas, M.J. (2006). Investigating the construct validity of intolerance of uncertainty and its unique relationship with worry. *Journal of Anxiety Disorders*, 20 (2), 222-236.

Butler, G., & Mathews, A. (1987). Anticipatory anxiety and risk perception. *Cognitive Therapy and Research*, 11, 551-565.

Camerer, C., & Weber, M. (1992). Recent developments in modeling preferences: uncertainty and ambiguity. *Journal of Risk and Uncertainty*, 5, 325-370.

Carleton, R.N. (2012). The intolerance of uncertainty construct in the context of anxiety disorders: Theoretical and practical perspectives. *Expert Review of Neurotherapeutics*, 12, 937-947.

Carleton, R.N., Collimore, K.C., & Asmundson, G.J. (2010). "It's not just the judgments—It's that I don't know": Intolerance of uncertainty as a predictor of social anxiety.*Journal of Anxiety Disorders*, 24 (2), 189-195.

Carleton, R.N., Gosselin, P., & Asmundson, G.J.G. (2010).The Intolerance of uncertainty index: Replication and extension with an english sample.*Psychological Assessment*, 22, 396-406.

Carleton, R.N., Mulvogue, M.K., Thibodeau, M.A., McCabe, R.E., Antony, M.M., & Asmundson, G.J.G. (2012).Increasingly certain about uncertainty: Intolerance of uncertainty across anxiety and depression. *Journal of Anxiety Disorders*, 26 (3), 468-479.

Carleton, R.N., Norton, P.J., & Asmundson, G.J.J. (2007).Fearing the unknown: a short version of the Intolerance of Uncertainty Scale.*Journal of Anxiety Disorders*, 21 (1), 105-117.

Carney, P.A., Yi, J.P., Abraham, L.A., Miglioretti, D.L., Aiello, E.J., & Gerrity. M.S., et al. (2007). Reactions to uncertainty and the accuracy of diagnostic mammography.*Journal of General Internal Medicine*, 22 (2), 234-241.

Chao, R.C.L., Wei, M., Good, G.E., and Flores, L.Y. (2011). Race/ethnicity, color-blind racial attitudes, and multicultural counsel-ing competence: The moderating effects of multicultural counsel-ing training. Journal of counseling psychology, 58 (1), 72.

Chen, Y.W., Ma, X.D., & Pethtel, O. (2011).Age differences in trade-off decisions: Older adults prefer choice deferral.*Psychology and Aging*, 26, 269-273.

Chow, C.C., & Sarin, R.K. (2002). Known, unknown, and unknowable uncertainties.*Theory and Decision*, 52, 127-138,

Cohen, M., Jaffray, J.Y., & Said.T. (1987).Experimental comparison of individual behavior under risk and under uncertainty for gains and for Losses. *Organiza-tional Behavior And Human Decision Processes*, 39, -22.

Comer, J.S., Roy, A.K., Furr, J.M., Gotimer, K., Beidas, R.S., Dugas, M.J.et al. (2009).The intolerance of uncertainty scale for children: A psychometric evaluation.*Psychological Assessment*, 21, 402-411.

Cooke, A.D., Meyvis, T., & Schwartz, A. (2001).Avoiding future regret in purchase - timing decisions. *Journal of Consumer Research*, 27, 447-459.

Cooper, M. L., Agocha, V. B., & Sheldon, M. S. (2000). A motivational perspective on risky behaviors: The role of personality and affect regulatory processes.*Journal of personality*, 1059-1088.

Cramer, J.S, Hartog, J., Jonker, N., & van Praag, C.M. (2002). Low risk aversion encourages the choice for entrepreneurship: an empirical test of a truism.*Journal of Economic Behavior & Organization*, 48 (1), 29-36.

Crawford, M.T., Mcconnell, A.R., Lewis, A.C., & Sherman, S.J. (2002). Reactance, compliance, and anticipated regret. *Journal of Experimental Social Psychology*, 38 (1), 56-63.

Daugherty, J.R. (2011).Time perception's effect on individual differences and behavior: The mediating role of impulsivity on the relationship between time perception and intertemporal health behaviors. From http: //search.proquest.com/docview/894405470.

Daugherty, J.R., & Brase, G.L. (2010).Taking time to be healthy: Predicting health behaviors with delay discounting and time perspective.*Personality and Individual Differences*, 48, 202-207.

DeDreu, C.K.W, Koole, S.L, & Oldersma, F.L. (1999). On the seizing and freezing of negotiator inferences: Need for cognitive closure moderates the use of heuristics in negotiation.*Personality and Social Psychology Bulletin*, 25, 348-362.

De Bruin, G.O., Rassin, E., & Muris, P. (2006).Worry in the lab: Does intolerance of uncertainty have predictive value? *Behavior Change*, 23, 138-147.

de Wit, H., Flory, J.D., Acheson, A., McCloskey, M., & Manuck, S.B. (2007).IQ and non planning impulsivity are independently associated with delay discounting in middle-aged adults.*Personality and Individual Differences*, 42, 111-121.

Dhar, R. (1997).Consumer preference for a No-Choice option.*Journal of Consumer Research*, 24, 215-231.

Dhar, R., & Nowlis, S. M. (1999).The effect of time pressureon consumer choice deferral.*Journal of Consumer Research*, 25, 369-384.

Dijksterhuis, A., Bos, M. W., Nordgren, L. F., & Baaren, R. B. V. (2006).On making the right choice: the deliberation-without-attention effect. *Science*, 311 (5763), 1005-1007.

Dugas, M.J., Buhr, K., & Ladouceur, R. (2004).The role of intolerance of uncertainty in etiology and maintenance. In R. G. Heimberg & L. T. Cynthia & S.M.Douglas (Eds.), Generalized anxiety disorder: Advances in research and practice (pp.143-163): Guilford Press.

Dugas, M.J., Freeston, M.H., & Ladouceur, R. (1997).Intolerance of uncertainty and problem orientation in worry.*Cognitive Therapy and Research*, 21, 593-606.

Dugas, M. J., Gagnon, F., Ladouceur, R., & Freeston, M. H. (1998).Generalized anxiety disorder: A preliminary test of a conceptual model. *Behaviour Research and Therapy*, 36, 215-226.

Dugas, M.J., Gosselin, P., & Ladouceur, R. (2001).Intolerance of uncertainty and worry: investigating specificity in a nonclinical sample.*Cognitive Therapy and Research*, 25, 551-558.

Dugas, M.J., Hedayati, M., Karavidas, A., Buhr, K., Francis, K., & Phillips, N. A. (2005). Intolerance of uncertainty and information processing: Evidence of biased recall and interpretations.*Cognitive Therapy and Research*, 29, 57-70.

Dugas, M.J., & Ladouceur, R. (2000).Treatment of GAD: Targeting intolerance of uncertainty in two types of worry. Behaviour Modification, 24, 635-657.

Dugas, M.J., Marchand, A., & Ladouceur, R. (2005).Further validation of a cognitive - behavioral model of generalized anxiety disorder: Diagnostic and symptom specificity. *Journal of Anxiety Disorders*, 19 (3), 329-343.

Dugas, M.J., & Robichaud, M. (2007).Cognitive-behavioral treatment for generalized anxiety disorder: From science to practice. New York, NY: Routledge.

Dugas, M.J., Savard, P., Gaudet, A., Turcotte, J., Laugesen, N, Robichaud, M., et. al. (2007). Can the components of a cognitive model predict the severity of Generalized Anxiety Disorder? *Behavior Therapy*, 38, 169-178.

Dugas, M.J., Schwartz, A., & Francis, K. (2004). Intolerance of uncertainty, worry, and depression. *Cognitive Therapy and Research*, 28, 835-842.

Eisenberg, A.E., Baron, J., & Seligman, M.E.P. (1998). Individual difference in risk aversion and anxiety. *Psychological Bulletin*, 87, 245-251.

Ellsberg, D. (1961). Risk, ambiguity, and the Savage axioms. *Quarterly Journal of Economics*, 75, 643-669.

Einhorn, H.J., & Hogarth, R.M. (1985). Ambiguity and uncertainty in probabilistic inference. *Psychological review*, 92, 433-461.

Epstein S, Roupenian A. Heart rate and skin conductance during experimentally induced anxiety: the effect of uncertainty about receiving a noxious stimulus. [J]. Journal of Personality & Social Psychology, 1970, 16 (1): 20-28.

Fehr, E. (2002). Behavioural science: The economics of impatience. *Nature*, 415, 269-272.

Fergus, A.T., (2013) A comparison of three self-report measures of intolerance of uncertainty: An examination of structure and incremental explanatory power in a community sample. *Psychological Assessment*. 25, 1322-1331.

Fergus, A.T., Bardeen, J.R., & Wu, K.D. (2013). Intolerance of uncertainty and uncertainty-related attentional biases: Evidence of facilitated engagement or disengagement difficulty? *Cognitive Therapy and Research*, 37, 735-741.

Ferrari, J.R., & Dovidio, J.F. (2000). Information search processes by indecisives: Individual differences in decisional procrastination. *Journal of Research in Personality*, 34, 127-137.

Ferrari, J.R., & Dovidio, J.F. (2001). Behavioral information search processes by indecisives. *Personality and Individual Differences*, 30,

1113-1123.

Fox, C.R., & Tversky, A. (1995). Ambiguity aversion and comparative ignorance. *Quarterly Journal of Economics*, 110, 585-603.

Francis, K. (2011). *An Exploration of Intolerance of Uncertainty and Memory Bias*. Unpublished Doctorial Dissertation, Concordia University.

Frederick, S., Loewenstein, G., & O'Donoghue, T. (2002). Time discounting and time preference: A critical review. *Journal of Economic Literature*, 40, 351-401.

Freeston, M.H., Rhe'aume, J., Letarte, H., Dugas, M.J., & Ladouceur, R. (1994). Why do people worry? *Personality and Individual Differences*, 17, 791-802.

Frost, R.O., & Shows, D.L. (1993). The nature and measurement of compulsive indecisiveness. *Behaviour Research and Therapy*, 31, 683-692.

Garcia-Retamero, R., & Galesic, M. (2012). Doc, what would you do if you were me? On self-other discrepancies in medical decision making. *Journal of Experimental Psychology Applied*, 18(1), 38-51.

Gehring, W.J., & Willoughby, A.R. (2002). The medial frontal cortex and the rapid processing of monetary gains and losses. *Science*, 295, 2279-2282.

Geller, G., Tambor, E.S., Chase, G.A., & Holtzman, N.A. (1993). Measuring physicians' tolerance for ambiguity and its relationship to their reported practices regarding genetic testing. *Medical Care*, 31(31), 989-1001.

Gentes, E.L., & Ruscio, A.M. (2011). A meta analysis of the relation of intolerance of uncertainty to symptoms of generalized anxiety disorder, major depressive disorder, and obsessive compulsive disorder. *Clinical Psychology Review*, 31, 923-933.

Germeijs, V., & DeBoeck, P.D. (2002). A measurement scale for indecisiveness and its relationship to career indecision and other types of indecision. *European Journal of Psychological Assessment*, 18, 113-122.

Gerrity, M.S., White, K.P., DeVellis, R.F., & Dittus, R.S. (1995). Physicians' reactions to uncertainty: Refining the constructs and scales.

Motivation and Emotion, 19 (3), 175-191.

Ghosh, D., & Ray, M.R. (1992). Risk attitude, ambiguity intolerance and decision making: An exploratory investigation. *Decision sciences*, 23, 431-444.

Ghosh, D., & Ray, M. R. (1997). Risk, ambiguity and decision choice: some additional evidence. *Decision Sciences*, 28, 81-104.

Gosselin, P., Ladouceur, R., Effrs, A., Laverdiere, A., Routhier, S., & Tremblay-Picard, M. (2008). Evaluation of intolerance of uncertainty: Development and validation of a new self-report measure. *Journal of Anxiety Disorders*, 22, 1427-1439.

Green, L., & Myerson, J. (1996). Exponential versus hyperbolic discounting of delayed outcomes: Risk and waiting time. *American Zoologist*, 36, 496-505.

Green, L., & Myerson. J., (2004). A discounting framework for choice with delayed and probabilistic rewards. *Psychological Bulletin*, 130, 769-792.

Green, L., Myerson, J. & Ostaszewski. P. (1999). Amount of reward has opposite effects on the discounting of delayed and probabilistic outcomes. *Journal of Experimental Psychology: Learning, Memory, and Cognition*, 25, 418-427.

Gunasti, K., & Ross Jr, W.T. (2009). How inferences about missing attributes decrease the tendency to defer choice and increase purchase probability. *Journal of Consumer Research*, 35, 823-837.

Hammen, C.L., & Cochran, S.D. (1981). Cognitive correlates of life stress and depression in college students. *Journal of Abnormal Psychology*, 90, 23-27.

Hammer, C. (2010). *Regulatory focus and decisional delay: Chronic in decision caused by a prevention focus*. Unpublished Doctorial Dissertation, DePaul University.

Hastie R. (2001). Problems for judgment and decision making [J]. Annual Review of Psychology, 52: 653-683.

Heinecke, N., Koerner, N., Dugas, M.J., & Mogg, K. (2006). The relation between intolerance of uncertainty and attentional biases. Poster presented at the annual meeting of the British Association for Behavioral and Cognitive Psychotherapies, Warwick, U.K.

Helsen, K., Van den Bussche, E., Vlaeyen, J.W.S., & Goubert, L. (2013). Confirmatory factor analysis of the Dutch Intolerance of Uncertainty Scale: Comparison of the full and short version. *Journal of Behavior Therapy and Experimental Psychiatry*, 44, 21-29.

Herwig, U., Kaffenberger, T., Baumgartner, T., & Jäncke, L. (2007). Neural correlates of a 'pessimistic' attitude when anticipating effects of unknown emotional valence, *Neuroimage*. 34, 848-858.

Hewitt, S.N., Egan, S., & Rees,.C. (2009). Preliminary investigation of intolerance of uncertainty treatment for anxiety disorders. *Clinical Psychologist*, 13 (2), 52-58.

Hirsh, J. B., Morisano, D., & Peterson, J. B. (2008). Delay discounting: Interactions between personality and cognitive ability. *Journal of Research in Personality*, 42, 1646-1650.

Hogg, M.A. (2007). Uncertainty-identity theory. In M.P. Zanna (Ed.), Advances in experimental social psychology (Vol.39, pp.70-126). San Diego, CA: Academic Press.

Holaway, R. M., Heimberg, R. G., & Coles, M. E. (2006). A comparison of intolerance of uncertainty in analogue obsessive-compulsive disorder and generalized anxiety disorder. *Journal of Anxiety Disorders*, 20, 157-174.

Holt, D., Green, L., & Myerson, J. (2003). Is discounting impulsive? Evidence from temporal and probability discounting in gambling and non-gambling college students. *Behavioral Processes*, 64, 355-367.

Jacoby, R.J., Fabricant, L.E., Leonard, R.C., Riemann, B.C., & Abramowitz, J.S. (2013). Just to be certain: Confirming the factor structure of the Intolerance of Uncertainty Scale in patients with obsessive-compulsive disorder. *Journal of Anxiety Disorders*, 27 (5), 535-542.

Kahneman, D., & Tversky, A. (1984). Choices, values, and frames. *American Psych-ologist*, 39, 341-350.

Keren, G., & Roelofsma, P. (1995). Immediacy and certainty in intertemporal choice. *Organizational Behavior and Human Decision Processes*, 63, 287-297.

Khawaja, N.G., & Yu, L.N.H. (2010).A comparison of the 27-item and 12 - item intolerance of uncertainty scales. *Clinical Psychologist*, 14, 97-106.

Khberger, A., & Perner, J. (2003).The role of competition and knowledge in the Ellsberg task. *Journal of Behavioral Decision Making*, 16, 181-191.

Khatri, N.& N g, H. A. 2000. The role of intuition instrategic decision making.Human R elations, 53: 57- 86.

Klein, W. M. P., Cerully, J. L., & Monin M. M. (2010). Ability, chance, and ambiguity aversion: Revisiting the competence hypothesis. *Judgment and Decision Making*, 5, 192-199.

Kim, S., Hwang, J., & Lee, D. (2008). Prefrontal coding of temporally discounted values during intertemporal choice. *Neuron*, 59, 161-172.

Kim, E.Y., Khan, U., & Dhar, R. (2007).Construal levels and psychological distance: Effects on representation, prediction, evaluation, and behavior.*Journal of Consumer Psychology*, 17 (2), 83-95.

Kim, J., Novemsky, N., & Dhar, R. (2013).Adding small differences can increase similarity and choice.*Psychological Science*, 24, 225-229.

Kim, B.K., & Zauberman, G. (2009a).Trait impulsivity, time perception and impatience (Working Paper).Philadelphia, PA: University of Pennsylvania.

Kim, B.K., & Zauberman, G. (2009b).Perception of anticipatory time in temporal discounting.*Journal of Neuroscience, Psychology, and Economics*, 2, 91-101.

Klyver K, Grant S.Gender differences in entrepreneurial networking and participation [J].International Journal of Gender & Entrepreneurship, 2013, 2 (3): 213-227.

Knight, F.H. (1921).Risky, uncertainty, and profit.Boston: Houghton-Mifflin.

Koerner, N., & Dugas, M.J. (2008). An investigation of appraisals in individuals vulnerable to excessive worry: The role of intolerance of uncertainty. *Cognitive Therapy and Research*, 32, 619-638.

Koellinger, P., Minniti, M., and Schade, C. (2008). Seeing the world with different eyes: gender differences in perceptions and the propensity to start a business.*Ssrn Electronic Journal*.

Krohne, H.W. (1989). The concept of coping modes: Relating cognitive person variables to actual coping behavior.*Advances in Behaviour Research and Therapy*, 11, 235-248.

Krain, A.L., Hefton, S., Pine, D.S, Ernst, M., Castellanos, F.X., Klein, et al. (2006). An fMRI examination of developmental differences in the neural correlates of uncertainty and decision – making. *Journal of Child Psychology and Psychiatry*, 47, 1023-1030.

Krain, A.L., Gotimer, K., Hefton, S., Ernst, M., Castellanos, F.X., Pine, D.S., et al. (2008). A functional magnetic resonance imaging investigation of uncertainty in adolescents with anxiety disorders.*Biological Psychiatry*, 63, 563-568.

Kray, L., & Gonzalez, R. (1999). Differential weighting in choice versusadvice: I'll do this, you do that. *Journal of Behavioral Decision Making*, 12, 207-217.

Ladouceur, R., Gosselin, P., & Dugas, M.J. (2000). Experimental manipulation of intolerance of uncertainty: A study of a theoretical model of worry.*Behaviour Research and Therapy*, 38, 933-941.

Ladouceur, R., Leger, E., Dugas, M.J., & Freeston, M.H. (2004). Cognitive behavioral treatment of generalized anxiety disorder for older adults.*International Psychogeriatrics*, 16, 195-207.

Ladouceur, R., Talbot, F., & Dugas, M.J. (1997). Behavioral expressions of intolerance of uncertainty in worry. *Behavioral Modification*, 21, 355-371.

Langowitz N, Minniti M. The Entrepreneurial Propensity of Women [J]. Entrepreneurship Theory & Practice, 2007, 31 (3): 341-364.

Langlois, F., & Ladouceur, R. (2004). Adaptation of a GAD treatment for hypochondriasis.*Cognitive and Behavioral Practice*, 11, 393-404.

Laugesen, N., Dugas, M. J., & Bukowski, W. M. (2003). Understanding adolescent worry: the application of a cognitive model.*Journal of Abnormal Child Psychology*, 31, 55-64.

Lauriola, M., & Levin, I. P. (2001). Personality traits and risky decision-making in a controlled experimental task: an exploratory study.*Personality and Individual Differences*, 31, 215-226.

Lauriola, M., & Levin, I. P, & Hart, S. S. (2007). Common and distinct factors in decision making under ambiguity and risk: A psychometric study of individual differences. *Organizational Behavior and Human Decision Processes*, 104, 130-149.

Lauriola, M., Panno, A., Levin, I.P., & Lejuez, C.W. (2014).Individual differences in risky decision making: A meta-analysis of sensation seeking and impulsivity with the balloon analogue risk task.*Journal of Behavioral Decision Making*, 27, 20-36.

Leary, M.R., & Downs, D.L. (1995).Interpersonal functions of the self-esteem motive: The self-esteem system as a sociometer. In M. Kernis (Ed.), Efficacy, agency, and self-esteem.New York: Plenum.

Lee L, Wong P K, Foo M D, et al.Entrepreneurial intentions: The influence of organizational and individual factors [J].Journal of Business Venturing, 2011, 26 (1): 124-136.

Leroy, H., Maes, J., Sels, L., and Debrulle, J. (2009).Gender effectson entrepreneurial intentions: A tab multi group analysis atfactor and indicator level.Paper presented at the Academy ofManagement Annual Meeting, Chicago (USA).

Leite, C., & Kuiper, N.A. (2008).Client uncertainty and the process of change in psychotherapy: the impact of individual differences in self-concept clarity and intolerance of uncertainty.*Journal of Contemporary Psychotherapy*, 38 (2), 55-64.

Lejuez, C.W., Aklin, W.M., Jones, H.A., Richards, J.B., Strong, D.R., Kahler, C.W., et al. (2003).The balloon analogue risk task (BART) differentiates smokers and nonsmokers.*Experimental and Clinical Psychopharma-*

cology, 11, 26-33.

Lejuez, C.W., Read, J.P., Kahler, C.W., Richards, J.B., Ramsey, S.E., Stuart, G.L., et al. (2002).Evaluation of a behavioral measure of risk-taking: The balloon analogue risk task (BART).*Journal of Experimental Psychology.Applied*, 8, 75-84.

Levin, I.P., & Hart, S.S. (2003).Risk preferences in young children: Early evidence of individual differences in reaction to potential gains and losses. *Journal of Behavioral Decision-making*, 16, 397-413.

Li, S., & Liu, C.J.Individual differences in a switch from risk-averse preferences for gains to risk-seeking preferences for losses: can personality variables predict the risk preferences? *Journal of Risk Research*, 2008, 11 (5), 673-686

Liang, K.Y., & Zeger, S.L. (1986).Longitudinal data analysis using generalized linear models.*Biometrika*, 73 (1), 13-22.

Henry, L., & Leonard, H.E. (2014).Living in the moment: Effects of time perspective and emotional valence of episodic thinking on delay discounting...*Behavioral Neuroscience.*128, 12-19.

Hisrich, R., Langan-Fox, J., and Grant, S. (2007).Entrepreneurship research and practice: A call to action for psychology.American Psychologist, 62, 575-589.

Liu, H.H. (2011). Impact of regulatory focus on ambiguity aversion. *Journal of Behavioral Decision Making*, 24, 412-430.

Liu, H.H., & Colman, A.M. (2009).Ambiguity aversion in the long run: Repeated decisions under risk and uncertainty.*Journal of Economic Psychology*, 30, 277-284.

Luhmann, C.C., Ishida, K.., & Hajcak, G. (2011).Intolerance of uncertainty and decisions about delayed, probabilistic rewards.*Behavior Therapy*, 42, 378-386.

Luhmann, C.C., Chun, M.M., Yi, D.J., Lee.D., & Wang, X.J. (2008).Neural Dissociation of Delay and Uncertainty in Intertemporal Choice. *The Journal of Neuroscience*, 28, 14459-14466.

Luther, V.P., & Crandall, S.J. (2011).Commentary: Ambiguity and uncertainty: Neglected elements of medical education curricula? *Academic Medicine*, 86 (7), 799-800.

Mahoney, A.E.J., & McEvoy, P.M. (2012).Trait versus situation-specific intolerance of uncertainty in a clinical sample with anxiety and depressive disorders.*Cognitive Behaviour Therapy* 141, 26-39.

Maner, J.K., Richey, J.A., Cromer, K., Mallott, M., Lejuez, C.W., Joiner, T.E et al. (2007). Dispositional anxiety and risk-avoid ant decision-making.*Personality and Individual Differences.*42, 665-675.

Manning, J., Hedden, T., Wickens, N., Whitfield-Gabrieli, S., Prelec, D., & Gabrieli, J.D. (2014). Personality influences temporal discounting preferences: Behavioral and brain evidence.*Neuroimage*, from: http://www.ncbi.nlm.nih.gov/pubmed/24799134.

Manrai, L.A., & Manrai, A.K. (2011).Hofstede's cultural dimensions and tourist behaviors: a review and conceptual framework.*Social Science Electronic Publishing*, 16 (31), 23-47.

McElroy, T., & Seta, J.J. (2003).Framing effects: Analytic-holistic perspective.*Journal of Experimental Social Psychology*, 39, 610-617.

McEvoy, P.M., & Mahoney, A.E.J. (2011).Achieving certainty about the structure of intolerance of uncertainty in a treatment seeking sample with anxiety and depression.*Journal of Anxiety Disorders*, 25, 112-122

McEvoy, P.M., & Mahoney, A.E.J. (2012).To be sure, to be sure: Intolerance of uncertainty mediates symptoms of various anxiety and depressive disorders.*Behavior Therapy*, 43, 533-545.

McFall, M.E., & Wollersheim, J.P. (1979). Obsessive-compulsive neurosis: A cognitive-behavioral formulation and approach to treatment. *Cognitive Therapy and Research*, 3, 333-348.

McLain, D.L. (1993).The MSTAT-I: A new measure of an individual's tolerance for ambiguity. *Educational and Psychological Measurement*, 53, 83-89.

McLeish, K.N., & Oxoby, R.J.Measuring impatience: Elicited discount rates and the Barratt Impulsiveness Scale. (2007).*Personality and Individual Differences*, 43, 553-565.

Mackillop, J., Amlung, M.T., Few, L.R., Ray, L.A., Sweet, L.H., & Munafo, M.R. (2011). Delayed reward discounting and addictive behavior: a meta-analysis. *Psychopharmacology (Berl)*, 216, 305-321.

Merrill, J.M., Camacho, Z., Laux, L.F., Lorimor, R., Thornby, J.I, & Vallbona, C. (1994). Uncertainties and ambiguities: measuring how medical students cope. *Medical Education*, 1994, 28 (4), 316-322.

Miranda, R., Fontes, M., & Marroquín, B. (2008). Cognitive content-specificity in future expectancies: Role of hopelessness and intolerance of uncertainty in depression and GAD symptoms. *Behaviour Research and Therapy*, 46, 1151-1159.

Moeller, F.G., Barratt, E.S., Dougherty, D.M., Schmitz, J.M., & Swann, A.C. (2001). Psychiatric aspects of impulsivity. *The American Journal of Psychiatry*, 159, 1783-1793.

Myerson, J., Green, L., Hanson, J.S., Holt, D.D., & Estle, S.J. (2003). Discounting delayed and probabilistic rewards: Processes and traits. *Journal of Economic Psychology*, 24, 619-635.

Nelson, B.D., Shankman, S.A., & Proudfit, G.H. (2014). Intolerance of uncertainty mediates reduced reward anticipation in major depressive disorder. *Journal of Affective Disorders*, 158, 108-113.

Newman, M.G., & Llera, S.J. (2011). A novel theory of experiential avoidance in generalized anxiety disorder: A review and synthesis of research supporting a contrast avoidance model of worry. *Clinical Psychology Review*, 31, 371-382.

Nicholson, N., Soane, E., Fenton - O'Creevy, M., & Willman, P. (2005). Domain specific risk taking and personality. *Journal of Risk Research*, 8, 157-176.

Norton, P.J. (2005). A psychometric analysis of the intolerance of uncertainty scale among four racial groups. *Journal of Anxiety Disorders*, 19, 699-707.

Norton, P.J., Sexton, K.A., Walker, J.R., & Norton, G.R. (2005). Hierarchical model of vulnerabilities for anxiety: Replication and extension with a clinical sample. *Cognitive Behaviour Therapy*, 34, 50-63.

Novemsky, N., Dhar, R., Schwarz, N., & Simonson, I. (2007).The effect of preference fluency on consumer decisionmaking.*Journal of Marketing Research*, 44, 347-356.

Odum, A.L., & Baumann, A.A.L. (2010).Delay discounting: State and trai tvariable.In G.J.Madden & W.K.Bickel (Eds.), Impulsivity: The behavioral and neurological science of discounting (pp.39-65).Washington, DC: American Psychological Association.

Olson, E.A., Rosso, I.M., Demers, L.A., Divatia, S., & Killgore, W.D.S. (2015).Sex Differences in Psychological Factors Associated with Social Discounting.*Journal of Behavioral Decision Making*, 29 (1), 60-66.

Ostaszewski, P. (1996).The relation between temperament and rate of temporal discounting.*European Journal of Personality*, 10, 161-172.

Ostaszewski, P. (1997).Temperament and the discounting of delayed and probabilistic rewards: Conjoining european and american psychological traditions.*European Psychologist*, 2, 35-43.

Ostaszewski, P., & Green, L. (1995).Self control and discounting of delayed rewards from an individual differences and comparative perspective. *Polish Psychological Bulletin*, 26, 231-238.

Overton, S.M., & Menzies, R.G. (2005).Cognitive change during treatment of compulsive checking.*Behaviour Change*, 22, 172-184.

Parker, J.R., & Schrift, R.Y. (2011).Rejectable choice sets: how seemingly irrelevant No - choice options affect consumer decision processes. *Journal of Marketing Research*, 48, 840-854.

Patak, M., & Reynolds, B. (2007).Question - based assessment of delay discounting: Do respondents spontaneously incorporate uncertainty into their valuations for delayed rewards? Addictive Behaviors, 32, 351-357.

Patalano, A.L., & Wengrovitz, S.M. (2007).Indecisiveness and response to risk in deciding when to decide.*Journal of Behavioral Decision Making*.20, 405-424.

Perales, J.C., Verdejo - Garcia, A., Moya, M., Lozano, O., & Perez-Garcia, M. (2009).Bright and dark sides of impulsivity: performance of women with high and low trait impulsivity on neuropsychological tasks.*Journal of

Clinical and Experimental Neuropsychology, 31, 927-944.

Pulford, B.D. (2009). Is luck on my side? optimism, pessimism, and ambiguity aversion. Quarterly Journal of Experimental Psychology, 62, 1079-1087.

Pontikes, E.G. (2012). Two sides of the same coin: How ambiguous classification affects multiple audiences' evaluations. Administrative Science Quarterly, 57, 81-118.

Pospisisl V. (1997). Gut Feeling or Skilled Reasoning? Industry Week [J]. March 3, 12.

Rassin, E., & Muris, P. (2005a). To be or not to be...indecisive: Gender differences, correlations with obsessive-compulsive complaints, and behavioural manifestation. Personality and Individual Differences, 38, 1175-1181.

Rassin, E., & Muris, P. (2005b). Indecisiveness and the interpretation of ambiguous situations. Personality and Individual Differences, 39, 1285-1291.

Ravaja, N., Somervuori, O., & Salminen, M. (2013). Predicting purchase decision: The role of hemispheric asymmetry over the frontal cortex. Journal of Neuroscience, Psychology, and Economics. 6, 1-13.

Raymark, P.H. (2000). Accepting or rejecting medical treatment: A comparison of decisions made for self versus those made for a significant other. Journal of Applied Social Psychology, 30, 2409-2436.

Robichaud, M., Dugas, M.J., & Conway, M. (2003). Gender differences in worry and associated cognitive-behavioral variables. Journal of Anxiety Disorders, 17, 501-516.

Rosen, N.O., Knäuper, B., & Sammut, J. (2007). Do individual differences in intolerance of uncertainty affect health monitoring? Psychology and Health, 22, 413-430.

Rounds, J.S., Beck, J.G., & Grant, D.M. (2007). Is the delay discounting paradigm useful in understanding social anxiety? Behaviour Research and Therapy, 45, 729-735.

Rubaltelli, E., Rumiati, R., & Slovic, P. (2010). Do ambiguity avoidance and the comparative ignorance hypothesis depend on people's affective reactions? *Journal of Risk and Uncertainty*, 40, 243-254.

Sarikaya, O., Civaner, M., & Kalaca, S. (2006). The anxieties of medical students related to clinical training. *International Journal of Clinical Practice*, 60 (11), 1414-1418.

Salem, O., & Forster, C. (2009). Defensive medicine in general practice: Recent trends and the impact of the Civil Liability Act 2002 (NSW). *Journal of Law & Medicine*, 17, 235-348.

Schienle, A., Köchel, A., Ebner, F., Reishofer, G., & Schäfer, A. (2010). Neural correlates of intolerance of uncertainty. *Neuroscience Letters*, 479, 272-276.

Scott, S. G., & Bruce, R. A. (1994). Determinants of innovative behavior: a path model of individual innovation in the workplace. *Academy of Management Journal*, 37 (3), 580-607.

Sexton, K.A., & Dugas, M.J. (2009). Defining distinct negative beliefs about uncertainty: Validating the factor structure of the intolerance of uncertainty scale. *Psychological Assessment*, 21, 176-186.

Shead, N. W., & Hodgins, D. C. (2009). Probability discounting of gains and losses: Implications for risk attitudes and impulsivity. *Journal of the experimental analysis*. 92, 1-16.

Simmons, A., Matthews, S. C., Paulus, M. P., & Stein, M. B. (2008). Intolerance of uncertainty correlates with insula activation during affective ambiguity. *Neuroscience Letters*, 430, 92-97.

Slovic, P. (1995). The construction of preference. *American Psychologist*, 50, 364-371.

Soane, E., & Chmiel, N. (2005). Are risk preferences consistent? The influence of decision domain and personality. *Personality and Individual Differences*, 38, 1781-1791.

Sternheim, L., Startup, H., & Schmidt, U. (2011). An experimental exploration of behavioral and cognitive-emotional aspects of intolerance of uncertainty in eating disorder patients. *Journal of Anxiety Disorders*, 25, 806-812.

Steketee, G., Frost, R.O., & Cohen, I. (1998). Beliefs in obsessive-compulsive disorder. *Journal of Anxiety Disorders*, 12, 525-537.

Strathman, A., Gleicher, F., Boninger, D. S., & Edwards. C. S. (1994). The consideration of future consequences: Weighing immediate and distant outcomes of behavior. *Journal of Personality and Social Psychology*, 66, 742-752.

Sun, Y., & Li, S. (2010). The effect of risk on intertemporal choice. *Journal of Risk Research*, 13, 805-820.

Takahashi, T., Oono, H., & Radford, M.H.B. (2008). Psychophysics of time perception and intertemporal choice models. *Physica A: Statistical Mechanics and its Applications*, 387, 2066-2074.

Tallis, F., & Eysenck, M.W. (1994). Worry: Mechanisms and modulating influences. *Behavioural and Cognitive Psychotherapy*, 22, 37-56.

Tan, S., Moulding, R., Nedeljkovic, M., Kyrios, M. (2010). Metacognitive, cognitive and developmental predictors of generalized anxiety disorder symptoms. *Clinical Psychologist*, 14 (3), 84-89.

Tolin, D.F., Abramowitz, J.S., Brigidi, B.D., & Foa, E.B. (2003). Intolerance of uncertainty in obsessive-compulsive disorder. *Journal of Anxiety Disorders*, 17, 233-242.

Trautmann, S.T., Vieider, F.M., & Wakker, P.P. (2008). Causes of ambiguity aversion: Known versus unknown preferences. *Journal of Risk and Uncertainty*, 36, 225-243.

Tversky, A., & Kahneman, D. (1992). Advances in prospect theory: Cumulative representation of uncertainty. *Journal of Risk and Uncertainty*, 5, 297-323.

Ubel, P. A., Angott, A. M., & Zikmund - Fisher, B. J. (2011). Physicians recommend different treatments for patients than they would choose for themselves. *Archives of Internal Medicine*, 171 (7), 630-634.

Van den Bos, K., & Lind, E.A. (2009). The psychology of fairness and regulation of personal uncertainty. In R.M. Arkin, K.C. Oleson, & P.J. Caroll (Eds.). Handbook of the uncertain self (pp.122-141). New York: Psychology Press.

Veinott, E.S. (2002). *The effect of understanding and anticipated regret on decision readiness*. Unpublished doctoral dissertation, University of Michigan,

Ann Arbor.

Weber, E.U., Johnson, E.J., Milch, K.F., Chang, H., Brodscholl, J.C., & Goldstein, D. G. (2007). Asymmetric discounting inintertemporal choice.*Psychological science*, 18, 516-523.

Wang, X.T. (1996).Framing effect: dynamics and task domains.*Organization Behavior and Human Decision Processes*.68, 145-157.

Wong, A., & Carducci, B.J. (1991).Sensation seeking and financial risk-taking in everyday money matters.*Journal of Business and Psychology*, 4, 525-530.

Wilson, T. D., Centerbar, D. B., Kermer, D. A., & Gilbert, D. T. (2005).The pleasures of uncertainty: prolonging positive moods in ways people do not anticipate.*Journal of Personality & Social Psychology*, 88 (1), 5-21.

Wilson, T.D., & Gilbert, D.T. (2003).Affective forecasting.*Advances in Experimental Social Psychology*, 35 (4), 345-411.

Wittmann, M., & Paulus, M.P. (2008).Decision making, impulsivity and time perception.*Trends in Cognitive Sciences*, 12, 7-12.

Wray, L.D., & Stone, E.R. (2005).The role of self-esteem and anxiety in decision making for self versus others in relationships.*Journal of Behavioral Decision Making*, 18, 125-144.

Xie, C. (2014).Why do some people choose to become entrepreneurs? an integrative approach.*Journal of Management Policy & Practice*.

Yook, K., Kim, K., Suh, S.Y., & Lee, K.S. (2010).Intolerance of uncertainty, worry, and rumination in major depressive disorder and generalised anxiety disorder.*Journal of Anxiety Disorders*, 24, 623-628.

Zaleskiewicz T. (2001). Beyond risk seeking and risk aversion: Personality and the dual nature of economic risk taking.*Eur J Personality*, 15, S105-S122.

Zauberman, G., Kim, B. K, Malkoc, S. A., & Bettman, J. R. (2009).Discounting time and time discounting: Subjective time perception and intertemporal preferences.*Journal of Marketing Research*, 46, 543-556.

Zermatten, A., Van der Linden, M., d'Acremont, M., Jermann, F., & Bechara, A. (2005).Impulsivity and decision making. *Journal of Nervous and Mental Disorders*, 193, 647-650.

Zhang, L. (2009).An exchange theory of money and self-esteem in decision making.*Review of General Psychology*, 13 (1), 66-76.

Zlomke, K.R., & Young, J.N. (2009).A Retrospective Examination of the Role of Parental Anxious Rearing Behaviors in Contributing to Intolerance of Uncertainty.*J Child Fam Stud*, 18, 670-679.

Zvolensky, M. J., Vujanovic, A. A., Bernstein, A., & Leyro, T. (2010).Distress tolerance: Theory, measurement, and relations to psychopathology.*Current Directions in Psychological Science*, 19, 406-410.

附　　录

附录一　"无法忍受不确定性量表的中文修订"

研究材料无法忍受不确定性量表

此份问卷主要描述了人们对于生活中不确定性情景（或事件）的反应。请你仔细阅读下列各题的描述，并选择最适合你的答案。如果题目的描述"完全不符合"你，请选"1"；如果"不符合"你，请选"2"；如果"不确定"，请选"3"；如果"符合"，请选"4"；如果"完全符合"，请选"5"。

	完全不符	不符合	不确定	符合	完全符合
1 如果我不知道明天会发生什么事，我就不能放松心情	1	2	3	4	5
2 当我觉得事情不确定时，就无法继续进行下去	1	2	3	4	5
3 我必须摆脱不确定的状态	1	2	3	4	5
4 如果不能掌握所有我需要的信息，我会很沮丧	1	2	3	4	5
5 当我处在不确定状态时意味着我不优秀	1	2	3	4	5
6 不确定性让我感到焦虑不安或有压力	1	2	3	4	5
7 当我感到不确定时，我的能力就无法正常发挥	1	2	3	4	5
8 当我处在不确定状态时代表我缺乏信心	1	2	3	4	5
9 无法预料的事会让我心烦意乱	1	2	3	4	5
10 生活中模棱两可的事情让我有压力	1	2	3	4	5
11 我不能忍受自己的未来处在不确定的状态	1	2	3	4	5

附录二 "不确定性容忍度对风险决策偏好的影响"研究材料

材料一：获益背景、积极框架

假设你面临以下的情景，你会如何选择？完成下面的问卷，并在6点量表上表明自己对两种方案的喜好程度。

假设你在我校大学生创业孵化中心内经营一小店，去年因市场利好，经营最好的时候一年给你带来了总额最高时达5000元的盈利。可受多种因素影响，市场近期内出现了下滑。因此如继续经营下去则市场前景可能会出现以下三种情形，每种情形你都有两种操作方案的结果供你选择，你会选择哪一个？（每种情形都需作答）

情形一：方案A：肯定能盈利500元

方案B：有10%的概率可以再次盈利到最高点5000元，但有90%的概率最终盈利为0元

您的选择是倾向于A还是倾向于B，请在下面相应的分数上打钩。

A方案 1	2	3	4	5	6 B方案
非常喜欢	比较喜欢	有点喜欢	有点喜欢	比较喜欢	非常喜欢
方案A	方案A	方案A	方案B	方案B	方案B

情形二：方案A：肯定能盈利2500元

方案B：有50%的概率可以再次盈利到最高点5000元，但有50%的概率最终盈利为0元

您的选择是倾向于A还是倾向于B，请在下面相应的分数上打钩。

A方案 1	2	3	4	5	6 B方案
非常喜欢	比较喜欢	有点喜欢	有点喜欢	比较喜欢	非常喜欢
方案A	方案A	方案A	方案B	方案B	方案B

情形三：方案 A：肯定能盈利 4500 元

方案 B：有 90%的概率可以再次盈利到最高点 5000 元，但有 10%的概率最终盈利为 0 元

您的选择是倾向于 A 还是倾向于 B，请在下面相应的分数上打钩。

A方案1	2	3	4	5	6 B方案
非常喜欢	比较喜欢	有点喜欢	有点喜欢	比较喜欢	非常喜欢
方案 A	方案 A	方案 A	方案 B	方案 B	方案 B

材料二：获益背景、消极框架

假设你面临以下的情景，你会如何选择？完成下面的问卷，并在 6 点量表上表明自己对两种方案的喜好程度。

假设你在我校大学生创业孵化中心内经营一小店，去年因市场利好，经营最好的时候一年给你带来了总额最高时达 5000 元的盈利。可受多种因素影响，市场近期内出现了下滑。因此如继续经营下去则市场前景可能会出现以下三种情形，每种情形你都有两种操作方案的结果供你选择，你会选择哪一个？（每种情形都需作答）

情形一：方案 A：所获得盈利与最高点相比仍有 4500 元没赚回

方案 B：有 10%的概率涨回到最高点，重获 5000 元盈利，但也有 90%的概率最终一分钱都没赚到

您的选择是倾向于 A 还是倾向于 B，请在下面相应的分数上打钩。

A方案1	2	3	4	5	6 B方案
非常喜欢	比较喜欢	有点喜欢	有点喜欢	比较喜欢	非常喜欢
方案 A	方案 A	方案 A	方案 B	方案 B	方案 B

情形二：方案 A：所获得盈利与最高点相比仍有 2500 元没有赚回

方案 B：有 50%的概率涨回到最高点重获 5000 元盈利，但也有 50%

的概率最终一分钱都没赚到

您的选择是倾向于 A 还是倾向于 B，请在下面相应的分数上打钩。

A 方案 1	2	3	4	5	6 B 方案
非常喜欢	比较喜欢	有点喜欢	有点喜欢	比较喜欢	非常喜欢
方案 A	方案 A	方案 A	方案 B	方案 B	方案 B

情形三：方案 A：所获得盈利与最高点相比仍有 500 元没赚回

方案 B：有 90% 的概率涨回到最高点，重获 5000 元盈利，但也有 10% 的概率最终一分钱都没赚到

您的选择是倾向于 A 还是倾向于 B，请在下面相应的分数上打钩。

您的选择是倾向于 A 还是倾向于 B，请在下面相应的分数上打钩。

A 方案 1	2	3	4	5	6 B 方案
非常喜欢	比较喜欢	有点喜欢	有点喜欢	比较喜欢	非常喜欢
方案 A	方案 A	方案 A	方案 B	方案 B	方案 B

材料三：损失背景、积极框架

假设你面临以下的情景，你会如何选择？完成下面的问卷，并在 6 点量表上表明自己对两种方案的喜好程度。

假设你在我校大学生创业孵化中心内经营一小店，去年因市场低迷，经营最不好的时候一年曾经亏损总额最高时达 5000 元。受等多种因素影响，市场近期内正在反弹好转。因此如继续经营下去则市场前景可能会出现以下三种情形，每种情形你都有两种操作方案的结果供你选择，你会选择哪一个？（每种情形都需作答）

情形一：方案 A：肯定赚回 500 元

方案 B：有 10% 的概率可以赚回全部 5000 元，但也有 90% 的概率一分钱也赚不回

您的选择是倾向于 A 还是倾向于 B，请在下面相应的分数上打钩。

A 方案 1	2	3	4	5	6 B 方案
非常喜欢	比较喜欢	有点喜欢	有点喜欢	比较喜欢	非常喜欢
方案 A	方案 A	方案 A	方案 B	方案 B	方案 B

情形二：方案 A：肯定赚回 2500 元

方案 B：有 50%的概率可以赚回全部 5000 元，但也有 50%的概率一分钱也赚不回

您的选择是倾向于 A 还是倾向于 B，请在下面相应的分数上打钩。

A 方案 1	2	3	4	5	6 B 方案
非常喜欢	比较喜欢	有点喜欢	有点喜欢	比较喜欢	非常喜欢
方案 A	方案 A	方案 A	方案 B	方案 B	方案 B

情形三：方案 A：肯定赚回 4500 元

方案 B：有 90%的概率可以赚回全部 5000 元，但也有 10%的概率一分钱也赚不回

您的选择是倾向于 A 还是倾向于 B，请在下面相应的分数上打钩。

A 方案 1	2	3	4	5	6 B 方案
非常喜欢	比较喜欢	有点喜欢	有点喜欢	比较喜欢	非常喜欢
方案 A	方案 A	方案 A	方案 B	方案 B	方案 B

材料四：损失背景、消极框架

假设你面临以下的情景，你会如何选择？完成下面的问卷，并在 6 点量表上表明自己对两种方案的喜好程度。

假设你在我校大学生创业孵化中心内经营一小店，去年因市场低迷，

经营最不好的时候一年曾经亏损总额最高时达 5000 元。受等多种因素影响，市场近期内正在反弹好转。因此如继续经营下去则市场前景可能会出现以下三种情形，每种情形你都有两种操作方案的结果供你选择，你会选择哪一个？（每种情形都需作答）

情形一：方案 A：肯定亏 4500 元
方案 B：有 10% 的概率没有亏，但也有 90% 的概率 5000 元全部亏掉
您的选择是倾向于 A 还是倾向于 B，请在下面相应的分数上打钩。

A 方案 1	2	3	4	5	6 B 方案
非常喜欢	比较喜欢	有点喜欢	有点喜欢	比较喜欢	非常喜欢
方案 A	方案 A	方案 A	方案 B	方案 B	方案 B

情形二：方案 A：肯定亏 2500 元
方案 B：有 50% 的概率没有亏，但也有 50% 的概率 5000 元全部亏掉
您的选择是倾向于 A 还是倾向于 B，请在下面相应的分数上打钩。

A 方案 1	2	3	4	5	6 B 方案
非常喜欢	比较喜欢	有点喜欢	有点喜欢	比较喜欢	非常喜欢
方案 A	方案 A	方案 A	方案 B	方案 B	方案 B

情形三：方案 A：肯定亏 500 元
方案 B：有 90% 的概率没有亏，但也有 10% 的概率 5000 元全部亏掉
您的选择是倾向于 A 还是倾向于 B，请在下面相应的分数上打钩。

A 方案 1	2	3	4	5	6 B 方案
非常喜欢	比较喜欢	有点喜欢	有点喜欢	比较喜欢	非常喜欢
方案 A	方案 A	方案 A	方案 B	方案 B	方案 B

附录三 "不确定性容忍度对模糊决策偏好的影响"研究材料

在获益情景中,高、中、低概率下模糊偏好的实验材料

1. 桌子上放有罐子 A 和罐子 B,均装有球 100 个。其中 A 罐中有 10 个红球和 90 个黑球,B 罐中有 0—20 个红球和相应的 100—80 个黑球(红球与黑球的构成比例由电脑随机控制)。如果给你一次在罐子中摸球的机会,摸到红球奖励 100 元,摸到黑球什么也得不到,请问你选择在哪个罐子中摸球?

罐子 A(总共 100 个球)　　　罐子 B(总共 100 个球)
10 个红球　　　　　　　　　　0—20 个红球
90 个黑球　　　　　　　　　　100—80 个黑球

如果摸到红球奖励 100 元,摸到黑球什么也得不到,你选择从(罐子 A _____ 罐子 B _____)摸球。

2. 桌子上放有罐子 A 和罐子 B,均装有球 100 个。其中 A 罐中有 50 个红球和 50 个黑球,B 罐中有 40—60 个红球和相应的 60—40 个黑球(红球与黑球的构成比例由电脑随机控制)。如果给你一次在罐子中摸球的机会,摸到红球奖励 100 元,摸到黑球什么也得不到,请问你选择在哪个罐子中摸球?

罐子 A(总共 100 个球)　　　罐子 B(总共 100 个球)
50 个红球　　　　　　　　　　40—60 个红球
50 个黑球　　　　　　　　　　60—40 个黑球

如果摸到红球奖励 100 元,摸到黑球什么也得不到,你选择从(罐子 A _____ 罐子 B _____)摸球。

3. 桌子上放有罐子 A 和罐子 B,均装有球 100 个。其中 A 罐中有 90 个红球和 10 个黑球,B 罐中有 80—20 个红球和相应的 20—80 个黑球(红球与黑球的构成比例由电脑随机控制)。如果给你一次在罐子中摸球的机会,摸到红球奖励 100 元,摸到黑球什么也得不到,请问你选择在哪个罐子中摸球?

罐子 A(总共 100 个球)　　　罐子 B(总共 100 个球)

90 个红球　　　　　　　　80—20 个红球

10 个黑球　　　　　　　　20—80 个黑球

如果摸到红球奖励 100 元，摸到黑球什么也得不到，你选择从（罐子 A _____ 罐子 B _____）摸球。

在损失情景中，高、中、低概率下模糊偏好的实验材料

1. 桌子上放有罐子 A 和罐子 B，均装有球 100 个。其中 A 罐中有 10 个红球和 90 个黑球，B 罐中有 0—20 个红球和相应的 100—80 个黑球（红球与黑球的构成比例由电脑随机控制）。假设你在某商场购买了 300 元的商品，恰逢商场为庆祝开业 3 周年开展活动，购物满 300 元赠送 100 元购物券。但能不能得到 100 元购物券是由你在罐子 A 和罐子 B 中摸球决定的。如果给你一次在罐子中摸球的机会，摸到红球你得不到 100 元购物券，请问你选择在哪个罐子中摸球？（在相应的选择后打钩）

罐子 A（总共 100 个球）　　　罐子 B（总共 100 个球）

10 个红球　　　　　　　　80—20 个红球

90 个黑球　　　　　　　　20—80 个黑球

如果摸到红球你得不到 100 元购物券，你选择从（罐子 A _____ 罐子 B _____）摸球。

2. 桌子上放有罐子 A 和罐子 B，均装有球 100 个。其中 A 罐中有 50 个红球和 50 个黑球，B 罐中有 40—60 个红球和相应的 60—40 个黑球（红球与黑球的构成比例由电脑随机控制）。假设你在某商场购买了 300 元的商品，恰逢商场为庆祝开业 3 周年开展活动，购物满 300 元赠送 100 元购物券。但能不能得到 100 元购物券是由你在罐子 A 和罐子 B 中摸球决定的。如果给你一次在罐子中摸球的机会，摸到红球你得不到 100 元购物券，请问你选择在哪个罐子中摸球？（在相应的选择后打钩）

罐子 A（总共 100 个球）　　　罐子 B（总共 100 个球）

50 个红球　　　　　　　　40—60 个红球

50 个黑球　　　　　　　　60—40 个黑球

如果摸到红球你得不到 100 元购物券，你选择从（罐子 A _____ 罐子 B _____）摸球。

3. 桌子上放有罐子 A 和罐子 B，均装有球 100 个。其中 A 罐中有 90 个红球和 10 个黑球，B 罐中有 80—20 个红球和相应的 20—80 个黑球

（红球与黑球的构成比例由电脑随机控制）。假设你在某商场购买了 300 元的商品，恰逢商场为庆祝开业 3 周年开展活动，购物满 300 元赠送 100 元购物券。但能不能得到 100 元购物券是由你在罐子 A 和罐子 B 中摸球决定的。如果给你一次在罐子中摸球的机会，摸到红球你得不到 100 元购物券，请问你选择在哪个罐子中摸球？（在相应的选择后打钩）

罐子 A（总共 100 个球）　　　罐子 B（总共 100 个球）

90 个红球　　　　　　　　　80—20 个红球

10 个黑球　　　　　　　　　20—80 个黑球

如果摸到红球你得不到 100 元购物券，你选择从（罐子 A _____ 罐子 B _____）摸球。

附录四 "不确定性容忍度对跨期决策偏好的影响"研究材料

时间距离为 14 天，奖赏金额为 200 元时材料

假设您在某大型商厦为庆祝开业 10 周年开展的促销抽奖活动中幸运地中奖了，奖品是他们提供的购物券。但商场给出了 A、B 两种领奖方式供你选择，具体情况如下所示，请你选择一个您喜欢的领奖方式（A 或 B）。友情提示：第 1 个至第 19 个选项都可以选择。

1. A 当场领 190 元的购物券　　　　B 14 天后领 200 元的购物券
2. A 当场领 180 元的购物券　　　　B 14 天后领 200 元的购物券
3. A 当场领 170 元的购物券　　　　B 14 天后领 200 元的购物券
4. A 当场领 160 元的购物券　　　　B 14 天后领 200 元的购物券
5. A 当场领 150 元的购物券　　　　B 14 天后领 200 元的购物券
6. A 当场领 140 元的购物券　　　　B 14 天后领 200 元的购物券
7. A 当场领 130 元的购物券　　　　B 14 天后领 200 元的购物券
8. A 当场领 120 元的购物券　　　　B 14 天后领 200 元的购物券
9. A 当场领 110 元的购物券　　　　B 14 天后领 200 元的购物券
10. A 当场领 100 元的购物券　　　B 14 天后领 200 元的购物券
11. A 当场领 90 元的购物券　　　　B 14 天后领 200 元的购物券
12. A 当场领 80 元的购物券　　　　B 14 天后领 200 元的购物券
13. A 当场领 70 元的购物券　　　　B 14 天后领 200 元的购物券
14. A 当场领 60 元的购物券　　　　B 14 天后领 200 元的购物券
15. A 当场领 50 元的购物券　　　　B 14 天后领 200 元的购物券
16. A 当场领 40 元的购物券　　　　B 14 天后领 200 元的购物券
17. A 当场领 30 元的购物券　　　　B 14 天后领 200 元的购物券
18. A 当场领 20 元的购物券　　　　B 14 天后领 200 元的购物券
19. A 当场领 10 元的购物券　　　　B 14 天后领 200 元的购物券

时间距离为 14 天，奖赏金额为 1000 元时材料

假设您在某大型商厦为庆祝开业 10 周年开展的促销抽奖活动中幸运

地中奖了，奖品是他们提供的购物券。但商场给出了 A、B 两种领奖方式供你选择，具体情况如下所示，请你选择一个您喜欢的领奖方式（A 或 B）。友情提示：第 1 个至第 19 个选项都可以选择。

  1. A 当场领 950 元的购物券　　　　B 14 天后领 1000 元的购物券
  2. A 当场领 900 元的购物券　　　　B 14 天后领 1000 元的购物券
  3. A 当场领 850 元的购物券　　　　B 14 天后领 1000 元的购物券
  4. A 当场领 800 元的购物券　　　　B 14 天后领 1000 元的购物券
  5. A 当场领 750 元的购物券　　　　B 14 天后领 1000 元的购物券
  6. A 当场领 700 元的购物券　　　　B 14 天后领 1000 元的购物券
  7. A 当场领 650 元的购物券　　　　B 14 天后领 1000 元的购物券
  8. A 当场领 600 元的购物券　　　　B 14 天后领 1000 元的购物券
  9. A 当场领 550 元的购物券　　　　B 14 天后领 1000 元的购物券
  10. A 当场领 500 元的购物券　　　　B 14 天后领 1000 元的购物券
  11. A 当场领 450 元的购物券　　　　B 14 天后领 1000 元的购物券
  12. A 当场领 400 元的购物券　　　　B 14 天后领 1000 元的购物券
  13. A 当场领 350 元的购物券　　　　B 14 天后领 1000 元的购物券
  14. A 当场领 300 元的购物券　　　　B 14 天后领 1000 元的购物券
  15. A 当场领 250 元的购物券　　　　B 14 天后领 1000 元的购物券
  16. A 当场领 200 元的购物券　　　　B 14 天后领 1000 元的购物券
  17. A 当场领 150 元的购物券　　　　B 14 天后领 1000 元的购物券
  18. A 当场领 100 元的购物券　　　　B 14 天后领 1000 元的购物券
  19. A 当场领 50 元的购物券　　　　B 14 天后领 1000 元的购物券

时间距离为 180 天，奖赏金额为 200 元时材料

  假设您在某大型商厦为庆祝开业 10 周年开展的促销抽奖活动中幸运地中奖了，奖品是他们提供的购物券。但商场给出了 A、B 两种领奖方式供你选择，具体情况如下所示，请你选择一个您喜欢的领奖方式（A 或 B）。友情提示：第 1 个至第 19 个选项都可以选择。

  1. A 当场领 190 元的购物券　　　　B 180 天后领 200 元的购物券
  2. A 当场领 180 元的购物券　　　　B 180 天后领 200 元的购物券
  3. A 当场领 170 元的购物券　　　　B 180 天后领 200 元的购物券
  4. A 当场领 160 元的购物券　　　　B 180 天后领 200 元的购物券

5. A 当场领 150 元的购物券　　　　B 180 天后领 200 元的购物券
6. A 当场领 140 元的购物券　　　　B 180 天后领 200 元的购物券
7. A 当场领 130 元的购物券　　　　B 180 天后领 200 元的购物券
8. A 当场领 120 元的购物券　　　　B 180 天后领 200 元的购物券
9. A 当场领 110 元的购物券　　　　B 180 天后领 200 元的购物券
10. A 当场领 100 元的购物券　　　　B 180 天后领 200 元的购物券
11. A 当场领 90 元的购物券　　　　B 180 天后领 200 元的购物券
12. A 当场领 80 元的购物券　　　　B 180 天后领 200 元的购物券
13. A 当场领 70 元的购物券　　　　B 180 天后领 200 元的购物券
14. A 当场领 60 元的购物券　　　　B 180 天后领 200 元的购物券
15. A 当场领 50 元的购物券　　　　B 180 天后领 200 元的购物券
16. A 当场领 40 元的购物券　　　　B 180 天后领 200 元的购物券
17. A 当场领 30 元的购物券　　　　B 180 天后领 200 元的购物券
18. A 当场领 20 元的购物券　　　　B 180 天后领 200 元的购物券
19. A 当场领 10 元的购物券　　　　B 180 天后领 200 元的购物券

时间距离为 180 天，奖赏金额为 1000 元时材料

假设您在某大型商厦为庆祝开业 10 周年开展的促销抽奖活动中幸运地中奖了，奖品是他们提供的购物券。但商场给出了 A、B 两种领奖方式供你选择，具体情况如下所示，请你选择一个您喜欢的领奖方式（A 或 B）。友情提示：第 1 个至第 19 个选项都可以选择。

1. A 当场领 950 元的购物券　　　　B 180 天后领 1000 元的购物券
2. A 当场领 900 元的购物券　　　　B 180 天后领 1000 元的购物券
3. A 当场领 850 元的购物券　　　　B 180 天后领 1000 元的购物券
4. A 当场领 800 元的购物券　　　　B 180 天后领 1000 元的购物券
5. A 当场领 750 元的购物券　　　　B 180 天后领 1000 元的购物券
6. A 当场领 700 元的购物券　　　　B 180 天后领 1000 元的购物券
7. A 当场领 650 元的购物券　　　　B 180 天后领 1000 元的购物券
8. A 当场领 600 元的购物券　　　　B 180 天后领 1000 元的购物券
9. A 当场领 550 元的购物券　　　　B 180 天后领 1000 元的购物券
10. A 当场领 500 元的购物券　　　　B 180 天后领 1000 元的购物券
11. A 当场领 450 元的购物券　　　　B 180 天后领 1000 元的购物券

12. A 当场领 400 元的购物券　　　B 180 天后领 1000 元的购物券
13. A 当场领 350 元的购物券　　　B 180 天后领 1000 元的购物券
14. A 当场领 300 元的购物券　　　B 180 天后领 1000 元的购物券
15. A 当场领 250 元的购物券　　　B 180 天后领 1000 元的购物券
16. A 当场领 200 元的购物券　　　B 180 天后领 1000 元的购物券
17. A 当场领 150 元的购物券　　　B 180 天后领 1000 元的购物券
18. A 当场领 100 元的购物券　　　B 180 天后领 1000 元的购物券
19. A 当场领 50 元的购物券　　　B 180 天后领 1000 元的购物券

附录五 "不确定性容忍度对延迟决策偏好的影响"研究材料

高概率水平下无延迟风险决策材料

假设你正准备在淘宝网上开一家网店。一般地说，开网店需要考虑的因素是比较多的，如风险大小、本钱、收益的高低、花费的时间等。考虑到自身学生的原因，你最终选择了网店代理销售这种模式。假设您准备代理销售的商品仅在风险和收益这两个因素上有所不同，而在其他因素上均相同。目前，您看到了两类商品的公司正在招收网店代理，风险和收益的信息如下：

A 代理销售 a 类商品，85%的概率一年赚 4000 元，15%的概率赚 0 元

B 代理销售 b 类商品，75%的概率一年赚 4500 元，25%的概率赚 0 元

C 再看看，暂不从它们之中做出选择，继续寻找其他代理商品

现在您可以从 a 和 b 中选择一类商品代理销售，也可以选择 c，即暂不做出选择。您选择 a、b、c 中的哪个？请勾选（单选）。

中等概率水平下无延迟风险决策材料

假设你正准备在淘宝网上开一家网店。一般地说，开网店需要考虑的因素是比较多的，如风险大小、本钱、收益的高低、花费的时间等。考虑到自身学生的原因，你最终选择了网店代理销售这种模式。假设您准备代理销售的商品仅在风险和收益这两个因素上有所不同，而在其他因素上均相同。目前，您看到了两类商品的公司正在招收网店代理，风险和收益的信息如下：

A 代理销售 a 类商品，55%的概率一年赚 4000 元，45%的概率赚 0 元

B 代理销售 b 类商品，45%的概率一年赚 5000 元，55%的概率赚 0 元

C 再看看，暂不从它们之中做出选择，继续寻找其他代理商品

现在您可以从 a 和 b 中选择一类商品代理销售，也可以选择 c，即暂不做出选择。您选择 a、b、c 中的哪个？请勾选（单选）。

中等概率水平下有延迟风险决策材料

假设你正准备在淘宝网上开一家网店。一般地说，开网店需要考虑的因素是比较多的，如风险大小、本钱、收益的高低、花费的时间等。考虑到自身学生的原因，你最终选择了网店代理销售这种模式。假设您准备代理销售的商品仅在风险和收益这两个因素上有所不同，而在其他因素上均相同。目前，您看到了两类商品的公司正在招收网店代理，风险和收益的信息如下：

A　代理销售 a 类商品，55% 的概率一年赚 4000 元，45% 的概率赚 0 元

B　代理销售 b 类商品，45% 的概率一年赚 5000 元，55% 的概率赚 0 元

您可以从 a 和 b 中选择一类商品进行代理，也可以继续寻找其他你认为更适合的商品代理。但因公司招收代理的人数有限制，也就是说在你寻找其他商品代理的过程中，a 和 b 的网店代理人数随时会招满。

现在，请从以下选项中标出你的选择（单选）。

A　代理销售 a 类商品，55% 的概率一年赚 4000 元，45% 的概率赚 0 元

B　代理销售 b 类商品，45% 的概率一年赚 5000 元，55% 的概率赚 0 元

C　再看看，暂不从它们之中做出选择，继续寻找其他代理商品。但 a 和 b 的代理人数随时会招满。

附录六 "不确定性容忍度、决策者角色对医疗决策的影响"研究材料

为他人决策（建议）：

假设你是一名临床医生，一患者被查出癌症晚期，必须马上在手术治疗与放射治疗中选择一种方案接受治疗。根据过去的临床治疗经验，两种治疗方案的结果信息如下：

手术方案：手术过程中存活率90%，1年后存活率68%，5年后存活率34%

放疗方案：放疗过程中存活率100%，1年后存活率77%，5年后存活率22%

请问，作为他的主治医生，你会建议他（她）选择哪种治疗方案？

请勾选： A 手术方案 B 放疗方案

自我决策：

假设你被查出癌症晚期，必须马上在手术治疗与放射治疗中选择一种方案接受治疗。根据过去的临床治疗经验，两种治疗方案的结果信息如下：

手术方案：手术过程中存活率90%，1年后存活率68%，5年后存活率34%

放疗方案：放疗过程中存活率100%，1年后存活率77%，5年后存活率22%

请问，你会选择哪种治疗方案？

请勾选： A 手术方案 B 放疗方案